我的菩提路

——第八輯

——謝淑貞 等人合著

ISBN：978-626-7517-21-5

（鸚鵡摩納）語世尊曰：「我父都提，大行布施，作大齋祠；身壞命終，正（應該）生梵天；何因何緣，乃生此下賤狗中？」世尊告曰：「汝父都提，以此（大行布施故生起）增上慢，是故生於下賤狗中：『梵志增上慢，此終六處生：雞狗豬及豺，驢五地獄六。』……若有男子、女人，急性多惱，彼（等諸人於深妙正法）少所聞便大瞋恚，憎嫉生憂、廣生諍怒；彼受此業，作具足已（誹謗正法的惡業具足作了以後），身壞命終必至惡處，生地獄中。」（中阿含《鸚鵡經》）如 佛所言「因施而生慢者墮畜生道，因聞所未曾聞之深妙法便作誹謗之業已即墮地獄」，則學人因師之助而悟者，若因得此「眞見道」之淺悟而生起增上慢，而妄自尊大，而自行創造新佛法，冠於原有正法之上，用以誹謗正法及謗賢聖者，其過更增，欲求不墮地獄後長劫輾轉三途者實難，有智學人當以此 佛語自省。

——平實導師——

既然《華嚴經》中說，證得阿賴耶識心體之人，可以**運轉阿賴耶識心體**而發起**本覺智**，故說親證阿賴耶識者方是親證**本覺**者，方是**證真如**者；《起信論》中更說證此本覺者方名**始覺**（初次證悟）之菩薩，由此證知：**親證如來藏者方可名為真實開悟者**，**除此絕無般若之開悟**。則未證如來藏（阿賴耶、異熟、無垢識）者，既無本覺智，必非眞實開悟者；若示人已悟，則成大妄語業。而此本覺智，唯有大乘別教菩薩所證般若智慧中方有，二乘聖人及大乘通教中之阿羅漢、緣覺位菩薩皆未證得第八識如來藏，故皆無此本覺智，故二乘皆無般若實相智慧；是故**親證阿賴耶識心體**，而能**運轉阿賴耶識心體**之人，才是眞實證悟之人，即是證得**本覺智**之始覺位菩薩。若人否定阿賴耶、異熟、無垢識心體，即是外於眞正之**本覺智**而欲別求**本覺智**，斯人非狂、即癡，絕無絲毫智慧，是故若人否定阿賴耶識心體，謗爲生滅法而別求覺悟眞如者，即是謗法謗佛者，其理極明。

——**平實導師**——

目次

序　文

前於二〇二一年初冬，出版《我的菩提路》第七輯，距今四年，又有一位極早期明心的同修眼見佛性。距離更早有同修眼見佛性的二〇一八年，已有七年了，如今又有一位眼見佛性；審視二〇一六至二〇一八年的六位見性者之前，則又是再七年前的二〇〇九年，亦可知明心證眞如之後欲求眼見佛性之難矣。憶昔二〇二〇年初琅琊閣、張志成等一群人，於網路上串聯，對於大乘見道爲親證阿賴耶識心體、現觀第八識之眞如法性一事，極力否定之，並自稱應證得三無性時方始是大乘法中的見道位，又妄稱大乘的眞見道位即是初地；如斯行爲，彷佛二〇〇三年退轉的同一批人又出現於世間擾亂佛子，視本會於二〇〇三年所撰寫的法義辨正諸書爲無物，共同否定第八識心體爲大乘見道之標的。此類人皆屬釋印順等六識論者之同類，想明心生忍都難，更何況難於明心無數倍的眼見佛性。

如今經過將近五年之法義辨正後，彼等諸人竟無一人有能力對本會的辨正加以回應，悉皆另闢新題目而言他，不斷廣闢戰場而作毫無正理的質疑，無力如理回應本會所作的辨正，只能不斷地另闢新題目而繼續增生是非。此類繼承古印度部派佛教聲聞凡夫僧六識論思想者，對大乘佛法其實完全不懂，亦顯示他們對二乘菩提解脫道的完全無知，是故落入六識論中而與釋印順等常見外道同行；被辨正之後竟亦沒有智慧自行檢討修正，焉得說爲修行佛法之人？不過是藉修行佛法附庸風雅而想要強行出頭接管正覺罷了，都不是眞正的修行人，不外於名利等五欲境界。

如今本會又有一位同修於明心二十餘年之後，在余指導下建立看話頭的功夫，將此功夫逐步推進到可以眼見佛性的地步時，上山參與禪三而在最後一天經由引導眼見佛性，現觀第八識如來藏的另一面：佛性。此時終於能眼見眞如心如來藏之五遍行心所運行的境界，一舉完成第十住位之修行，成就如幻觀而邁入初行位中，現觀第八識之無覆無記性時，又同觀第八識於六塵境界外之了別性，眼見山河大地及五陰身心之虛幻。如是則能具足第十住位所證之無分別智，以能現觀第八識雖不了別五塵及法塵，而能了別六塵外之一切法故。

如是正理境界之實證，古來即已難見，觀乎禪宗之歷史記錄，明心後又能眼見佛性者，有記錄者不會超過十二人。禪宗祖師之所謂見性者並非《大般涅槃經》中 世尊所說的「眼見佛性」，只是明心後看見第八識如來藏具有能使人證悟而次第成就佛道的自性，實質即是明心而非眼見佛性。如是正理具載於《大般涅槃經》中，今猶可稽，並非末法時代凡夫大師或學人可以己意顚倒黑白，藉以混亂佛弟子之正知正見。眼見佛性智境之實證如是艱難，遠難於明心境界十倍以上，然而確實能證；而此佛性之本質其實只是第八識五遍行心所之運行，了知六塵境界以外之一切法，卻是所有已經眼見佛性之菩薩尚難知曉者，唯有八地以上菩薩見性後被指導時方能知之，是故 如來說眼見佛性的境界有四：一、凡夫隨順佛性，二、未入地菩薩隨順佛性，三、已入地菩薩隨順佛性，四、諸佛隨順佛性。由此亦可知佛菩提道修行之曠世懸遠矣！焉能任由末法時代諸多凡夫大法師們輕易妄言「明心見性」？

舉凡退轉於正法之人，都屬我見未斷或明心後未曾轉依眞如，以致尚未完成眞見道位應有的功德，是故野心不小，墮於名聞利養貪著之中，顧慮的只是自身的世間利益罷了，因此本會於二〇〇三年法難時已經辨正過的諸多錯謬法義，琅琊閣、張志成等人仍繼續提出主張，並視為正法而要求正覺同修會必須依之「改正」成為錯誤的法義，方肯罷休。如今五年過去之後，琅琊閣主已經捨張志成等人而去，但亦捨離本會、尋求自立宗派而違 佛說不應分宗立派、分裂佛法的聖教，故其所說之所謂佛法，違教背理之處甚多，並非了義而究竟之佛法，隨其修學者最多只能得到眞如之表相密意，無能成功轉依，並非實證眞如者。不論隨從張志成或已離張志成而去的琅琊閣主，悉皆不外於是，入正覺寶山之後，或是只得一塊黃金即告滿足，不思悟後轉依進修；或是離開寶山而在外拾取黃銅認作黃金，究其心性皆屬不具足菩薩性者，是故對本來無生之第八識不堪聞受或不堪忍受，終至退轉而於黃金寶山之外拾取碎金或黃銅便以爲足，有智者觀此之後當知分判。

距離此前的二〇一八年有同修眼見佛性，時隔七年之後又有會中同修眼見佛性，平實欲將此法喜廣爲分享佛門學人，建立求法及實證之信心，是故再次編輯《我的菩提路》第八輯，以饗佛教界及諸同修；乃將以前諸同修們的明心見道報告，以及此次謝菩薩的眼見佛性報告合輯，成爲《我的菩提路》第八輯，以饗諸同修及佛教界，證實佛教實證之正法猶在人間未曾滅絕，即是中華佛教之光也。序末回到明心境界而舉聖言量云：「**如實知見諸法不生，諸法雖生，眞如不動；眞如雖生諸法，而眞如不生，是名法身。**」欲證眞如法性者皆不可外於第八識如來藏而觀而證，如是能生五陰十八界及器世間等諸法的眞如心即是第八阿賴耶識故。非但經中如是說，玄奘菩薩《成唯識論》

中亦說：「**眞如亦是識之實性，故除識性無別有法。**」除第八識運行中所顯示的眞實與如如的識性以外，別無眞如可以現觀故，一切佛弟子求證眞如時，絕對不可外於第八識眞如心而企圖證得眞如及圓成實性等三自性、三無性；期盼佛教界諸多眞正的學人，都能如是建立正見，爾後方有實證眞如而加以現觀之可能，然後方得眼見佛性，一窺第八識心的見分。積如是諸言而以成序，便以此書奉獻於佛教界眞修求證之所有菩薩們，是爲序。

佛子 **平實** 謹記

於公元二〇二五年 立夏

見道報告

——釋傳璽

一、學佛因緣——菩薩入夢，領我走進佛門

二十歲年初，一個偶然的機緣，與同學相約一起南下旅遊。原先我們擬定第一站景點爲佛光山，繼之再前往墾丁；但中途因一些偶發事件的延宕，於是不得不將前往佛光山一事往後延挪了。當晚，於餐廳用餐時間，隱隱約約聽到不遠處傳來鐘聲，這是此生，第一次如此近距離與寺院的鐘聲接觸；我們隨著寧靜鐘聲的來處，很快地就步行到一間寺院了。寺中法師讓我們點香供佛；愚昧的我，還向法師們提出大殿供奉的「觀音」是「佛祖」還是「菩薩」的問題！離去前，寺院法師慈悲誇我：「**是個與三寶有緣的年輕人！**」甚麼是三寶？當時的我不懂！也無有想懂的作意！

第二天輾轉搭車，好不容易抵達佛光山，卻不知怎地，就在山門臺階前，我突生一念——不想進去；我的朋友拗不過我，只得隨我離去。很快地，我們隔天就完成南下的旅遊行程了。

返家幾天後，一日深夜，夢中見到一尊「天神」，我被祂頂天立地高大的身軀嚇到兩腿發軟，祂忽男忽女，或現手持錫杖老和尙樣、或現宛若天仙美女狀，此神告訴我：「祂不是神，是觀世音菩薩……」愚魯如我，問道：「神和菩薩有何差別？」菩薩開示：要帶我去一個可以學習「三藏十二部」的處所，往後我自可明白此中差異。神和菩薩有甚麼不同？三藏十二部又是甚麼？活了二十年，於此課題未嘗稍有思惟之念！我被菩薩嚇醒了，嚇出一身冷汗，全身像被冷冽的雨水淋濕一般。次日，我開始打聽，何處有在傳授佛法的地方；而我的第一堂佛學課，也因此在兩週後如願以償出現了。第一次聽講，沒能懂上一句法義，第二次依然；一日，稍有融會，內心即經常發願：「世間若眞有輪迴及解脫之事，那麼，我一定要弄清楚究竟所爲何來；並願將解脫生死、成佛作祖的方法供養於一切眾生！」

二、出家與學院僧涯

學佛一段時間，腦海中經常盤旋與生命實相有關的念頭，二十四歲那年，毅然決定出家求法，並於常住開設的流通中心擔任執事。一日，有一居士前來請購《相宗十講》，在為其打包書籍的當下，我於心中誤將此書當作相命書籍看待；於居士離去後，便迫不及待翻閱此書，然而當時，從頭到尾沒能看懂一句法義，唯一知道的是：這本書與命相學無關！是日，我徹夜難眠；不斷問自己：「**居士可以看懂的法義，我卻一句也不明瞭，今既為求法出家，若往後僧涯仍如此繼續，又當如何是好？**」

二十六歲，進了佛學院。學院發配的教材大抵是沿襲印順法師學派的書籍，我於如此環境熏習兩年。第二學年結束之際，被指派為下學期《成佛之道》的授課老師；因自知無有能力勝任，亦曾多次與院方溝通未果。第三學年開學日，在學院公告欄上，看到自己的名字出現於授課教師欄目裡；這一天，我不再是驚嚇，而是頓感失望與徬徨！是夜，離開了學院，我於求法之路，未見明燈，心中茫然不知何去何從！

此後短暫遊學日本，也曾報考聖印法師主辦的佛學研究所；筆試後隔天接著口試，見到了聖印法師。他很慈祥，談話中要求我：「**於就讀研究所期間，同時協助為佛學院的學生授課……。**」這，又是一次再度讓人陷入失望的日子！求法之路於我而言，看似平順，其實踉蹌。

同年六月，以選讀生方式報考另一佛研所就讀，前兩年大抵以天台《法華玄義》、《摩訶止觀》爲主要課程；但感天台教法深奧難懂，於是不再出門上課，只於常住潛心念佛。此後，復經多年，聽聞所裡開設淨土課程的訊息，於是再度復學，只因欲冀於己於他，對於求生西方淨土的信念與智慧，能有所增益。

三、正覺之路

二〇一〇秋，有一日久未見面的朋友北上來訪，相談之下，知其在正覺擔任破密的工作；我問他打算甚麼時候出家，他回答：「**在正覺學法尚未完成，暫不考慮出家一事。**」送走友人後，我爲此事思量許久，有甚麼事可以比出家學佛更重要？「正覺」于我內心而言，是到了重新加以定位的時刻了！

同年歲末，我於整理博士論文中有關「佛身論」的篇章，雖費盡心思，卻屢感行筆生澀難以完成；竊思若能將《楞嚴經》自心本性法義加以深入瞭解，或能走出依文解義的藩籬。然，我於閱讀「八處徵心」後，即明確地給自己下了一個斷言：「**若眞懂得楞嚴經者必爲開悟之人！**」此後，亦曾閱讀現代諸方大師著作，然仍不得其門而入。就在百思難解的當下，腦海中忽然閃出正智出版社曾經寄給常住一箱書籍……，我以飛快的速度翻閱了前幾冊，當下了悟今生夢寐以求「三藏十二部」的入手處就在 導師的門庭下。

幾天後，我來到正覺聽 導師開示《法華經》，又至櫃檯向義工師姊表達要購買《成唯識論略解》一書，師姊回答我：「**這是老師以前教過的課程，但尚未整理成書。**」我再次提問：「**以後會再開此堂課嗎？**」師姊回應：「**或許。但現在開的是《瑜伽師地論》。**」當時，我向師姊表達要報名上《瑜伽師地論》的課程。師姊回答：「**要先上禪淨班的課。**」

隔週，順利進入禪淨班，聽了親教師的說明，方知繼禪淨班後還有進階班，若想要到增上班上課，一定得明心的人才有資格聽聞；當時，對於自己頑鈍的根性，實在有些擔心。回常住後，幾經深思，我告訴自己：「**為了能在導師親自教授的《瑜伽師地論》、《成唯識論》座下學習，無論如何，我都要留在正覺。**」

來講堂不久，我請了一本有關公案拈提的書籍，初看不覺契會；但閱讀完畢後，豁然明白，原來如來藏就是我常思惟的「○○○○○○○○」的藏鏡人；自此知曉五蘊根身○○○○○○○○○○的運作。然，當時智慧未開，眞、妄不分，於如來藏不會六入、眞實如如體性仍然懵懂未知。

進入進階班後，於生涯規劃諸多考量下，我決定放棄博士論文的撰寫，而以實證自心本性如來藏作爲當務之急的要事。

四、禪三的觸證與明心

此生，一直以來，每於學習一項新的事物，總是落後他人一大截，凡事大抵都須經由陌生、摸索，爾後思考、整理出一個概略的輪廓後，方能跟上同儕們的步伐；初次參加禪三，我這不聰穎的毛病也一起帶到祖師堂了。起三當天用完藥食，導師正在分派洗碗的人員；分不清楚狀況的我，以爲這是可以多修福德的好機會，便趕緊舉手自我推薦，殊不知這是 導師教導弟子們作略契機之處。感恩 導師不棄我的躁動與無知，慈悲允與。導師告訴我：「**禪三洗碗，不像在家裡，非要洗得乾乾淨淨不可；無須專心，但求於參話頭的當下，用心洗碗即可。**」隨即教導了如何洗碗，依照 導師所說的方法，約莫二十分鐘後，就在洗碗的當下，我看到○○○○○，○○○○○○○

○○○，○○○○○○○，○○○○○○○○○○；○，○○○○○○○○○○，○○○○○○○○○○○。原本，我以爲是我沒有完全按照 導師教導的方法洗碗，才會有這種異樣的情況出現。所以，接著便更用心，將看話頭的心念再加以深入；豈知如此一來，不待三分鐘，如此情況，再度發生了兩次。

這是此生，初次觸證於阿賴耶識！只是一時陌生，相逢不識。待第二天導師指示要我整理有關洗碗之事；離開小參室，回到座位，於參話頭當下，再次重複○○○○○；約莫五分鐘，即與昨日相逢「陌生」的「本心」再度契應；自此於心了然篤定。第三天小參，見孫老師，向其報告洗碗時觸見之事，並提出：我的全身通體遍滿記憶（編案：不是指六塵中的記憶），而這記憶的總源頭，正是眞心阿賴耶識，不是意識妄念之心！

第一次的禪三，雖未能順利將監香老師所給予的題目逐一完整報告；但對於求法之路而言，已有了明確的方向；不再隱約與彷彿，因爲我的菩提之路，導師早已慈悲施設，燈火通明萬般照耀。

今年禪三前，因身體不適，住院開刀，體力尚未完全恢復。然，禪三第二天開始，不知爲何，我的意念出現一種從未有過的通透與清明；也因此，讓我能夠在心不慌、意不亂的情況下，將 導師要我參究的法義加以深思與整理。這一天開始，有著一種難以言喻的輕安覺受流動於身心通體；當天夜裡躺在床鋪上，我對自己身體何以會變得如此輕盈穩定甚感好奇，原本揣測是否是來自身體一時麻痺所產生的錯覺，還因此用力以手指掐捏大腿，測試自己身體的觸覺是否仍正常運作著。

禪三期間，於用餐時，見 導師爲了想要令更多的學人能夠盡快見自本心，進食時間甚短；更於大眾用餐中，一路使盡機鋒；其慈悲程度可說是到了眉毛拖地的境界了。解三至今，導師拿著饅頭的手、作勢撥動琴弦的手指、拿著如意棒當船槳搖動的手肘、婆子的點心、雲門的胡餅、一說再說的祖師西來意、一問再問的「從甚麼處來」；如此活靈活現的祕密眞言、千變萬化的手印、生機盎然的法身，至今依然繞梁於耳，影現識海，於我心有戚戚焉。

弟子 **釋傳璽** 頂禮敬呈

公元 2015 年 5 月 1 日

見道報告

——廖淑德

一心頂禮本師 釋迦牟尼佛
一心頂禮禪三期間諸佛、菩薩、護法龍天
一心頂禮主三和尚 平實導師
一心頂禮監香老師、親教師及諸護三菩薩

這次禪三感恩 佛世尊加持、指引、邁向正覺聞熏佛法，諸護法龍天菩薩護持、平實導師的大慈大悲讓我法身慧命重生。

在正覺同修會學佛至今七年十一個月開悟明心，期間發生很多不可思議之事，謹以恭敬心報告：

一、於外道修學

將時空往前推四十幾年前，小時候懂事時，媽媽去幫我算命，告知有天上的人帶我來投胎；當時也不覺怎樣，我仍然跟一般小孩一樣，印象最深刻的為我是個左撇子，常常被人取笑。從小家境還不錯，阿公有幾甲地，請長工幫忙種田，每天有雞鴨魚肉可吃；上學都會跟阿公要零用錢，同學們都很羨慕我。有一次媽媽煮飯時，將生豬肉放在爐灶上，剛好經過很好奇想嘗試摸摸看，於是鼓起勇氣觸摸，軟軟的有點怕怕，經過煮熟香噴噴才敢吃，其他雞鴨鵝肉腥味很重都不敢吃。記得小時候鄉下小孩常玩一個遊戲，把竹子削尖尖地插入金龜蟲腹部，蟲就一直展翅飛，一群小孩這樣也能玩上半天；他們把蟲靠近我身邊，我就嚇跑一直躲避，超不喜歡這樣的遊戲，覺得很殘忍，簡直是虐待昆蟲。從小凡是會動的動物、昆蟲之類的都很害怕，小時候連蒼蠅、蚊子都不敢打死牠們。（現在終於明白牠跟我一樣都有個無比神聖的眞如佛性，怎能傷害牠們呢！）

母親信仰一貫道，九歲時媽媽帶我入一貫道，常常參加聚會——聽道理，但總覺得不相應，也沒甚麼成就，婚後漸漸疏遠。現在修學佛法終於瞭解一貫道非究竟，只是人間善法，任何有情眾生只要修五戒行十善，就能往生天界成為欲界天人，不必請他們向天堂掛號。以忉利天來說：那裡的境界就是在享福，果報如此；但天人也有壽命，福業享完剩下小惡業就會下墮三惡道，成爲寵物之類動物等等；即便後來下生爲人，福報也剩很少；譬如你存了幾百億元，從現在開始都不工作，（在天上壽命很長）一直把它花了拿來享受，有一天也會花完又變成貧窮人。各位菩薩可以想想看，您要選擇這樣的路嗎？當然不要，我一定會把錢（福德）存起來生生世世在人間行菩薩道，把福德資糧越滾越大更好作事，利益更多的有情眾生，自利利他。

二、**邁向正覺因緣**

緣起於二〇〇六年農曆七月開始誦《地藏菩薩本願經》（世尊於忉利天宮爲母說法及讚歎地藏王菩薩慈悲願力利益人天之事），原本用意是要消業障；這半年多來於夢中示現諸多前世因果，後又常誦八十八佛大懺悔文。

話說二〇〇七年農曆二月六日，本校前往高雄某國中參訪後至高雄西子灣、英國領事館參觀，當時面對西子灣大海時興起一念慈悲：「**我不吃您們，我要愛護同胞**（指魚蝦水族類）。」頓時全身覺受毛孔張開，那時只知我一人吃素食，其餘教職員工夥伴於下午四點半集合，要前往餐廳吃晚飯，大家都期待有新鮮的海鮮可大吃一頓。返家後心情很好，不覺得累，當晚剛入睡時突然間頭部被一轉，不自覺心唸起「南無地藏王菩薩……」，一直持續唸著，同時另一個感覺告知我：地藏王菩薩在消我的業障。沒多久後夢見我站在學校大禮堂，對著全體師生說因果法……等，持續整個晚上，醒來很累。

事隔一天，學校有一件工程剛好是下午三點要驗收，驗收完後因爲身體睡眠不足很累，提早下班，約四點半躺在床上休息，尚未入睡只閉眼，跟前天一樣頭被一轉，不自覺唸起「南無本師釋迦牟尼佛……」，一直持續唸著，同時另一感覺告知我：本師 釋迦牟尼佛在幫我灌頂（當時對佛教不深入，不知灌頂眞意義；以前在一貫道，連佛法的基本名相都不懂，也不知五陰十八界是什麼；現在知道是佛力的加持，不是灌頂。眞心懺悔。）約十幾分鐘後下床上洗手間，頓時覺得很奇妙，爲什麼會這樣？

後來回到床上剛閉眼，突然現出正覺同修會一位林師姊名字，佛世尊示意我要去找那位林師姊（事實上林師姊早約半個月前就拿導師的書給我，同時也鼓勵我到正覺上課，當時因緣未具足婉拒了她）。接連三天都作同樣的夢，都是站在學校大禮堂對著全體師生說因果法……等；第四天就向林師姊告知說我要去上課，因此邁向正覺。爾後感覺心性大改變，猶如開啓智慧深信因果、無煩惱，心中法喜，每天都很快樂安然自在持續了十幾天。

同事、家人也感覺到我的改變，以前喜歡逛街買東西吃大餐等，現在比較節儉不會亂花錢、知道惜福；沒事不想出門，喜歡看 導師的書，剖析淋漓盡致；從未看過這樣的書，眞的微妙甚深之法。約二十天後心中起了一個疑惑，當晚夢見 平實導師，醒來出現一個數字：七。示意我七年後可以開悟明心，這個夢藏在我心底很久很久，現在印證 導師授記眞的神準，終於七年十一個月後如願以償破初參、開悟明心，解開我心中的祕密。

三、**學佛過程**

(一)剛開始上課，因爲有公婆、同修及小孩要照顧，都沒時間出來當義工，而且我公公、同修也會說妳爲什麼常跑臺中？我說去上佛學課程。他們說這裡有一貫道的道場可以聽道理，爲什麼一定要跑那麼遠？我回答說「跟**一貫道不一樣**」，同時也懇求公公讓我去學佛法，我再次強調「**我眞的找到我想要學的，您就讓我去學**」；我很堅持，後來他們也默認了。

大約幾年前，林師姊說編譯組有徵求《高麗大藏經》打字，要不要參加？

我心想，沒時間出來當義工，那就在家裡打經文護持正法也很好，於是就答應了。打了三天的經文，全身腰痠背痛，又打得很慢，難字很多，心想「什麼時候才能打完」，頓時覺得很後悔：「爲什麼沒事找事作？害我現在每天晚上都要打字，忙到十一、二點甚至凌晨一點才能睡覺。」但隔天又覺得心裡很不安，既然答應人家，爲什麼要反悔？因此想了很久：沒時間作義工，打字又不必出門就能護持正法，爲什麼要抗拒？因有遮障。後來想通了，一定要堅持到底繼續打字。

一星期過後、一個月後，漸漸地習慣了，剛好打的經卷是《賢劫經》，賢劫有千佛出世，從每一尊佛初發意、發菩提心，一直講到成佛。越打越有興趣，二年期間假日很少出門，沉浸在佛經裡好快樂！有時打到佛經裡佛說眾生很多缺點時，感覺是在說我自己，當下放下打字工作，馬上跪在佛前痛哭懺悔。因爲堅持不放棄，二年完成《高麗大藏經》打字工作。

（二）第一次禪三回來後，剛好婆婆開刀不能煮飯，結婚後因我上班，大都是婆婆煮飯的；在這裡也非常感謝婆婆多年的幫忙，於是就承擔起來，每天早上起來作中餐給公婆中午吃，下班趕著回去煮晚餐；來臺中講堂上課，晚上下課後回到家快十一點，還要趕快再準備洗菜、切菜放入冰箱，明天作飯可以比較快速，因爲還要趕著上班。一星期下來累得要死，又開始有點後悔；但又想到老師上課特別強調家裡兩老是兩尊活菩薩，要好好侍奉，修學佛法也要圓滿世間法，才不會讓他們起瞋念煩惱。想到這裡，爲了讓家人不障礙我修行，我仍然堅持不放棄地作下去；現在也慢慢習慣，手腳愈來越快，很快就能把飯菜做好，讓家人沒有藉口阻擋我來學佛法。

但是好景不常，當我到市場購買雞鴨魚肉煮好吃的給家人吃，一陣子後身體開始不舒服，後來聽了林師姊說她的親教師張老師有說過，可能是那些眾生在遮障；於是除了布薩時向牠們懺悔以外，每月定期布施也一部分迴向給牠們，後來身體就不會像之前那樣不舒服。心想爲了自己私利要圓滿家人，卻罔顧那些被吃的有情眾生，眞心的向牠們懺悔。

四、見道過程

（一）學了五年多一直沒信心，都不敢報名禪三，有次廖師姊說夢見我會錄取，鼓勵我報名；心想若眞能於七年後破參明心，也差不多要開始報名了，沒想到第一次就錄取。起三、過堂、解三，只要唱誦 釋迦牟尼佛號，就一直掉眼淚，哭了四天以及安靜拜佛，解三下山時覺得開車聲音很大，以為車子有問題下車查看，沒問題啊！喔！因四天非常非常安靜，剛下山覺得好吵鬧，連開車子的聲音都覺得比平常大聲。禪三期間猶如進入世外桃源般。

（二）第二次禪三監香老師告知我：「**瞋心太重，看您不太會跟同事相處，處得不好吧？是家人嗎？**」我回答：「**是家裡同修，講話都從鼻孔出，自私又無理，全家人都要聽他的，不順他意思就生氣大聲斥喝。問題是他的意見並非正確或最好的，常常被他氣到發狂。**」以前也常常吵架，後來到正覺上課以後，歷緣對境一次又一次學習，無數次，在後悔中慢慢地改變。親教師上課也常講：對別人不同意見，不順自己的意思，要給予尊重。就如同我站在講臺，每一個人都從不同角度來看我，都有不同的描述，焉知誰對、誰錯？明白這個道理，只要接受、尊重他，瞋心就漸漸不會引發起來。現前觀察眾生本如是，我以前也跟他們差不了多少，現在也很少跟同修及家人生氣。

監香老師要我消除性障，並說這場佛事早在二千五百多年前 佛世尊早已安排好了；聽了有點驚嚇，心想要好好的參究。此次 導師強調要發大願，坐在大殿上忽然起了一念：「**地藏王菩薩消了我很多業障後，連續三天都作同樣的夢：面對著全體師生說因果法等。**」心中便起念發願當親教師，正當起身腳要跨出去，又縮回來，這隻腳好像有幾千斤重似的，因爲我的人格特質是作不到時不敢發願。來回畏縮三次，想了很久，後來心想「**都來這裡想要求佛世尊無上大法，應該要發此願協助導師弘法**」，於是邁步向前，向 佛世尊發願要當親教師。到了最後一天晚上拜佛懺悔淚流滿面，又向 佛世尊發願要當親教師，突然間看見 佛在微笑！心想是不是我眼花，再看清楚一點，眞的是佛在對我微笑欸！增強我的信心。

但此次不知爲什麼心裡老是跟 導師很不相應，總覺得 導師不理人，心中卡卡的；晚上摸黑上寮房剛入睡，一陣白光、一明一暗交替著，半醒半睡之間 導師入我夢中，示現一些事情，要把我的頭砍斷，我說：「好！讓您砍頭。」之後解三回到家，那天晚上都睡不著覺，作了二個夢；一個是過去有一世對 導師言語態度很不恭敬，醒來馬上在佛前向 導師痛哭懺悔（布薩時也向導師懺悔）；上床睡覺又夢見過去世我是一個比丘，從背後看身材高大，穿著僧服，遙望著 佛世尊妙相無比莊嚴，心生大歡喜，於是發了願要造作 佛世尊的聖像。這樣子持續了一天一夜，一直冒出一些事情，色身有點撐不住，於是起作意「**我不想再知道了！**」後來小睡一會兒醒來，就恢復跟往常一樣；很殊勝的夢！

（三）第三次要繳交禪三報名表前一天（2014/8/17）晚上，看著《維摩詰經》心中帶著疑情：明心是什麼境界？要明甚麼心？就這樣入睡。夢中我非常的專注看著天上的白雲飄動……第六識看境（雲飄動），不是妄念覺知心在看，是心在動！醒來那一刹那定定地看著床的上方天花板日光燈，突然間甚麼東西返射回身上，看見自己身體不停地快速震動……驚嚇醒來。好奇妙的夢！衝下床馬上作筆記（2014/8/18）。

隔天又作了一個夢，在古時候　導師是一位和尚，常常到市場人很多的地方，大家都很喜歡他，因為他會替人看病，大家都爭先恐後搶著要讓和尚看病；我被推到第一個，但我不好意思排第一，隨便拉一個人先給和尚看病，他看完放了幾個錢幣在缽裡。換我看病時，馬上從身上拿出伍佰元銀票放入缽裡，和尚問我：「**你哪裡不舒服？**」我說：「**膝蓋不好。**」和尚說：「**還好啦！**」突然問我參禪參得如何？之後在我身上點了三個地方，後來出現「印心」二字，我就非常安靜地眼睛張開慢慢醒來，這是連續二天作的夢。

這次上山，第二天中午要上寮房休息，在樓梯轉角時，腳上突然一陣麻麻的像是有電流，一躺上床心跳很快、有點害怕，心想「是心臟病、還是高血壓？怎麼辦？」後來○○○○○，不再跳動那麼快，放下又開始快速心跳，於是想起跟第一個夢有同樣的狀況出現，讓我再次體驗，來回試驗了五次。心想是這個心嗎？還在疑？下午到佛前稟　佛：「是這個心嗎？」佛示意是此心；又到　韋陀菩薩前問，答案一樣；又到　克勤圜悟菩薩前問，還是一樣答案。

下樓要上洗手間，在門口問訊護法龍天菩薩，也是同樣的答案，於是在廁所照鏡子時不自覺微笑起來。後來進了小參室，第一個先向　導師懺悔。導師問我「夢到的嗎？」我回答是，導師領著我唸三次：「自責其心，永不復作。」懺除我的罪根。（感謝導師慈悲攝受，之後再面對導師心裡就不會卡卡的，很親切！）

接著向　導師報告剛剛整個過程，用一句偈表示：「大地震動遍○○。」大地是多寶如來塔，是我五陰身；內裡人如來藏不停地震動○○○○運轉不息，導師說：「找到了還不知道，是因爲你沒深入觀行，這樣會退轉。」眞的是拿一根針刺了我流血，一針見血，一眼瞧見我的落處。出了小參室，繼續努力參究思惟整理。這次又發了願，除了生生世世追隨 導師學法以外，正覺同修會所有親教師未來在某星球住世弘法，我也必定會來其座下成爲他的弟子護持、弘揚正法。

（四）第四次上禪三前幾天，夢見往世在某個星球國家，看起來科技很發達，我對一位身體殘障者，他與家人小孩共同坐在專用的殘障車上；在地球上沒看過這樣的殘障車，當時不知說了什麼話，總之就是很驕慢、輕心、慢心，輕視、輕蔑他，讓他非常地傷心生氣，雙眼狠狠地瞪著我。有點害怕，後來這個殘障者當時在那個國家裡發明了八十九種能治療絕症的藥，震驚全國。夢醒後心有餘悸，馬上跪在佛前向他懺悔，因爲隔陰之迷，不知往昔所造的惡業這麼多。蒙山施食時也再次向他懺悔，並將禪三功德及若能明心的功德都迴向給他。

第二天晚上承蒙佛菩薩加持，整個頭部像是被充電似的，一根一根的神經，一條一條微血管被暢通……，不知過了多久，出現佛龕後那幅《心經》，於是唸誦《心經》：「觀自在菩薩……菩提薩婆訶。」醒來清晨四點多，盥洗完馬上到佛殿禮佛；心想有一點信心，希望這次能開悟明心。跟監香老師小參時，老師說「就差一點點」，問我：「有發大願嗎？」心想：「報名表寫了一堆還不夠嗎？」老師說「要具體一點，譬如今生幾年內要完成甚麼……一一鋪陳規劃好」，並且說：「釋迦老爸在等妳這個女兒開口求願。」交代我必須以至誠心讓 佛感動。

於是出來坐在位子上很認眞地想，未來的路要如何走？想好了馬上到佛前跪求發願，不禁悲從心來大哭一場！能與善知識共住、共話（這是我過去世修來的福德），可謂勝過十年寒窗苦讀；你能吃幾碗飯，導師就給你吃幾碗飯，讓你滿載而歸。導師很忙，很難得有機會跟 導師談話，但爲了解決心中疑惑，見縫就插問，向 導師求證幾個疑問：一、第二次上山的第三天晚上，導師爲何入夢中砍斷我的頭？導師回答：「因爲你還執迷不悟！」二、夢見 導師在我身上點三個地方，然後出現印心二字，是否代表三法印——諸行無常……等，導師說：「不是啦！怕妳不懂，點三個地方；其實點一個地方就夠了，意思一樣。」啊！現在終於懂了！眞的很笨！三、向 導師報告：在夢裡過去世我遙望著　佛世尊妙相無比莊嚴，心生大歡喜，於是發願要造作　佛世尊聖像，如今在嘉義講堂成立前也圓滿我的願。導師語重心長的說，師兄弟現今只剩下他一人！我能瞭解　導師的用心，多希望能生更多的佛子來一起荷擔如來家業。最後還向　導師發願，希望今生能在　導師坐下眼見佛性；因爲您太慈悲了！很親切、夠老婆、肯爲人好，千載難逢的大知識，一千年也遇不到這麼好的人！導師回我：「**見性需要很大的福德。**」我回答：「**我會努力的。**」

到晚上普說時頭有點昏沉，左腰及腳很不舒服，勉強撐到結束，馬上起了一念：「**我要到佛前再向那位殘障者懺悔。**」（不知往昔傷害他多大，竟然於我要破參前這樣遮障干擾，不放過我！眞的是：假令經百劫，所作業不亡；因緣會遇時，果報還自受），於是跪在　佛世尊前眞心再次向他懺悔，很神奇！懺悔完回到座位，頭昏及腰腳痠痛馬上好了。繼續思惟整理到晚上一點多才睡，剛入睡後看到有好多漂亮的細菌，白色中間有紅點，像樹枝幹呈現Y型，示意要我開悟明心的功德迴向給牠們，我同意後瞬間牠們變化爲一小點一小點地消失了。然後馬上又有很多魚被掛在魚攤架上，類似銀白色長條型的魚，突然有一條魚飛到我眼前，同樣地要我開悟明心的功德迴向給牠們，同意後就消失了。心念希望牠們早生善處，將來能修學佛法。

經過整個禪三洗滌與淬鍊，終於得到 導師的印證：「**恭喜你們開悟了！出去向佛菩薩好好地謝恩。**」走出小參室，還有一半的路才到佛前，身體開始不自主晃動並掉下眼淚，同時左耳響起啪！啪！啪！……很快速一陣聲音，好像很多人在拍手鼓掌！到 佛世尊面前跪下來，已經忍不住放聲大哭一場！這過程用一句話來形容：如來有無量無邊妙功德，感應道交難思議。

五、發願--夢想

人生何嘗不是一場夢？我眞的被打醒了夢！要不是 佛世尊護念指引入正覺學佛法，現在仍然繼續在三界的夢中一直輪迴。如今夢醒—找到眞我—親切而不知六塵！（眾生莫不由如來藏變現內相分影像中分別世事，不外於如來藏，一切法都是自心所現，眼睛從來沒有看見外色塵……妙哉！）然而 導師的願望「**把密宗趕出佛門或回歸佛門，復興中國佛教**」的這盤棋，由 導師來安排下棋；導師需要很多棋子，希望大家發願成爲 導師所用的一顆棋子，我們只要聽指令走，幾年後將來 導師完成這個夢想時，我們大家都能沾光！

眞心的期望各位菩薩能發此大願協助 導師到大陸弘法，我希望能種到這塊大福田，以這大福德，夢想今世能在 導師座下眼見佛性，完成十住位。並且發願於 佛世尊末法護持、弘揚正法，直到月光菩薩降生人間，法滅時隨月光菩薩回彌勒內院修學道種智；將來 彌勒菩薩下生成佛時，能修成無學阿羅漢迴小向大，入地被佛授記，完成第一大阿僧祇劫。這是我的夢想。

最後還是要再三眞心的感恩：

南無本師 釋迦牟尼佛的護念

諸護法龍天菩薩護持

平實導師大慈大悲攝受

監香老師及護三菩薩的護持

兩位親教師的教導（釋寬道、楊正旭老師）

正覺海會眾菩薩的擁護

弟子 廖淑德 合十頂禮

公元 2015 年 5 月 15 日

見道報告

——張素珍

感謝 **世尊**及 **諸佛菩薩**的加持
感謝 **韋陀菩薩**的護法及保護
感謝 **克勤圓悟**祖師傳給我們的正法
感謝 **平實導師**的攝受及 **監香老師們**的用心
讓我能通過此次禪三的考驗

學佛因緣：

年輕時爲了照顧孩子，長時間在美國生活；等到最小孩子進入大學後，就回臺灣。此時我家同修因想明心，想找生命實相而要去修學佛法，有人告訴他：「**必須先修學道家的思想才能見道。**」於是就去學道學，我就跟他一同去，每天背誦《論語》、《老子》、《莊子》、《孟子》，整個腦中就是那些古文，連睡覺時都是古文，好煩惱喔！接下來又修學《易經》，每天背誦八八六十四卦，眞苦惱。正在此時，本會于林阿密師姊送來幾本正覺的結緣書，最引起我注意的是《我與無我》這本書，因封面的太極圖和我學《易經》聯想在一起；本想拿來看看，可是同修怕我去讀外道的書（因爲當時沒聽過正覺也能修學佛法），只認爲出家師父拿來的書才是好的，才是佛法書本。我只好把書收到櫃子裡好好的保存著。過沒多久，陳慶欽師兄來診所看牙齒，看到我們都在讀古人的書及《易經》，問我們讀這些是爲什麼？同修說爲了明心、不能明心就去讀，看看能不能明心，陳師兄很客氣的說：「我在正覺修學佛法，有開悟明心的方法可學，我拿幾本書給你看好嗎？」我同修說「好」，他馬上回家拿書，拿來時一看，裡面也有一本《我與無我》，我告訴我同修：「這本書家裡就有了。」於是在櫃子裡找出來給他看，陳師兄拿來的三本書是《我與無我》、《大乘無我觀》、《無相念佛》，我同修一星期就看完，他很歡喜；他找到了他要的法，邀我一同去講堂請書。我們騎著摩托車沿路找門牌號，到了講堂拿了一些書準備回家看，碰巧遇見李老師及其同修，告訴我們可以來上課，當時是十一月底，新班已經開課二個月了。那麼好的法我們想從頭開始修學，所以等下次新班，先讀 導師的結緣書及局版書（託陳師兄買），就這樣等待開課的到來。

終於等到二〇〇八年四月二十五日開課了，我們的親教師是楊正旭老師。老師開始教如何拜佛、念佛，我們很努力的去學，第一門功課就是無相念佛，如何達到憶佛念能淨念相續，所以很努力學習憶佛拜佛；二星期後已百分八十可以作到，正當這時候我過馬路時，竟然看到對面的高樓牆壁上有一尊佛就在眼前（不是眞的有東西，只是感覺），頭又轉到另一個方向也是有；再次的轉到別的地方去，也是有，眞是不可思議。很高興的回去告訴同修，同修說：「很好啊！」這樣持續了二星期，有一天下完課回家時，看不到了，心裡很失望，結果自己告訴自己：佛是那麼高廣，因爲佛靠我更近了，我才沒辦法看到祂的全身，心裡才覺得比較寬心，好好的繼續修學。

接著就是修學六度，菩薩戒律講解完了，要受菩薩戒，我也去登記了；可是心裡好害怕，怕的是會犯戒，怕吃到葷食又不會煮素食，就這樣害怕到要去受戒時。不管它，受了再說，受戒完了戰戰兢兢的怕吃到葷食，於是不想煮飯了，吃外食順便學習如何煮素食。很高興終於學會了，錯了再去懺悔，結果好像很少犯戒，眞是不可思議。

二年半的課程快結束時，第一次報名禪三很幸運錄取了，帶著滿懷的信心去禪三道場，結果發現自己的程度是那麼不足，而且在禪三道場參禪又那麼辛苦，爲什麼呢？因爲晚上睡得不好，白天就沒精神，也就效果不好；兩個膝蓋非常的痛（因爲膝蓋邊凸出一塊骨頭），還是忍著拜佛，第三天告訴自己：「以後不來了，我只要熏習就好了，眞的受不了。」話一出，後悔了，於是到　佛前懺悔祈求佛菩薩原諒。這點苦就不能忍，如何去救護眾生？想想我那麼幸運能被錄取，也要珍惜這緣分。四天三夜的相處是多麼難得，和導師結更多的法緣，不可輕易的讓它過去。

下山後開始檢討自己不足的地方，這是我必修課程；把無相念佛再加強，訓練定力每天拜佛；增長福德，發文宣出勤擺書攤（由組長分配），憶佛念帶住。有一天在地藏王菩薩面前準備起身時觸證了，很高興的等待著禪三的到來。在禪三中確認我的方向是對的，只是自己還不具足，只要方向對，總有一天可以被老師認可。更要繼續參，把眞妄釐清，因爲眞和妄分清楚是導師爲我們設定的功課，怕我們會退轉，智慧沒辦法增上。這我可以瞭解，也知道　導師及監香老師們的用心。安住在正法上繼續增長福德、定力及菩薩性，等待因緣到來。

接著第六次錄取禪三時，去禪三前的大悲懺，在 佛前懺悔，誠心地要將過去的罪過全部懺清，冤親債主能化解，希望所有冤親債主能和我一同修學正法，也願將我見道的功德迴向給他們。禪三前一星期身體微恙，喉嚨不舒服，看了醫師，結果吃藥後全身沒力，非常的不舒服。在上山前兩天決定停藥，祈求佛菩薩能讓我平安的去禪三。

禪三時間到了，帶著滿懷的希望到了正覺祖師堂，兩行眼淚止不盡的流下來，眞希望此次能被 主三和尚認可。到了禪堂先到佛前祈求 世尊加持，到韋陀菩薩面前祈求能讓我在這四天三夜平安，身體不要有任何的不適；拜託諸位菩薩們加持與會諸禪子，並懇請祖師爺爺攝受眾弟子們。下午請師時，看見 主三和尚，心好酸，眼淚一直的流；一個上了年紀的人，爲了正法和佛弟子們，努力的付出，心有所不忍；我們一定要以 導師爲榜樣，拉著 導師的衣角一同爲正法而努力。

起三時，主三和尚爲我們開示五陰十八界的虛妄，說得非常詳細，要殺掉我們的我見。每次來禪三，殺我見時說的內容都不一樣；多麼希望 主三和尚能說多點法義，眞的非常精采。接著蒙山施食，希望冤親債主能早點去找有緣父母，大眾願將所有功德迴向給他們，投胎正法家庭一同來修學佛法，願他們早證菩提。

第二天與 主三和尚小參，我說出的，全是手呈部分，主三和尚要我用簡單一句話，來說明如來藏；我沒辦法說出正確的答案，導師要我再好好的思惟整理。

第三天第一次和監香老師余老師小參，他問我：「爲什麼你一直停留在那裡，都沒有前進，知道甚麼原因嗎？」我說：「是否我見沒斷，還有體究不夠？」余老師說：「不是，是佛菩薩沒有加持。是不是你在佛前沒說清楚？再去祈求佛菩薩。」聽到此，我心裡好難過，感謝余老師的厚愛，我知道了。離開小參室，趕快跪在 佛前，告訴 世尊：「弟子不太會說話，請求佛菩薩體諒，弟子願生生世世不忘正法，生生世世願生長在娑婆，爲正法作事，願將正法廣傳及鞏固如來家業，破邪顯正，追隨正覺及平實導師將正法廣傳於中國大陸，未來世願將正法廣傳於全世界；祈求佛菩薩給弟子機會，悟明心性早證菩提。」

接下來又換周老師小參，不可思議，周老師竟然說佛菩薩聽到了我的祈求：「佛菩薩非常的慈悲，你要相信佛菩薩，佛菩薩無時不在。」我非常的相信也知道佛菩薩對我的疼愛。過後我一題一題的過關。第三天晚上普說完了，留下來繼續和余老師小參。余老師非常的慈悲，讓我慢慢的說；怕我緊張回答不完整，有時提醒我。眞的非常的感謝，余老師告訴我，出小參室後需再好好整理，我說「好」。就這樣一直反覆的思惟，抬頭看看時間已經晚上十一點多了，怕熱水供應時間過了，於是問糾察老師：「我先去梳洗。」糾察老師告訴我：「你剩一題，明天才會輪到，你可以先下去。」結果整晚沒睡，躺在床上一直的思惟那些題目，眞怕忘了；最後時間，我不能錯過，加油喔。

禪三最後一天了，排到第一個和余老師小參。老師從頭開始考我，我一一的回答。最後一題回答完了，老師說：「我開紅單了，接著是導師會考你，你會，才可拿到金剛印。你可以出去等糾察老師安排。」就這樣頂禮謝謝余老師。

和　主三和尚小參，共給我們兩題；眞能體會　導師的用心，要讓我們更能瞭解如來藏的體性，及退轉者說的兩個實相心並存的矛盾與衝突。導師深細的開示，讓我們更深入的去瞭解，所謂三界唯心、萬法唯識的道理；接著喝無生茶及盲人走路，讓我們去體究如來藏的「日用而不知」中微細的妄心感受及如來藏的運作。

最後謝謝　平實導師、監香老師、糾察老師及護三義工菩薩們，謝謝菩薩們的無畏布施、慈悲、辛勞的付出，攝受弟子能在此次禪三破參，弟子決不忘記誓言，盡未來際世世常行菩薩道，將正法廣傳，廣度有緣眾生，弘揚眞實如來藏，摧邪顯正，希望能成爲正覺講堂義工，爲正法所用，以報佛恩，並積極參與護持正法的種種工作，共同荷擔如來家業，阿彌陀佛！

一心頂禮歸命本師　釋迦牟尼佛、一心頂禮歸命　觀世音菩薩，一心頂禮歸命當來下生　彌勒尊佛、一心頂禮歸命護法　韋陀尊天菩薩、一心頂禮歸命克勤圜悟大師菩薩摩訶薩，一心頂禮歸命　平實菩薩摩訶薩。

佛弟子　張素珍　合十頂禮

禪三：104/04/17～104/04/20

見道報告

——蔡尚忠

一心頂禮　南無本師釋迦牟尼佛
一心頂禮　南無大慈大悲觀世音菩薩摩訶薩
一心頂禮　護法韋陀尊天菩薩摩訶薩
一心頂禮　克勤圜悟大師菩薩摩訶薩
一心頂禮　平實菩薩摩訶薩

弟子今日能夠明心破參，一切都是要感謝　佛菩薩的慈悲加持護佑以及導師不棄弟子的愚魯慈悲攝受；若不是如此，想要開悟明心，眞是連想都不敢想啊！

從小生長在彰化縣的小村莊，村民大多是以務農爲主，民風淳樸。曾祖父以前在當地是個大地主，外人都說他有幾百甲地；祖母曾跟我說實際的數字九十九甲，差一點才有破百甲。在那個年代，人一有錢，妻妾就多，曾祖父也娶了三個老婆，第三個老婆是曾祖父在八十歲才娶進門的；要是在這個時代，可就是一件大新聞了。

在我們村子裡，蔡是大姓，但是不見得有同宗、有血緣的關係；那是因爲曾祖父到外地去，看到有同是姓蔡的，但在當地卻是只有一家，無可依靠，很容易受到排擠與欺負，便邀他們來同住在村裡，好有個照應。在我小時候一件事總是令我很奇怪，爲什麼有年紀很大的長者稱我父親「叔叔」、「叔公」，父親才告訴我：因爲他們的父執輩當時來村裡的時候，都把自己的輩分往下降，作爲對曾祖父的敬意及感謝，這也是在舊時代裡人情溫暖的一面。

爺爺在曾祖父的兒子當中排行老三，個性上待人親切好客，且頗有俠義精神，從不與人斤斤計較。在過去的舊年代資訊缺乏，想要瞭解一個人可不可以信任與深交，通常都會偷偷的透過多次測試才會下定論。爺爺有一個幾十年的好朋友，和爺爺的性格也很相似，他說年輕的時候（和爺爺相差約十幾歲），從王功用牛車載豆餅（花生壓榨出油後的渣形成中間有一個圓洞的餅）出來賣，剛和爺爺作生意，有時會故意說他秤子沒帶出來，要爺爺自己秤就好，其實他在家早就秤好了；經過幾次以後，他才說爺爺秤出來的重量都比他自己秤的還要多，也因此對爺爺相當的敬重。

爺爺的事跡還不只如此，如布施錢財、施棺，對佃農也相當照顧，有時風不調雨不順收成不好，佃農會向爺爺哭訴家裡生活難以爲繼，佃租更不用說了，爺爺不但安慰他們：「佃租沒關係。」還拿錢、拿米給他們，先安頓一家老小再說。

從我有記憶開始，家裡就在作生意，也換了二、三種生意；比較有印象和有幫忙的，就是開電鍍工廠及後來包裝業。會開電鍍工廠的原因，是父親有個年輕時當兵的朋友開電鍍工廠，因爲經營不善又愛賭博，欠了一屁股債，便把工廠的設備及技術賣給父親，而他也成爲我們家裡的員工及技術人員。就這樣過一段時間，父親發現怎麼不賺錢，而且品質也出了問題，這時才恍然大悟原來他的朋友（也就是家裡的技術人員）根本就外行，胡搞一通，把自己的工廠搞垮了，差一點連我們家一併賠掉。後來透過化工原料商及設備廠商，找到一位同業的師傅協助，才算是穩定了下來。

因家裡工作忙的原因，下了課（從國小三年級開始）就要直接到工廠幫忙工作，晚上要是加班也跟著作到九點下班。那時候會覺得很苦，但也沒有抱怨，因爲總覺得家裡有需要人手，該作就作。每當父親要去送貨，我就會跟車出去幫忙搬，那時在路上父親邊開車就會邊跟我聊天，聊的內容大都是有關面對客戶的爲人處事態度，發跡的過程，目前公司經營的狀況，甚至是客戶的家庭生活。在短短的幾年當中也看到了不少公司的樓起樓塌，有些夫妻在草創期胼手胝足，爲了生活不眠不休的努力工作，但稍有一些成就後，老板就藉口爲了作生意，開始花天酒地起來，可想而知接下來的下場是如何。

在跟著父親四處送貨的過程當中，看了很多人生百態人情冷暖，也對我漸漸成長後的處事態度有很大的影響，作任何事總唯謹唯愼，不敢恣意妄爲，作事努力但求低調。

來正覺學法的因緣要從我的三姊說起，我和三姊的關係很親近，只要她說要學什麼我就跟著她報名去學，要買什麼、要布施哪裡，只要三姊跟我說了，我就算上一分，跟著她也跑了不少地方去學世俗法；跟她的緣就是如此，她的話我就是聽得進去。有一天（一九九八年）我們開車到員林，在路上我不知爲何和她提及〈大勢至菩薩念佛圓通章〉中的「……如子憶母、如母憶子」的那個互相想念的那個念的看法（其實那時根本不懂，只是憑著自己的想法說〉，她就告訴我：她現在有到桃園上課，修行用功的方式就是〈大勢至菩薩念佛圓通章〉中的憶佛念佛，以無相念佛作爲法門。那時我的因緣尚未具足，聊完後就沒有下文了。

一直到有天三姊跟我說，臺中要開佛法的課，蕭老師親自要從臺北下來上，課程二年半。那時蕭老師是誰，上課的內容是什麼，我都不知道，問也沒問就答應她了。剛開始上課都算順利，但漸漸的接近年底，末學的工作就開始忙了起來，不只是天天要加班，有時連星期日自己也沒得休息，還是要工作；因爲末學所從事的包裝業，大部分是和調理食品業配合，而調理食品業的旺季，是在每年的八月到隔年的四月底，當中忙碌的高峰期須要加班的月分就將近六個月，因此上課的事就中斷了，這一停就停了十一年。

在這中斷學佛的十幾年當中，由於自己也很喜歡學工巧，每年總是在稍有空閒時，報名上社會大學、職訓局的推廣課程……。不過在上這些課的背後心態，其實就是心理學所說的「**在找生命的出口**」。在工作上總覺得沒企圖心，且懷疑不知我爲何沒有像同業及朋友，對於事業上有雄心壯志，總覺得財富、名聲都是虛有的東西，都不是我眞正想要的；總是想：即使有財富如我曾祖父富甲一方，或是有權利名聲如歷史中的帝王將相，如今又安在哉！有什麼好爭的呢？但要將這些感覺說出，卻又無人能體會，時常會感到孤單難解。

有朋友曾問我對未來有什麼夢，我脫口而出就說「要走修行的路」，朋友不解，我也不解。內心孤單的時候，曾有一個念頭浮現：「**我過去世的那些朋友**（應該是同修道友）**到那裡去了？**」內心裡總覺得我這輩子不該是如此，但又說不出個所以然，內心的空虛與痛苦，眞不該如何說。

人生的轉捩點就發生在金融大海嘯那年，當時整個大環境變化很劇烈，再加上工作上旺淡季相差很大，因此壓力也很大。財務上經過多年的努力下，雖然不虞匱乏，但週遭許多的客戶及朋友，就不見得能挺得過去。看到如此，對人生的疑惑就更大了，難道一輩子就得要這樣，隨著外在的環境載浮載沉？對人生產生很大的疑惑。

就在這個時候有一天，我有事到三姊家，無意中和她提到自己對工作上的倦怠，眞的很想退休不作了，那時三姊就跟我說「**現在講堂有新開班**」，問我要不要來上課。我聽完馬上答應她，但是也跟她說，我在社大要到七月才結束，到時再去上課。到了七月社大結束，我就打電話告訴她「**我要去上課了**」，問她要如何報名、如何去臺中講堂，她就告訴我講堂規定，說三姊夫可以帶我去上課三次，從此也就正式踏上修學正法之路。

禪淨班的親教師是賈老師，賈老師上課非常的用心，在投影片的內容上提綱挈領層次分明，看起來清楚明瞭，而且上課時在法義上總是很詳細很有次第的解說，眞不愧是大學教授。而且賈老師待人親切謙虛，心性調柔。與賈老師小參時，他總是很有耐心的聽完學生的問題，不管是在法上或是在世俗上，都很用心的從不同的面向爲學生解答，在他的座下學法眞的受益良多。

二年半的禪淨班結束後，就到楊老師的進階班繼續進修，楊老師上課的方式很活潑，不管是在法上或是次法上，都能夠用不同的層面，多方面的加以解說，令學生們在學習上有較廣的思惟，很感謝楊老師的用心教導。禪淨班及進階班將近六年在法義的熏習下，令弟子佛法知見上有很大的進步。

弟子眞的非常感謝諸佛菩薩，感謝 導師，不棄弟子愚魯，不但連續讓弟子上禪三，還能夠在這次（第五次）順利的明心破參，弟子暗自深思如何能報佛恩、導師恩，只能警惕自己要作到在佛菩薩前所發的大願：

生生世世迴入娑婆荷擔如來家業弘揚正法護持正法攝受眾生

生生世世迴入娑婆跟隨　平實導師及眞善知識修學正法利樂有情

生生世世迴入娑婆跟隨眞善知識修學世間出世間的一切工巧培植福德資糧，攝受眾生弘揚正法護持正法，習得文武藝，荷擔如來家業

再次頂禮　諸佛菩薩

再次頂禮　平實導師

弟子　蔡尚忠　頂禮敬上

公元 2015 年 5 月 24 日

見道報告

一心頂禮本師　釋迦牟尼佛
一心頂禮禪三期間　諸佛菩薩及護法龍天
一心頂禮法身父母　上平下實和尚
一心頂禮　監香老師及諸護三菩薩

——梁睿蓁

我出生在彰化縣的溪洲鄉下地方，在家排行老四。爸爸是個建築工人，媽媽是不識字的農婦。從小，媽媽常說我「跟哥哥、姊姊他們不一樣」，不喜歡吃葷食，而且我常問：「太奇怪了！爲什麼要吃肉肉？」還有「是什麼讓我們會動、會講話？」媽媽說：「那是人本來就會的，沒什麼奇怪，不要亂想……。」又問媽媽過年前送灶神，爲什麼要拜甜湯圓？媽媽回答：「因爲舉頭三尺有神明，神明會記錄人類這一年中所作的善惡事，這天是他們回天庭報告的日子，如果拜甜湯圓『吃甜甜』（臺語），回去就會講好話。」記得當時回答：「原來神明也可以『烏些』（臺語，意謂賄賂），那如果沒錢拜拜，他所作惡事不都全講了？那這樣公平嗎？」我雖然小，但知道這兩種都不是我要的答案，但也沒人可以告訴我，所以只能將問題埋在心裡，等著哪一天有人能給我解答。（長大之後，在正覺的熏修之下，我終於知道答案了。）

兒時爸媽常常藉機教導我們這些小孩作布施。例如小時候鄉村時常看得到乞丐前來乞討，鄰居們只要看到乞丐遠遠走來，一定馬上把門關上；我問爸媽：「爲什麼他們要把門關上，不給他們食物？」爸爸問我：「妳以後長大，手掌心想朝上或朝下？」我回答：「要朝下。」爸爸說：「朝上是要向人乞討，朝下是有能力幫助別人。」媽媽在旁說：「而且布施給人的東西，一定要是好東西；不好的要留給自己，不可以給他人。」還有：「只要我們有能力，別人來找我們幫忙，一定不可以拒絕。」由於爸媽這樣的教導，我們幾個小孩從小就養成布施的習慣，感謝自己過去生勤修福慧，才能有這樣的父母，和來到正覺講堂聽聞正法。

接觸宗教的開始，是因爲從媽媽身上看見「因果」二字。媽媽從年輕時一直熱心幫助別人，老的時候得腎臟病，需要經常洗腎，我們請到了一位比我們還孝順的外勞來照顧她。我知道這是媽媽的善報，才能有幸遇到好人的照顧。但另一方面，老人家每月必須忍受開刀之苦……，在親友的善意推薦之下，我去道教神壇問事查因果，希望媽媽能少受一些苦，結果神壇給我的答案是：媽媽因往世的殺業，所以才會不斷開刀、不斷受苦果償還業報。當我聽到媽媽因殺生受果報，腦海中出現「放生」二字。當下即說：「**既然我媽因殺生受報，今生我是她的女兒，我用放生來幫助媽媽不要再受開刀之苦。**」

因爲放生，我參加了水里圓因老和尚的蓮子放生團，每月固定一次放生；老和尚教導我們：所要放生的生物不要預訂，要隨緣買，而且放生的地點不可以宣傳，要作到讓物命能安全存活。我們要償還業力就必須懺悔，所以每天要拜八十八佛，或誦《金剛經》迴向。就這樣，我每月最少有二十天自己開車或與師兄姊一起到市場購買物命去放生，回家拜八十八佛，將功德迴向媽媽的冤親債主。不可思議的，從我放生那個月開始，媽媽就再也沒有動過一次刀；在放生幾年中，我親聞雞唸阿彌陀佛、魚聽懂人語、螃蟹會拜佛（直到我進入正覺之後，才知眾生都有八識心王），這些事其實不是怪力亂神所致。

接觸《地藏經》，求善知識的因緣，要從媽媽往生、我在守靈的四十九天說起。當時每日從早到晚，僅有中午稍事休息，不斷的誦經迴向媽媽。之後就一直保持這個習慣，有次誦經突然看到自己車禍，這件事從沒跟任何人提起；有天遇到一位師姊，她告訴我：「觀世音菩薩要我告訴妳，不久妳會出車禍，原因是冤親債主要討債，要妳趕快誦經迴向。」我回答：「好！我跟他們懺悔，並且願意放生、誦經迴向他們。」師姊告訴我：「他們要你誦《地藏經》四十五部迴向。」我到寺廟請了《地藏經》回家開始勤誦，四天完成了四十九部。

這時我心裡對《地藏經》經文前面「覺林菩薩偈」感到茫然和不解，這段偈文到底在講什麼？爲什麼「心如工畫師，能畫諸世間，五蘊悉從生，無法而不造」？越誦越起疑，於是開始求 觀世音菩薩讓我能遇到善知識，能夠教導我：佛來人間所講的這麼多經文，是要教導眾生什麼？而經文的眞實義又是什麼？我眞切的想瞭解，而不想跟人家一樣拿香跟拜；懇求菩薩慈悲幫忙，讓我早日遇到善知識，若將來爸爸百年往生，我會將自己奉獻給佛、爲佛作事。就這樣，每天早晚拜佛迴向，勤求善知識早日出現。

我是有福報、有善因緣的，因爲我終於值遇善知識了。那日，一起放生的達旺師父，找我去三重一位林老師家中看病；這兩三星期間，我看大家都在等待熱敷；治療師忙不過來，所以主動前去幫忙，意外聽到天鐘師父告訴這位鄭師姊：「**正覺講堂要開講《維摩詰經》**。」聽到「維摩詰」三個字，剎時全身毛孔豎立，馬上請問師父：「**哪裡要講《維摩詰經》**？」師父告訴我講堂的地址和講經時間，並提醒我如果要到九樓聽經，必須早一點到，不然就客滿進不去，只能到其他樓層聽經了。聽完後我多麼期待下星期二的到來。

終於等到星期二了，我四點就到講堂等待開門，興奮的進入講堂、並至誠禮佛，就坐在女眾座席的第一排左邊第四個位子，等待六點五十分 平實導師前來主講《維摩詰經》。以前我到其他寺廟參加法會，都選擇最後一排、最後的位子，準備法會一結束，馬上離開不會逗留。奇怪的是，到正覺講堂我很自然地坐在第一排等待，顯然我是不會偷溜的。時間終於到了，大眾與平實導師一起禮佛，導師上座後請大眾坐下；我抬頭看見 導師，感覺跟他很親近，在他座下有一種說不出的心安。從開始宣演到結束，我一句都聽不懂，但心裡非常歡喜，知道 平實導師應該就是我要找的善知識。

隔天在三重的醫療所，悟圓老和尚問我聽經感覺如何，我說「一句話都聽不懂，所以不會作筆記」。但我知道，我不會離開這個地方了，平實導師就是我要找的老師。謝謝師父們的引進，師父說：「十一月星期四有開禪淨班，從佛法基礎架構教起，可以去報名，為期二年半，課程是熏習正知見，以後有機會可以明心見性。」「明心見性我不懂，也沒聽過，但我會去報名上課。」就這樣，星期二聽經，星期四上基礎課，滿心歡喜地在正覺講堂安住了下來。後來，與我一起放生的達旺師父知道我去正覺上課，勸我說：「那是在家人說法，講的法有錯誤，不要去聽。」我說：「師父！你說他說法有錯，錯在哪裡要告訴我，不能說他是在家人說法就錯。何況師父你是出家人，有責任救護眾生，所以你一定要知道他錯誤所在，才能告訴我們正覺錯在哪裡。而且我很聰明，我先去聽聽，二年半很快，我再來告訴你『他錯在哪裡』，到時你就可以救人了。」（其實我已決定留在正覺，只是因媽媽往生時，師父有恩於我，不好當面反駁，只能先行善巧，這樣回答他。）

但師父仍不放棄，又找另一位師父和以前放生的師兄們來我家勸留我。

這位師父說他以前有去聽蕭老師講經，時間大約半年，蕭老師講經都跟外面所說不一樣，而他怎麼也聽不懂（當我聽師父說自己有去聽，但也聽不懂時，那時我只聽講堂三、四堂課而已，心裡不禁浮現『這麼深的法，你怎麼可能聽得懂』……）。一行人勸我不要再去正覺上課，大家輪流勸說，最後問我的決定，我說：「**我還是要去正覺上課。**」師兄們覺得很奇怪，問我到底爲什麼？我回答：「**因爲我知道自己要的是什麼。**」

禪淨班的親教師是淑瑛老師，她告訴我們：「**佛法是可以實證的，但實證之前，正知見很重要，必須確認每個眾生都具足八識心，第八識如來藏就是我們要實證的標的。**」在這二年半中，老師非常有耐心，爲大眾講解佛法內涵與基礎架構，讓我們好好練習無相拜佛。但因爸爸生病，我每天拜佛時間不長，大部分時間都在誦經，所以定力一直不好，但還是很用心地聽聞正知見。

在禪淨班第二年時有次去助念，突然想起小時候的疑惑：人○○○？○○○○○○○○○○○，○○○○○？○○○○，○○○○，爲什麼？這個念頭一直丟不掉。回家仍然一直墮在這疑團中走不出去。等到星期四上課跟親教師小參，告訴老師我的情況，親教師問我爲什麼觀行都會在這上面？我說這是小時候就有的疑惑。親教師聽完，叫我不要參究，暫時放掉它，每天拜佛就好。於是我暫時把這疑惑丟掉，好好拜佛修定。

禪淨班結束，順利上禪三，第一次上禪三歡喜萬分，把我所學得的知見全部說給 導師聽。結果，主三和尚說：「**那是我寫的，我知道。現在妳要說出妳的。**」那時，我當場傻住，原來不是要把書背好講出來。於是跟主三和尚懺悔，並向 導師說道：「**因爲小時候發現『人』○○○○○的種種行爲。所以經常在聽經時，看見導師○○○○，我都看到入神；對導師不禮貌，請老師原諒。**」主三和尚說：「**妳只要從這裡透過去就對了。**」但出了小參室，還是不懂。經行時，監香游老師到我身邊，問我「知不知道」，我搖頭「不知」。第二天開始，禪子會輪流去洗碗，因我是最後一位禪子，輪不到我。在最後一天下午，主三和尚告訴我：這次時間不夠去廚房洗碗，所以在位子上教我。然而我心裡妄念連連，居然還生起對同行師兄姊的惡念；這惡念一生、遮障速起，我的腦海是空白的。我沒有破參！

下山之後，叮嚀自己知見仍要繼續增長。一直以來，我都很喜歡《眞實如來藏》這本書。有天，重看此書時，看見書中寫著：「段肉無知」，突然想到：「如來藏有〇〇〇〇性。」〇〇〇，既能〇〇，當能觸色，那〇〇〇〇〇〇的疑問便解開了，是祂！我驚喜地開始對照八識的體性，七識心就像閣樓裡的小丑，只在〇〇〇處作種種了別，只有第八識遍一切處，對六塵不分別，對意根、意識言聽計從。可是我又懷疑到：「會這麼簡單嗎？」如果確實找到，我的智慧為什麼沒有增加？想丟掉祂，但總離不開祂。

第二次、第三次、第四次上禪三與 主三和尚小參，主三和尚同樣叫我不要參究，只要去思惟「〇〇〇〇〇〇就好」，但因遮障的關係，腦子還是空白。但是我絕不放棄，在 導師的座下是累劫修來的善因緣，我不能對自己沒信心。在第四次禪三的第四天中午，我跟 主三和尚說我要洗碗，洗碗中，和尚來問：「祂〇〇〇〇〇？祂〇〇〇〇？」這使我驚喜異常，當場知道是祂！心裡知道是和尚慈悲藉這個機會，告訴我是祂！沒錯，不要再懷疑了！

第五次上山，接到錄取單後，連續昏睡兩星期，心裡非常害怕。星期三下課後，立即前去跟游老師小參；游老師他安慰了我，讓我的恐懼平靜下來，我告訴老師：「我這次一定會堅持到最後，一刻都不會放棄。」星期五早上跟以往一樣，到講堂接禪子上山；也同以往一樣，監香老師講解禪三規矩等等。下午拜願，維那一起腔，眼淚就無法控制，懺悔自己的無知，辜負佛恩與師恩。主三和尚慈悲開示斷我見，並再三叮嚀放蒙山時要起作意，跟冤親債主懺悔，請他們不要遮障。從三樓下來到門口，我心裡一直跟冤親債主懺悔，請求原諒，我一定會將功德迴向給他們，未來也一定會幫助他們修學大乘第一義諦，成爲法眷屬，同證菩提。回禪堂，如實到 佛前懺悔、發願，請 佛加持這次能順利破參，能眞正報 佛恩、師恩、眾生恩，爲 佛所用、導師所用、正法所用，協助 導師完成兩大願。

後到韋陀菩薩前，如實稟白，再到祖師像前至誠稟告。這回 主三和尚問我：「如來藏在哪裡？」叫我口說、手呈。但和尚說我都是手呈，不是口說，要用○○○○。但我還是不會（因爲我一直以爲要像公案這樣手呈）。主三和尚給我兩個題目整理，出小參室，我依次到 佛前、韋陀菩薩、祖師前頂禮、感恩，再將 主三和尚給的題目稟白，請求加持，開我智慧。

第三天等候小參時，心裡又起分別心，心想：「游老師是我的親教師，若能與他小參會比較安心。」沒想到因這個分別心，馬上遮障。當游老師問我「如來藏在作什麼」時，我又腦子空白無法答出，只好出來到佛前懺悔自己的無明與無知，稟白：「弟子從這一刻起，將自己的法身慧命都交給佛菩薩和監香老師，再也不會有自己的想法了。求佛繼續加持。」也同樣到韋陀菩薩、祖師前如實稟白求願。後回到座位思惟整理，等候小參。

第四天下午，最後一題交與何老師小參；何老師問我會不會退轉？我眼淚直流，堅定地回答：「我一定不會退轉！從第一次進講堂聽經，在完全聽不懂之下，我仍然堅信這是自己所要的，我決定不會離開正覺講堂。如今得法，更不可能離開、退轉，請佛菩薩為證。」從何老師手中接取紅單，心裡眞是百感交集，淚流不止，依次到佛前、韋陀菩薩、祖師前頂禮謝恩，再求加持面對 主三和尚的考題，能順利過關，智慧增長。

進入 主三和尚小參室，主三和尚為我與宋師姊詳細的解說，讓我們道心更加堅定、智慧更加增上。

感謝 佛菩薩慈悲攝受，感謝 主三和尚、監香老師慈悲引導，憑我一己之力根本無法破參；日後一定更加精進，讓自己慧力增長，協助 平實導師完成今生兩大願。更發願盡未來際，救護眾生、護持正法、行菩薩道、並隨勝義菩薩僧修學大乘第一義諦，爲眾生演說如來藏妙法、廣利人天、令正法久住。

至心頂禮　諸佛菩薩、龍天護法慈悲攝受　三拜
至心頂禮　上平下實菩薩摩訶薩　三拜
感謝　導師爲弘正法、無畏摧邪顯正！
感謝　導師慈悲攝受，成就弟子法身慧命。
至心頂禮　師娘　一拜
感謝師娘護持正法、護持　導師之恩
至心頂禮　監香老師及諸多護三菩薩　一拜
至心頂禮　歷生父母師長、累劫及今生所結冤親債主　一拜。感謝成全，無遮障之恩！

弟子　梁正真　叩首敬呈

中華民國一〇五年五月十日

見道報告

——王覺棟

南無　平實導師菩薩摩訶薩

我出生在大西北陝西省的一個小村莊，祖上世代務農，父母勤勞善良，與世無爭。我從小性格內向，不善言談，亦不善玩耍，常喜獨自一人靜處胡思亂想。至初中二年級時突然心生一念，認爲男孩子長大應立志爲社會、爲人類有所貢獻。既要有所作爲，當然要有智慧才行，當時明確認爲學校的老師能教授給我們的皆屬於知識技能，還不是眞正的智慧，怎麼辦？那就向古代先賢學習，剛好附近鎭上開了唯一的一家書店，那時家裡經濟條件差，記得是花了兩元錢買了一本《道德經》，也是生平買的第一本課外書；從此愛不釋手，反復讀誦，有時體育課偷跑回教室裡把《道德經》第一章寫在黑板上，坐在座位上一遍一遍仔細的品味，細細的琢磨；其實根本就看不懂，但感覺很有味道；是什麼味道也說不清楚，就是很喜歡琢磨裡面的道理。「無」

是什麼？「有」是什麼？「有」的範疇有多大？「無」在哪裡？怎麼才能找到這個「無」？「無」和「有」的辯證關係是什麼？因爲《道德經》裡面說「無，名天地之始；有，名萬物之母；」既然「無」能生「萬物」，這個「無」一定不是空無，應是一個實實在在的東西，是和世間的「萬有」是不同的。

《道德經》裡面有很多道理很喜歡琢磨，常常走路也琢磨，吃飯也琢磨，上課也琢磨；老師在講臺上講課我卻看看老師，再環顧四周看看學生，爲什麼每個人不是一個父母所生但長相卻大同小異，然而與豬牛羊貓狗卻各不相同？爲什麼頭上會長頭髮，其他地方不會？爲什麼鬢角的髮際線都是一樣的曲線？爲什麼耳朵對稱的生在頭兩側？爲什麼鼻孔都不是朝上……等？初中兩年在思考這些問題中度過。這些問題的思考，對於我以後的成長影響特別大，使我對任何問題都會索源求本，都會去梳理清楚本質是什麼？現象是什麼？現象和本質之間的聯繫以及差別等等。

高中時期不喜歡聽流行歌曲，不看電影，也不愛結交朋友，武俠小說一本都沒看過；看兩本各不足兩百頁的言情小說，覺得索然無味，索性不看。《古代哲學發展簡史》、《增廣賢文》、《菜根譚》、《孫子兵法》、《愛因斯坦相對論》等成了我的案頭書；九十年代幾乎所有氣功熱時的書籍全部看完了，在知識膨脹的這幾年裡，這些書給我打下了堅實的基礎，使我的思惟模式、心智模式，怎麼也逃不出這些書籍給我打下的框架。

《道德經》上說：「道生一，一生二，二生三，三生萬物。」《易經》云：「無極生太極，太極生兩儀，兩儀生四象，四象生八卦，八卦演萬物。」這「道」和「無」和「無極」之間是什麼關係？是否爲同一個東西？「有」和「萬物」兩者是否是同一類東西？爲什麼不同時期的經典都在闡述同樣一個道理，這到底是什麼？我怎麼樣才能找到祂？這是高中三年經常思考的問題，以至於同學都叫我爲「古人」或「秦人」。

從小心裡就有種莫名的緊迫感，背後總有一股力量在推著我往前走，似乎在尋找什麼，又或在證明什麼；整天眉頭緊鎖，感覺心裡總有什麼解不開的結。十多年前有一次騎自行車一百多公里去外地，實則是想通過體力宣洩內心莫名的緊迫感，釋放內心無名的壓力；因爲內心百般痛苦，不知道生活的方向，也不知道爲什這麼忙碌，不知道生命的意義。低著頭一邊騎著自行車一邊想著心思，不知道過了多久，突然意識到自己在騎自行車，這才發現很久一段時間就像消失了一樣不知道自己在幹嘛，不知道身在何處；內心突然一緊：「**既然剛才不知道自己在哪裡，在幹什麼，但事實上自己是在騎自行車，那如何控制自行車的平衡而不倒？如何看清楚路線而不走錯路？雙腿如何用力踩踏？這些我都不知道。既然我都不知道，那究竟是誰在騎自行車？**」這件事情對我的衝擊力很大。我知道一定有個我不知道的東西在駕馭著我，是什麼東西卻不得而解，內心依然徬徨，依然不安。

我生在北方，很多山珍海味聽都沒聽過，更不可能見過或品嘗過；二○○五年來深圳剛兩個月，有次在很大的一個超市去買東西，由於好奇自然就走到展售海鮮的地方看看都有什麼種類；剛走到一個鋪滿冰塊的平臺前，就被眼前的景象所震撼，一個足有兩尺長，一本雜誌寬的一條魚，從頭至尾被平分兩半，靜靜地躺在冰塊上，內臟全被清空，唯獨剩一個鵪鶉蛋大小的鮮活的心臟在有節律的跳動著。我在這條魚跟前佇立了很久，看著牠的心臟很有力的跳動著；視線漸漸模糊，環顧四周，看到穿著光鮮，舉止典雅的大姊、大媽和藹可親的在挑揀著自己看中的食材。這時淚水再也不能控制，我對這條魚並無太多掛礙，因爲這是牠的命；我對這些大姊、大媽們心裡也沒有絲毫的厭惡之感，她們是普通的民眾也很善良；觸動我的是爲什麼工作人員殺魚會這麼有水準？這分明是投其所好，爲了這些代表著富足、和平與文明的大姊大媽們的所好。

看著所有的人都生活在這種盲從與愚昧之中而不自知，而這就是我的生活。我從來沒有思考過，就是這樣的生活著，我是多麼的愚癡，多麼的無知，多麼的自私，而這一切我卻都不知道。最苦的是不知道自己活得多麼的無知，當下心得決定從此不再食眾生肉；直到今天十年過去了，我從未感覺到吃素食是需要堅持的，沒有過；因爲這就是我的生活，很自然，我無需堅持。

十年前來深圳是想創業，誤以爲功成名就，闖出一番事業衣錦還鄉就會讓自己內心平靜下來，可以完全釋放這種緊迫感和壓力。一個人的成長總是要經歷若干個磨難，當我處於人生最低谷時，有一天突然心生一念，認爲應該學佛了，覺得學佛不會影響我太多的時間，相反，學佛一定會讓我變得有智慧，讓我少很多煩惱，讓我更有能力處理好工作上或生活上各種難題，因爲心忙！事情是忙不完的，何必一定要等到年齡大了有時間了再來學佛？這本身就是自欺欺人。想通這些道理後當下就決定開始學佛，然後到處打聽哪裡可以學佛，哪裡有老師。

有一次在一個道場聽完課，有一個學員問一個老師：「您覺得蕭平實的法怎麼樣？」答曰：「蕭平實的法不能學，是邪魔外道，常說人是非。」我從小有一個習慣，對一切的人我是非，不是我親耳所聞我不聽，不是我親眼所見我不信；面對這種情況我習慣性默不作聲，因為我根本就不知道蕭平實是誰，也從未看過他的書，我無權評論。

決定學佛一個月後在一個書架上看到《隨緣》這本書，我看書，一般對作者不敏感，只看內容；翻到目錄看到裡面講到「理隨緣」、「事隨緣」和「理事隨緣」。我今生就喜歡聽道理，只要是有道理，不管是誰我都服；若是沒道理，也不管是天王老子，我都不信。果斷請回家一看究竟。認眞的看了幾十頁就覺得講得太好了！眞了不起！理完全是貫通的。這是什麼樣的人會把理講得這麼透徹，這才想起來看一下作者是誰：平實導師著。想起來了，前幾天不是有人說他是邪魔外道嗎？這怎麼回事？這怎麼可能？這理分明寫得很明白，怎麼可能是邪魔外道？難道這些人都沒有起碼的判斷力嗎？知道了平實導師的著作後，就再如饑似渴的尋找其他的著作看；看的第二本書是《眞實如來藏》，這一看，不由自主地邊拍大腿邊說：「實在是妙！不得了！不得了！眞是不得了！」又給我女兒她媽媽說：「這根本就不是地球人能寫得出來，這一定不是人能寫得出來的法，這一定不是凡人，一定是大菩薩再來！」

女兒她媽媽還說我是神經病，看個書怎麼就這麼興奮。幾十年來幾乎所有的困惑，「無」和「有」的關係，「無極」和「萬物」之間的關係，它們是在說明什麼道理，世間萬法從何而來，因果爲什麼會成立，六道輪迴的根本因是什麼，爲什麼會有過去生、現在生、未來生等三世；民間很多奇奇怪怪的生命現象，諸如陰陽眼，諸如附體；爲什麼人能成佛，眾生平等的眞正意涵是什麼，以及世上一定有眞佛存在，眾生也必將成佛，等等這些問題一下子就全明白了！幾十年沒有想通的問題一下子全然貫通，心中無比的輕鬆愉快，當下決定這就是我要學的法，這才是我要找的眞理，平實導師就是我要找的老師，我一定要向 平實導師學佛。

同時也篤定的認爲，凡是誹謗 平實導師的人，要麼一定是沒有看過 導師的著作，要麼一定別有用心；別有用心也一定是不懂因果、不怕因果的愚癡之人，因爲只要是一個正常人就一定能讀懂，導師絕不是在批評別人的身口意行，絕不是在說三道四，而是在苦口婆心的救護眾生；要救護眾生就一定要把正確的法義寫出來，要讓眾生明白爲什麼是正確的就一定要把錯誤的法拿來作比對；又因爲要救護被大師們誤導的信眾，就一定要提名點姓，但絕不是在說他人的身口意是非。若是被拈提的這些大師，稍微有一些大丈夫心量，稍微有一些智慧，稍微看淡一些名聞利養，就不會那麼愚癡的誹謗 平實導師爲邪魔外道；因爲貪圖一生終不可得的名聞利養而誹謗善知識，造下純苦無邊的地獄惡業實在是冤枉，實在是可悲、可歎！想到這裡，我對這些誹謗 平實導師的這些所謂的名師，實在是恨不起來，也實在是怨不起來，心中只有惋惜，只有悲歎！同時也爲被這些名師誤導的萬千信眾感到可惜，每每想到此便心生悲痛：末法時期眾生福薄呀！知道了學佛的方向，也找到了眞善知識，但怎麼學卻是個問題；知道 平實導師身在臺灣，內地去臺灣也有一定難度，怎麼辦？還眞是難煞人也！

無疑我是幸運的，在看完了 導師註解的《起信論講記》和《優婆塞戒經講記》後，終於有機會去香港報名上禪淨班。這兩本書給我把整個佛法的框架都搭建起來了，讓我明白生命的意義：一定要利益眾生，成就道業，不斷增上，使自己更有能力來救度眾生；否則白白浪費這一期的人身，不斷地因爲無明，被貪、瞋、癡、慢、疑所遮障，造作無盡的善惡業力，又被業力牽引在六道裡永無盡期的不斷輪迴。唯一的出路就是要緊緊跟隨善知識努力學佛，作一個合格的菩薩，自利利人，自度度他，這才是我要的生活，這才是我追求的生命意義。

所以能報名香港的禪淨班是我最幸福的一件事情，每次踏進道場就像回到了家；每次看見親教師就像抓住了救命稻草，每次看見義工菩薩就覺得有了依靠，每次看到一起學習的同修內心就如兄弟姊妹一般無比歡喜；佛法的復興一定是要靠大眾共同來努力、共同完成的，每次看到義工工作我都會義不容辭的去作；只要是對正法有利，我一定會去作，不是因爲要累積福德資糧，也不是要作給誰看；更不是因爲要參加禪三，而是這就是我的生活，這就是我的追求，這就是我的生命，也是我要扛起的一份責任。

時間像脫韁的野馬，忽的一瞬間就幾年過去了，彷佛就像昨天，因爲一切都在變而信念卻從未動搖過，且愈來愈堅定、愈來愈深入。第一次被錄取禪三是非常意外的，因為比我努力的同修還很多，有些都是從幾千里路之外趕過來，兩年半如一日，堅持來學習，若換作我自己是很難辦得到的。到了小參室第一次近距離的接近 導師，沒有心潮澎湃，沒有熱淚盈眶，而是很平靜的看著 導師；因為幾年來讀 導師的著作，導師把那麼深細的法講解得無比清楚，無數次的感歎世間竟有人能把這麼深妙的智慧毫無保留的闡釋出來，無數次的被 佛、菩薩和 導師不忍眾生苦的悲心所感動而淚流滿面。見到 導師沒有激動，沒有眼淚，因為我已作好了準備，要像 導師一樣勇敢地扛起如來家業，和同修們一起破邪顯正，光大如來了義妙法。

第二次竟也順利地來到了禪三道場，導師一個多小時的殺我見開示猶如醍醐灌頂一般，將三界的一切有為法剖析得淋漓盡致，讓學子們很清晰地現觀五陰十八界的虛妄和不恆久，一一斷盡我見。每次過堂 導師總是匆匆忙忙用過餐，利用時間扮盡神頭鬼臉，只是為了佛子們有一個悟處。每天晚上的普說，說盡天下大德證悟之事，只為學子有入處。

剛一進小參室坐定就被監香老師一句問倒，簡直是口掛高牆無從答起，這才覺得開悟這件事不是那麼簡單；回到座位上仔細的思惟這幾年來所學，一點一滴的整理。感覺略有清晰再報小參，剛一進去又被問倒；這才確信開悟根本就不是思惟邏輯整理的東西，根本就不存在漸悟這一說，回到座位又仔細參究。這次又是無功而回，解三後騎牛返程，竟是騎牛不識牛。這次回來確信一件事情，那就是若沒有 導師慈悲攝受，給我八百年時間在禪堂坐斷腿也無濟於事，開悟眞不是凡夫所能爲之事。

第三次禪三遇到了障礙，生活中遇到了一些問題，沒能徹底消化，反映出了心性剛強，不容易低頭；從另一個方面來說慢心依然很重，瞋心不減；再加上定力欠缺，明明知道煩惱從何而來卻無力滅除煩惱；雖有觸證，但自我感覺心量還不足以能荷擔如來家業。這次眞的是感覺有愧 導師，有愧佛、菩薩，也有愧於親教師；親教師幾年來從未無故缺過課，有時帶病上課，幾年下來飛機航程累計可以繞地球幾十圈了；每一次來上課都要拖著行李過好幾道海關，轉乘幾輛車才能抵達目的地，然後上整整一天的課；還要在小參室耐心解答每個學員提出的問題，其中艱辛非同行者不得而知。雖然這次沒有被 導師印證，但卻有很大的收穫，發現了自己的問題，並且加以改正；也確信如 佛、菩薩所教導，開悟是菩薩大法，非一般根器所能承擔，要想開悟就一定要心底無私，消除慢心，把心沉潛下來低頭爲眾生作事，只問耕耘不問收穫！

第四次禪三，心裡沒有了恐慌，沒有了不安；因爲這次已經眞正準備好了要作菩薩，要作一個肯爲眾生付出、敢於承擔的有大心量的菩薩。剛進入小參室，也是一下答不上來，整理好的東西老師換個角度一問全亂了，不肯定、不敢承擔，還是回到座位上繼續用心參究。眞是談何容易，苦參不得其解，難呀！導師慈悲，耐心的一一幫助梳理，問題出在體驗不深；也是定力欠缺，平日裡忙於護法事務沒有用心整理的緣故。

再進小參室老師再問：「〇〇〇？」「〇〇〇！這就是如來藏，〇〇〇〇〇就是如來藏。」清清楚楚，非常肯定的呈給監香老師。老師再問：「那〇〇〇是什麼？」答：「〇〇〇〇〇〇〇〇〇〇〇，〇〇〇〇〇〇〇〇〇〇〇。」老師再問：「古來有人問某位祖師：『何謂佛？』答曰：『綠瓦！』這是何意？」因爲承擔下來了，就很篤定的再次呈給監香老師，〇〇說：「綠瓦！」監香老師看看我似乎很滿意，但又覺得不放心。監香老師的慈悲充分體現在嚴密把關上，絲毫不能輕易放過，以免害了學子。再答：「〇〇〇〇〇〇〇〇

○○○，○○○，○○○○○○○○○○○，○○○○○○就是如來藏。」

監香老師滿臉疑惑，覺得不像是前次來小參室的樣子，前後差別也太大了！不行！還是要問。老師指著桌上的一尊佛像，問：「從這個佛像來說明，爲什麼○○○○，○○○○，○○○○○○○○○○○○○○○○○？」答：「○○○○○○○○○○○○○，二者材料就是從器世間得來，器世間的一切都是眾生的如來藏所共同變現，有了材料要做出一尊什麼樣的佛像，在做之前大腦一定會產生一個佛的形象，而這個形象就是內相分，內相分本身也是如來藏在勝義根處所變現的影像，也是從如來藏所生；再來到了○○○○○○，要○○○○○○，色身也是假借父精母血，如來藏攝取母血中的四大來滋養色身也是從如來藏出生，有了色身這個載體，如來藏就可以假藉色身八識心王和合運作做○○○○○○○；行陰○○○○○○，都是如來藏所生。」老師終於放下心來，這一關也終於過去了，眞是過五關、會六將，眞的是要脫三層皮。

到了 導師這一關，又經過好多引導，仔細地體察，深入的觀行體驗，確保每一個人都能確定無誤，並且有足夠好的品質，未來不至於退轉。看著導師諄諄教導就像父親教兩歲小孩學說話一樣耐心、一樣仔細、一樣的慈悲，這場景讓我終生難忘，何其所幸今生得遇如此大善知識！當　導師宣布金剛寶印蓋下去的時候，內心卻無絲毫的驚喜，猶如　導師所說實相法就是那麼的平實無華，沒有玄奧，自在如如；哪有悲？哪有喜？感覺到的是肩上的擔子，從此要眞正扛起如來家業，一代一代永續佛法慧命！導師交代，眞正的法主是本師　釋迦牟尼佛，導師自稱只是代理法主，我們是來共同完成本師　佛的大願，要我們去佛前稟白感恩。弟子覺棟從今生起至未來生乃至盡未來際……

誓將此命奉如來，不戀五陰赴娑婆！
不離末法尊師命，赴湯蹈火挽狂瀾！

頂禮南無本師　釋迦牟尼佛
頂禮南無大慈大悲　觀世音菩薩
頂禮南無當來下生　彌勒尊佛

頂禮南無　文殊師利菩薩
頂禮南無　普賢菩薩
頂禮南無　大勢至菩薩
頂禮南無　韋陀尊天菩薩摩訶薩
頂禮南無　平實導師菩薩摩訶薩
頂禮南無　楊順旭菩薩摩訶薩

弟子　**覺棟**　敬呈

公元 2016 年 5 月 8 日

見道報告

——蔡正琬

導師：阿彌陀佛！

色身康泰否？少病少惱否？遊步輕利否？眾生易度否？

弟子在第一次被錄取禪三前曾作了個夢，夢見 導師，導師和其他人說話時，弟子跑去旁邊攀緣；突然想到 導師還在，於是又急急忙忙跑回去，導師和其他一些人等著弟子吃飯，於是弟子很不好意思的跟 導師說：「讓導師久等了！」由於弟子不夠精進用功，確實讓 導師久等了！以下是弟子學佛過程的報告。

大約國二的時候，佛光山星雲法師想在雲林北港設道場，於是找上父親幫忙。那年暑假要升國三，有暑期輔導，所以無法和父親、姊姊、哥哥一起去參加北海道場辦的禪七。隔一年考完高中聯考，原本在佛光山主持禪七的法師自己出來設道場，在外雙溪的如來禪蓬，於是和姊姊、哥哥去參加禪七。其中所學以打坐為主，所以不斷地和腿的痠、痲、脹、痛對抗，或是訓練專注於覺知心上的覺受，另外吃完飯後會經行同時唱誦佛號，這部分與弟子比較相應。

因爲他們寒暑假和救國團有合辦夏令營和冬令營，所以有去作過義工。在高二升高三的時候，因爲要準備大學聯考，所以想要把心靜下來好好讀書，雖然弟子腳容易麻、不喜歡盤腿，但是沒有接觸過其他方法，所以只好硬著頭皮再去一次禪七，唯一帶下山的習慣是持名唸佛。高三那年都走路上下學，一趟大約三十分鐘的腳程，走路的時候心裡都會配合步伐默念佛號。

在高中的時候遇到一位中醫師，開始對中醫的理論有興趣，想考中醫系，但是不夠用功，只考上了輔大護理系，同時參加中醫社。大學四年，偶爾遇到心煩的事，才會想起要念佛或誦《心經》，大部分時間把學佛這事拋諸腦後。寒暑假回家，看到母親聽淨空法師講經，偶爾坐下來一起聽，但也不很在意。

因爲讀了護理系，不管未來是否繼續從事護理工作，先有兩年教學醫院的工作經驗總是比較保險，所以畢業後先到臺北榮總工作兩年。在醫院工作的日子，剛開始三個月的適應期壓力不小，家人又不在身邊，每天看到的不是老的、病的，就是死的，往往今天看到的病人，明天上班時就不見了，眞的覺得人生無常、也很苦。又因爲知道有佛法就有辦法，於是開始尋求相關書籍，加上之前看到母親聽淨空法師講經好像挺有幫助，所以就到杭州南路的佛陀教育基金會，先請一本精裝的《無量壽經講記》回來看，看完之後再請三本精裝的《無量壽經親聞記》來看。

在臨床工作中常會提起佛號，一邊念佛一邊作事，晚上睡覺的時候唸佛機也不斷的放著響，並且誦夏蓮居居士會集的《佛說大乘無量壽莊嚴清淨平等覺經》迴向給病人，所以在弟子值班的時間內，病人的狀況都相對穩定。工作之餘有空的時候，弟子會跟病人聊聊生病也是一種學習，試著幫他們瞭解自己的問題在哪裡？也會請佛卡、淨空法師的書跟他們結緣，並勸他們念佛求生極樂世界。

在護理工作中會遇到屍體護理的項目，通常在醫師宣布病人死亡後，護理人員會幫屍體擦澡、包尿布、換衣服……等，然後才推到助念室或太平間。導師曾開示，人往生後要擺放一對時的時間，也就是二十四小時，但是臨床上並不如此作。比較有福報的病人，在往生之前會一直吵著要回家，或家屬看不行了就先帶回家，在家中往生；福報次一等的病人，跟主治醫師關係比較好，經過醫師的同意可以擺放八個小時，再作屍體護理工作；福報再次一等的病人，在醫師宣告死亡後，就馬上被翻來翻去；最慘的是往生之前，還要經歷心肺復甦的急救過程。雖然弟子作屍體護理次數不多，同時也會幫他們助念，但總是曾經在病人臨命終時造成他們的痛苦，弟子深感抱歉，也希望眾生可以不要遭受如此苦難。

因爲知道西醫的治療方式對病人的幫助有限，而且中醫在身體的調養及保健能處理得比西醫好，始終沒有忘記對中醫的學習，但弟子也知道中醫並不究竟，唯有佛法才是讓眾生最究竟得身心安樂的方法，所以想透過中醫的因緣讓有緣眾生得以接觸到佛法。在離職前曾接到一通七叔的電話：「**何不騎馬找馬？爲了考中醫而辭去公務人員的工作划得來嗎？**」當時弟子的回答：「**更想作的是講經弘法。**」因爲當時接觸淨空法師的書籍，所以認爲講經說法才眞正能幫助眾生離苦得樂。

在離職之前的幾個月，有一位佛光山教梵唄的法師住到弟子服務的單位，恰巧以前在外雙溪主持禪七的法師來探望，所以又聯絡上了，並得知他在花蓮設道場叫力行禪寺。離職之後開始要準備中醫師檢特考，想找個干擾少的環境唸書，所以就跟法師聯絡，到花蓮暫住，在花蓮時遇到去那裡參學的上聖下得法師。

弟子去那裡想唸書準備考試，而他們讓弟子去那裡住的目的，是看弟子能不能在那裡出家。因爲他們無法說服弟子，於是跟上聖下得法師說，弟子比較聽他的話，要他來當說客。於是師父把他們的對話轉述給弟子聽，並告訴弟子出家是何等愼重的事，別傻傻的被騙了隨便去出家，後來弟子就拜上聖下得法師爲師父。經過四個月，弟子回雲林北港的家繼續準備考試，師父就繼續四處去參學找法，所以碰面的機會也不多。

在北港的期間，除了讀考試的書以外，弟子繼續看淨空法師的光碟片，依法師所教，一片看了很多次（忘了幾次）才換下一片，所以也接受了「一門深入，長時熏修」的想法。有一次師父來北港找弟子，告訴弟子他找到正法的過程，並告訴弟子正覺的法才是眞正能實修的法，當時弟子愚癡還跟師父說：「一句佛號，跟一部《無量壽經》就好了，要一門深入長時熏修。」師父問：「妳說一門深入，是要深入哪一門？」弟子不知師父所問爲何？也不懂得進一步探求師父找到什麼不一樣的法。

民國九十三年弟子開始上臺北補習，有一次師父來臺北跟師父的師父拜壽，順便來找弟子，同時請了二十多本 導師的書給弟子，讓弟子有空的時候看看，並告訴弟子要抄《心經》，而且最好茹素，因爲成佛的過程那麼久遠，不要跟眾生結惡緣，以後才能攝受他們。從此之後，弟子開始抄寫《心經》和吃素，但是 導師的書依然暫時被弟子用箱子封存。

大約民國九十四、九十五年左右吧，弟子覺得從民國九十年開始考檢考已經考得太久了，以破釜沉舟的決心讓自己趕快用功考上中醫師檢特考，於是跟母親討論過後，把所剩不多的積蓄護持華藏衛視。在下一次遇到師父的時候，突然發現師父所說的法弟子怎麼聽得懂了，於是開始對 導師說的法產生興趣，開始想去上民國九十五年十月禪淨班的課，可是當時補習班還要補習，得要十二月才能開始去上。去報名的時候遇到一位周師姊，她跟弟子說兩年半的課都很重要，缺任何一堂課都很可惜，建議弟子四月份再來報名。

由於考試的關係，弟子民國九十六年十月才正式上禪淨班的課程。同年考過檢考，開始準備特考。這期間弟子開始去聽星期二的講經，同時也把 導師的書請出來閱讀；師父列了十多本書的清單讓弟子先看，弟子越看越有興趣，常常忘了要讀考試的書，弟子也開始學習無相拜佛的功夫。弟子第一次到禪淨班正式上課，師父還特地帶了水果讓弟子供佛，並教弟子要養成供佛的習慣，還跟弟子交代把弟子交給親教師，有問題要去找親教師小參。還好師父不捨棄弟子，三番兩次不斷的遊說，並費盡心思的幫弟子熏習正知見，才有因緣修學了義正法。

到了禪淨班，第一次找余老師小參，就跟余老師報告：「**學習過程中都是老師說什麼就聽什麼，很少思考也不會問問題。**」余老師說：「**只要有用功就會有問題。**」果然，每次上完課回家都會再複習，有時候 佛菩薩會出功課，常常在下一次上課時得到解答；若還有問題就可以小參去請老師開示，因此常常去排小參。在與親教師小參的過程中弟子得到莫大的幫助，收穫非常多，更感受到溫暖及安慰，這是以前所未曾感受過的，有 佛菩薩及老師們的護念眞的很幸福。

印象比較深刻的一次小參是弟子問了一個問題，余老師不假思索嚴肅的說：「**不可以用任何方式探聽密意！**」當時弟子確實有被震撼到，因爲弟子並不知道所問的問題和密意有什麼關聯，也感受到老師善護密意的觀念已經成了意根的反射，非常佩服，也非常感謝老師的用心。

兩年半的禪淨班，弟子自認爲還算用功，在禪淨班結束的時候，老師說：「**若想要報名禪三，從過年開始每天要拜三個小時的佛。**」許多考特考的同學，每天讀書十到十四個小時，弟子拿三個小時來拜佛，對一個考生而言，有點算是不務正業。弟子當時一心想要上山，也不管六月要考特考（中醫師特考在民國一百年停辦，此後要當中醫師只有中醫系及學士後中醫的途徑），想說下山後再拼特考。

可是卻收到沒有錄取的通知單，那時的心情眞是難過，只要想到禪三沒被錄取，眼淚就快要掉下來，這時候把念頭轉回憶佛的念，眼淚又馬上止住了。雖然告訴自己沒關係，這樣才可以好好拼特考，書還是有在唸，但是效率不很好。就這樣過了一個星期，到了週一進階班張老師的座下，第一次上課就跟老師小參：「**禪三沒被錄取比特考沒考上還難過。**」老師就安慰說：「**每個人的因緣不一樣，不是兩年半結束就一定可以上山，佛菩薩會給我們最好的安排……。**」

接受了老師的教導之後，開始兩個月特考的考前衝刺，還好之前有三個小時拜佛的定力，讓弟子讀書的專注度提高、效率變好。以弟子的體力讀八個小時已經是極限了，常常要睡覺之前腦子中的東西還一直轉，停不下來，於是站在床上拜佛，把念頭收攝在憶佛的念上，讓自己放鬆，往往拜下去就可以睡著了。在準備考試的這段期間讀書累了就睡覺或拜佛，每天還是有持續拜佛一小時，因爲定力的關係，在考試的時候完全不會緊張，受用非常大。感謝 佛菩薩的加持，讓弟子在這次考試榜上有名，完成階段性的目標，可以有更多的心力及時間學習了義正法。

在進階班時，由於需要去臺中受訓，所以曾經轉到游老師及李老師座下修學，然後再回到臺北張老師的班，最後是盧老師接手張老師的班，每位親教師都很棒，風格都不同、各有特色，都有許多的優點可以學習，讓弟子收穫良多。進正覺同修會八年半期間，弟子因爲要準備考試、受訓和工作，雖然沒有太多的時間作義工，但是只要有機會就會努力把握，盡心盡力完成。感謝 導師開闢許多福田，讓弟子可以依時間的方便而有不同的選擇，目前主要作的執事有編譯組的校對、經典斷句、消防義工、醫療義工和週二課前打掃。

後來第二次報名禪三依舊沒錄取，可是已經不再難過了，直到報名第五次禪三才第一次被錄取。當收到錄取通知的時候欣喜莫名，騎機車到捷運站換車去上班，到了捷運站才發現安全帽還在頭上。既然收到通知就要開始加緊用功，除了上班、睡覺和生活必需的時間外，盡可能都用來拜佛；長時間拜下來有時候會有煩躁的狀況出現，就換成一邊拜佛一邊思惟十八界；有一天就突然起個疑惑，難道這個就是了嗎？這個好像不在十八界內，這時突然閃過余老師曾說過的話：「**不要自以爲是。**」於是就不予理會，也沒想到老師們也曾經說過：「**找到了，要去比對、整理……。**」就這樣第一次上山去了。

跟　導師小參時，也不知道要報告什麼，於是就怯怯跟　導師報告發現的這個，沒想到　導師肯定的說：「是。」接下來整理的部分，始終就是過不去，余老師非常的慈悲，教弟子要發願，在短短的時間內，弟子也想不出什麼跟平常不一樣的大願。在最後一天中午過堂時　導師開示，要先有大願　地藏王菩薩的願力，才會有大悲　觀世音菩薩的悲心，才有大行　普賢菩薩的六度萬行，然後才有大智 文殊師利菩薩的智慧，這些證境的基礎是大願。弟子聽了覺得很感動，眼淚就止不住的一直掉下來，連去洗碗時也停不下來。

半年後，第二次上山，導師說：「**有些人過去世曾經跟我結惡緣，但要是已發起菩薩種性為正法，還是會被我印證**（忘了詳細內容，只記得大意如此）。」弟子心想，自己可能就是那個過去世跟 導師結過惡緣的人。弟子過去世曾跟 導師結惡緣，於此至誠跟 導師懺悔。雖然這次仍未能通過監香老師的考核，但是過程中學了不少東西，也感受到監香老師們都非常慈悲，都努力的想幫助弟子可以過關，而弟子也願意接受千錘百鍊，讓自己成為可用之才。

在第十一次報名，第三次被錄取，跟 導師小參時，導師告知弟子這次會被印證，心中很是歡喜，但是沒多久突然警覺到不能高興得太早，免得出紕漏而過不了關，於是仍然戰戰兢兢的完成 導師交代的功課，過完剩餘的時間，直到 導師說把金剛寶印給弟子，弟子還愣了一下，就這樣拿到金剛寶印了，心情已不再欣喜，取而代之的想法是內門廣修六度萬行正式開始，接下來還有許多的東西要學習、要如何努力護持正法、轉依如來藏調柔自己的身口意行……。

感謝 導師慈悲，不辭辛勞願意來人間弘法，讓正法流傳，讓 世尊的法音再現，弟子才得以聽聞乃至親證勝妙的無上大法。弟子願意生生世世跟隨導師弘揚如來藏妙法，讓 世尊正法久住、法輪常轉，直到法滅，然後再到兜率陀天 彌勒菩薩座下修學，唯願 導師別嫌棄弟子愚鈍，弟子會虛心受教努力學習。

一心頂禮　本師釋迦牟尼佛
一心頂禮　西方極樂世界阿彌陀佛
一心頂禮　觀世音菩薩摩訶薩
一心頂禮　大勢至菩薩摩訶薩
一心頂禮　彌勒菩薩摩訶薩
一心頂禮　護法韋陀尊天菩薩摩訶薩
一心頂禮　平實導師菩薩摩訶薩

祈願導師

色身康泰　福慧增長
地地增上　佛道早成

弟子蔡正琬頂禮敬呈
公元 2016 年 5 月 2 日

見道報告

——胡銘蕉

一、學佛因緣

我是家中長女，小時候奶奶總喜歡抱著我出去串門子，所以跟奶奶感情不錯。奶奶總共生了三男五女，其中一位比爸爸大的姑姑，在很年輕時因一場意外事故往生，奶奶從此就開始茹素、供奉 觀世音菩薩，看奶奶常拿著念珠念佛，這是我接觸佛菩薩的開始。

從小我就是一個乖乖牌，大人說什麼，我就作什麼；讀書的時候也是如此，老師說什麼，我就作什麼。老師說升旗的時候不可以亂動，我連脖子癢到不行，都不敢去抓一下，眞的是「憨到不會抓癢」，說好聽是乖乖牌，其實是「頭殼硬梆梆，不會變竅」。

塡大學志願時，爸爸希望我塡教育學院（因爲是公費，不但免學費，還有零用錢可領），但是我很想就讀我喜歡的科系，最終還是不太敢違背爸爸的要求，但這次我稍微「變竅」了，志願跳著塡，一個塡爸爸希望的，一個塡我喜歡的，接下來就聽天由命了；眞的是命中注定，中了爸爸希望的科系，我也只好摸摸鼻子認了，乖乖的北上就學，畢業後分發在臺北。

因爲和未婚夫距離太遠，一個在臺北，一個在彰化，所以就申請調回彰化服務，之後順利的結婚了。後來才知道，我同修的大姊很早就開始接觸佛法，因爲同修和他大姊感情很好，所以也間接影響著同修；大姊在「現代禪」李元松老師那裡學法，偶爾也會邀我們一起到臺中「現代禪」走走；我和同修去了兩、三次，可是不相應。後來，大姊全家搬到臺北。

二〇〇四年公公檢查出罹患了胰臟癌，接受化療的公公身體非常虛弱，整個過程盡最大心力的就是同修，大大小小的事都靠他；公公住院，同修他白天上班，晚上到病房照料；公公不舒服，他竭盡心力的想盡方法讓公公舒適。大姊也很孝順，放假常常從臺北回來照顧公公，順道講一些佛法的道理給公公聽，希望公公要常常念佛，求佛菩薩護念；同時講了西方極樂世界的殊勝，要公公生起求生西方極樂世界的念頭，不要眷戀這個已經不堪使用的色身。後來公公住進了安寧病房，身體的疼痛與日俱增，嗎啡已經起不了作用；但是念佛的功德不可思議，由於 佛菩薩的護念，後來公公藉著念佛，即使不使用嗎啡，也能減輕疼痛了。公公撐了四個多月，雖然不捨，但是看著這樣痛苦的公公，覺得大姊講的很有道理，公公早點解脫於這個敗壞的色身也好，這時開始有了「人生無常」的念頭。

婆婆加入慈濟團體，後來還成爲慈濟的委員，遇慈濟有活動常常遊說我和同修去靜思堂。當時慈濟正蓬勃的發展中，尤其在校園裡，慈濟的靜思語更是教師們爭相傳授的教材，許多教師開始加入慈濟的行列。我原本有興起加入慈濟教師團體的一念，但後來就斷了這個念頭，對於婆婆的遊說也提不起勁，還是不相應。

後來聽說李元松老師往生了，大姊他們就轉往「正覺同修會」學法。有一年，大姊告訴我們正覺臺中講堂要舉辦一場演講，希望我們能去聽。大姊說服力實在極佳，婆婆、同修、小姑和我都去聽了。哇！眞是一場令人震撼的演講，有如「鴨子聽雷」般，完全聽不懂；對於佛法知見完完全全爲零的我來說，這眞是一場煎熬的聽講，但又一次驗證了我很乖，我乖乖的聽完整場演講。聽不懂也就算了，記得的事只有全身腰痠背痛。

聽完演講後，同修被大姊說服進入禪淨班上課。進了正覺同修會的同修，彷彿變了個人似的，讓我一則以喜、一則以憂：高興他變得很體貼，心地變得柔軟，會幫忙分擔許多事；憂的是很擔心他是不是就這樣準備出家去了。還好，事實證明這些擔心是多餘的。同修進入正覺同修會後一年，開始不斷的鼓勵我也進來共修，所以，幫我安排好一切的事情，小孩由他照顧，晚餐也由他處理，上課的這一天我是自由的。我很高興有這樣自由的一個晚上，所以欣然接受同修的安排，開始到正覺上課。

二、學佛過程

進到講堂時，被講堂的莊嚴氣氛所攝，來到這邊覺得很舒服、沒有壓力。同修剛開始陪我上了幾堂課，若沒有同修的陪同，我可能待不下去；因爲對於佛法相當於一張白紙的我，上課上得很吃力。但是親教師楊老師很慈悲，不斷的鼓勵我們，告訴我們能進正覺講堂是累世修了夠多的福德，別人是沒有這樣的福報的；能夠安住下來更是了不起，因爲要安住在正法道場更是不容易的，也要有足夠的福德來支撐。

來到講堂上課完全是免費的，這讓我很過意不去；於是我想了一個方法，就是每次來上課就護持一百元，當作補貼講堂水電費用。有幾次寫護持款時看到第一個寫護持的竟是親教師楊老師，老師不但大老遠的每週從臺北來到臺中幫我們上課，每次都早早就來到講堂，來上課就先護持。這讓我心中起了大大的敬意，眞是令人讚歎！

還有一件令我安住下來的重點，就是「不攀緣」。平常我可以安安靜靜的聽其他人說話，不講話也沒關係；在講堂可以不用作交際應酬的事，實在是令我欣喜，大家不聊是非、不談八卦，純粹在法上用功；親教師、助教老師、義工菩薩就是這樣以身作則，令我十分敬佩。於是，我開始認同這個團體，漸漸的安住下來。

開始共修後，我就開始跟著同修吃素；家裡因爲婆婆本來就吃素，婆婆也很高興我們一起吃素。我每個星期會回娘家，媽媽知道我吃素後，也就自然的幫我和同修準備起素食；可能是因爲奶奶以前也吃素食的關係，所以爸爸、媽媽也認同我們吃素。很感謝家裡的這些菩薩們這麼的護持我們，我們的修學道路才能這麼的順暢。

進來正覺同修會後，我有空時就讀讀 導師的書。有一次我在上班空檔讀《我與無我》，知道眾生都有一個本有的清淨心，祂不生不滅、不垢不淨、不增不減……，覺知心是虛妄、無常、生滅的。於是我恍然大悟，爲什麼我要爲這個能覺知的妄心事事與人計較？爲什麼要爲這個能覺知的妄心活得痛苦不堪？這是多麼的傻，多麼的不值得。然後有如放下心中的一塊大石頭般，用著無比輕鬆、愉悅的心情的走去上洗手間，整個過程像重新活過來般的喜悅。從此，每週二聽經、每週五上課就是末學的充電時間。

聽經很重要，雖然剛開始完全聽不懂 導師在說些什麼，尤其每當大夥兒聽得哄堂大笑時，我只能傻笑。我記憶猶新的事就是，有幾次坐在一位助教老師旁，常聽見老師爽朗的笑聲。聽到老師的笑聲，我好生羨慕，心想，我何時才能像老師她一樣，因聽得懂，心生共鳴而笑得如此開心呢？聽不懂，但是就是很想聽、很愛聽；聽久了，漸漸好像也能聽懂少分的意思。週二就是要來聽經，不聽實在太可惜了。

親教師楊老師，每個星期那麼遠的到臺中講堂爲我們上課，有時老師帶著感冒的身軀，即使聲音沙啞、或是發著燒，依舊盡心盡力的爲我們上課；所以，有時身體疲累到有點想偷懶時，只要想起楊老師，就覺得自己的這一點點難過算什麼。因此，為了報師恩，在禪淨班甚至進階班中上課，我都甚少請假。

平常對於家人、同事起瞋，有不好的身口意行時，末學就在拜佛前先懺悔，或是到講堂上課時先到 佛前懺悔。講堂辦理的大悲懺法會末學都會參加，尤其在參加禪三前，親教師教導我們，要盡量將自己的罪業懺除乾淨，以免讓主三和尚和監香老師幫我們揹負太多。像這次禪三時，主三和尚感冒，第三天又發燒，晚上還撐著身子為我們普說，實在罪過。

無論拜佛、護持款、參加講堂法會、參加講堂共修、各項出勤……等，結束後都要迴向，將自己所作功德，具體的迴向給我們的冤親債主、身邊的眾生(家人、同事、學生、親朋好友)、導師、親教師，祈願正法久住、復興佛教的千年大業等。

以至誠心發願，不要擔心自己目前還沒有能力作到；願有多大，力就有多大；佛菩薩很慈悲，會加持、護念著為正法努力的菩薩們，讓我們漸漸具足應有的能力來護持正法。

末學常常因著習氣作事，末學在教育界服務，常常使喚學生，所以無形中也將此習氣用在對待身邊的人，或是對待菩薩們身上；以前自己還沒發覺，後來同修提點了我，才猛然驚覺。從前，末學的性子很急，若有不如己意的地方，末學常會對著學生、家人發起脾氣；學了無相憶佛的功夫後，發覺這功夫眞好用。以前，總覺得自己很厲害，覺得自己很行，在和同事討論事情時，總想著別人要聽自己的；他人不順從己意時，會起瞋；到正覺學佛後，才知道自己一點都不厲害，學會聽別人的意見也很好。

在講堂跟著菩薩們作事、或是出勤時，觀察著菩薩們的身口意行，看著菩薩們，再反觀自己，覺著自己實在太差了，覺得自己怎麼總想著自己，眞是慚愧！楊老師也常提醒大家，菩薩種性很重要，要好好提升自己的菩薩種性。

破參明心的三資糧

第一、定力：學佛後上車不聽音樂了，開始學著憶佛；每年的出國旅遊也不參加了，甚至連國內旅遊都省了，因爲不愛出門了；而且有更重要的事要學、要作，時間都不夠用了。作義工時也是練定力的最好時機，出勤時帶著憶佛念、練習憶佛念、加強憶佛念，憶念著佛菩薩，也請諸佛護念。

二、**慧力**：多讀導師的書，出勤推廣組的結緣書市，也是砥礪自己很好的方式；因爲要向民眾介紹，就一定要先自己閱讀、消化後，才能好好的向民眾說明。上課後回去思惟整理也很重要，但是末學這一點作得很差，眞是懺悔。

三、**福德**：導師實在太慈悲了，爲我們施設了這麼多的福田。

(一)來上課時打掃講堂，因爲下班後無法太早趕到講堂，所以末學都是登記課後打掃，下課後幫忙排蒲團；輪到班級打掃時，末學一定趕緊去登記。

(二)每次來上課時寫護持款護持，末學口才不好，也不太會向人家推銷我們這麼好的了義正法，所以就用護持款護持　導師出的書和大眾結緣，這樣也算是一種法布施。

(三)末學也參加福田組的往生助念，有助念通知時，只要時間許可，末學就會參加。

(四)末學在禪淨班時曾經作過經文打字，末學一直以來有個舊疾，固定時間會腹痛，晚上會痛到無法睡覺；這時反正無法睡覺，我就起來打經文，打到肚子不痛了，我再去睡覺；這樣累積起來，也打了不少的經文呢！

（五）在推廣組什麼事都作，通常在出勤前稟白　佛菩薩（出勤的活動、時間、地點），祈請　佛菩薩慈悲加被護祐，讓出勤過程順利圓滿，能利益更多的眾生。遇到肚子痛的週期時，即使前一天痛到沒有睡覺，隔天照樣出勤一整天，甚至連續出勤兩天，身體的狀況反而好，眞是　佛菩薩護祐。記得，剛開始和同修討論是不是要加入書市出勤時，有一次聽經完後去請教推廣組窗口蔡師姊，蔡師姊二話不說，馬上給我們一組書市裝備。那時是推廣組書市的草創期，所以同修和我就利用假日時去尋找適合擺書市的地點。後來參加了推廣組大大小小的活動，不管是半天、整天，也不論地點、時間，可以參加的就盡量參加。曾經早上五點出門，出勤六點的書市，也曾經晚上八點出勤到凌晨一點，回到家是凌晨兩、三點的書市。這些歷練都是難能可貴的，因爲在推廣組中學到的事情最多，尤其是學習菩薩們的各項方便善巧和作事態度與心量；和菩薩們共事，增長自己的菩薩種性。遇到重要出勤時，雖然是上班時間，就調課請假出勤；無法調課時就自行請代課老師，然後出勤。花世間財來賺法財，末學覺得眞的賺很大，因爲藉由出勤而學到的事情實在太多了。作義工、出勤，或是平常與人應對時，就是歷緣對境、修除性障的最佳時機。感謝蔡老師在推廣組時的指導，讓我瞭解到菩薩的時間是很寶貴的，所以作任何事都要積極、有效率，一定要讓上位菩薩容易找到、聯絡到，才方便交代事務，才能有更多的機會培植福德，也讓我有許多的機會學到各位菩薩的態度和心量。在菩薩們的身邊是很幸福的，就這樣受講堂菩薩們的熏習，漸漸的也跟著學著怎麼當一位菩薩了。

禪淨班快結業時，楊老師不斷的叮囑我們，要努力精進，一定要報名參加禪三；報名是我們自己該盡的責任，錄不錄取是 導師來決定，能不能破參是由 佛菩薩來安排，我們就作自己該作的事，所以我也乖乖的領報名表、交報名表。

第一次報名錄取了，接到錄取通知時，不知道爲什麼我痛哭了好一會兒。聽老師說第一次上山要靠自己，導師要讓我們自己闖闖看，闖過的是一把好手。我自知自己差得遠，所以不是很在意，像上山遊覽一樣；在山上時被 導師識破，甚是慚愧。接著第二次報名又錄取了，這次接到通知還是痛哭一場，上山時比較積極了，進到主三小參室，導師問有沒有消息，我回答導師：「如來藏無形無色，不知從何找起。」導師說：「這樣好了，你就○○○○來找，將○○○○○○○○○來下手。」出了小參室，回到座位繼續參究，依著 導師的方法，將○○○○○○○後，發現：「就是祂，是祂○○○。」但是定力、慧力、福德都不足，雖然在 導師和監香老師的慈悲下有所觸證，但是過程中起了慢心和瞋心，妄心、眞心猶如毛線球纏在一塊，理也理不清，仍是鎩羽而歸。

後來再報沒錄取，有點失了信心，對於報名就不積極了，每年就報一次。直到這一次再錄取，收到錄取通知單時，還是大哭一場。這次上山前一晚睡不著，上山時心情是平靜的；報到後發現，我竟然是女眾第一位。這下慘了，心情有點沉重、壓力有點大。但是，馬上重新整理一下心情，想著不要再重蹈前一次上山的覆轍，不再任由妄心擺佈，就盡自己的全力，請 佛菩薩加持、護念才是。

起三後，拜懺時，哭到不能自已。想著自己對於眾生所作之惡，懺悔不已。主三和尚依舊老婆的殺著大眾的我見，希望大家死得徹底一點。第一晚，躺在床上還是輾轉難眠，就在依稀快睡著時，大家已陸續起床了。第二天開始與主三和尚小參，輪到女眾時已經下午了，進小參室，導師問如來藏在哪裡？我回答：「○○○那個就是。」導師說：「這樣說太籠統了，就○○○○，以○、○○來說，○○是什麼？」我回答：「○。」導師又問：「如來藏是什麼？」我回答不出，還是卡在那裡，導師很慈悲的讓我下去再整理。

第三天與監香老師小參，監香老師問了一個問題，我的腦袋又像是一坨漿糊；於是監香老師慈悲的告知我的問題出在哪裡，讓我下去好好的整理。在小參室回答不出的問題，出了小參室答案又馬上浮現了，眞是遮障太大了，所以，跪在佛前好好的懺悔一番，再好好的向 佛菩薩發一次願。接著蒙 導師慈悲特別開示，讓末學好好的整理幾道問題，一小時後進監香小參室小參。監香老師問：「如來藏在哪裡？」我口說手呈：「○○（○○○○○）、這個（○○○○），○○○○這個就是。」監香老師又問：「如來藏○○○○○○？」我回答：「繼續○○○、○○○、○○、○○、○○○○、○○○○○○、○○○○、○○○○……等，○○○○○○運作。」監香老師又問了幾個公案的問題，接著問：「另一個公案，世尊○○○，是在說什麼？」我回答：「○○○○○○○○，○○○○，○○○○○○○○。」監香老師又出了兩道題目讓我繼續整理。

第四天，進小參室後，監香老師不斷的一考再考，深怕末學未理透；末學回答得不夠完整處，監香老師慈悲的再加以引導與說明。出了監香老師小參室，後來進　主三和尚小參室整理了兩道題目，主三和尚說：「**這次來不及喝水，下次報名護三再上來體驗喝水，我就先印證了。**」眞是太感謝　佛菩薩與　導師的慈悲與加持，也感謝監香老師的辛苦，這次在　世尊的護念和導師的慈悲下，才得以破參明心，若不是　世尊加持、導師如此慈悲，末學是連邊都摸不上的。

一心頂禮　本師釋迦牟尼佛

一心頂禮　護法韋陀尊天菩薩摩訶薩

一心頂禮　克勤圜悟菩薩摩訶薩

一心頂禮　平實菩薩摩訶薩

一心頂禮　親教師楊正旭老師

一心頂禮　監香老師陳老師

一心頂禮　監香老師蔡老師
一心頂禮　諸護三菩薩

佛弟子　胡銘蕉　頂禮
公元 2016 年 4 月 28 日

見道報告

——林翠榆

一心頂禮　本師釋迦牟尼佛
一心頂禮　極樂世界阿彌陀佛
一心頂禮　十方三世一切諸佛
一心頂禮　觀世音菩薩
一心頂禮　當來下生彌勒尊佛
一心頂禮　護法韋陀尊天菩薩摩訶薩
一心頂禮　平實導師菩薩摩訶薩
一心頂禮　親教師、監香老師、護三菩薩摩訶薩

去年八月我從國小退休，總共擔任過導師、科任、午餐祕書、組長、訓導主任、輔導主任、總務主任。從老師轉到行政體系，我作得很辛苦，因爲這個環境有功無賞，弄破要賠。既然我就在這個位置，那我就有權利想作什

麼改革改變，都沒話說；這得罪人在所難免的，後背暗箭也不知插了多少支。前主任班同學曾忠告過：「作人七分，作事三分。」我不是那種人，所以很累。即使當上主任，又有校長牽制不自在，所以興起當上校長的念頭，我才能作更多事。為了這個原因，我開始準備要考碩士班，以取得更高的積分來考取校長。這時是二〇〇六年大約九月的事，同時也收到一張不知是哪位師兄姊寄來的正覺同修會的開課表，這令我很難決定：我是要往校長之路前進呢？還是學佛呢？

會接觸經書是因為婆婆告訴我說：「神明叫妳吃早齋、念佛！」所以我就念〈普門品〉、十小咒。念這些經文不懂意思，問婆婆也答不出來。她一定會覺得我怎麼有那麼多的疑問，別人都沒有。而我卻覺得：「婆婆念佛、學梵唄那麼久，幾十年了，怎麼問她時都不懂意思呢？」對於《心經》的內容似懂非懂，去圖書館找解說的相關書籍，一直覺得文不對題，後來就放棄了。因為很勤唸十小咒，結果體質變得很敏感，晚上連最愛逛夜市也不敢出門；陰陰的地方也不敢去，開始會受到干擾，看到不該看的東西。告訴婆婆，她去問神也無法解決，苦不堪言。

期間也開始不是自願的整天吃素了，因爲我沒有興起想吃素的念頭，可是肉不讓我吃。想吃葷食，嗅覺就聞到食物腐敗的氣味，隨著想吃的慾望愈大，那難聞的臭味愈強烈，光是鼻子這一關就受不了，如何夾起食物往嘴裡送？最後投降：我不吃肉，可以了吧！這期間只能吃菜，所有的菜怎麼煮怎麼好吃，白水煮青江菜也像梨山高麗菜那樣好吃；每種菜都好像摻糖似的，很甜。可是晚上作夢就是流水席般的整桌大魚大肉！原來還是想吃肉啊！接下來這段日子有比較乖了，看到肉有免疫力了，不會想吃，鼻子這一關恢復正常嗅覺了，肉不再有臭味，開始平靜生活了。沒想到又作一個夢，一整桌不再是大魚大肉，只有一碗放在桌子正中間，那是龍肉！天啊！龍肉欸！總統、有錢人也買不到欸！有權有勢的也吃不到欸！只有我有，就在眼前。可是我吃素，不能吃肉！不能吃很可惜，那嚐一下味道就好了，吃鍋邊菜不吃肉，應該沒關係吧，就沾湯頭嚐一口就好了。醒來，自己也嘆口氣，又通不過誘惑。因此，吃素的堅定心又牢固了些。

第三次又作一個夢，出外野餐；小孩把肉乾等亂丟，害我一邊收拾一邊叨叨念浪費食物。醒來也覺得慚愧，我還是把肉當食物啊！至此眞的斷了吃肉的念頭。後來同修知道我不吃肉，不能接受我的理由，很生氣的指罵我：「**林翠榆！妳自律神經失調，妳要去看醫生！**」當下我放下工作跑去找認識的醫生看診。醫生見多了，說沒事，正常。回家向同修報告：「**醫生說我正常，你有任何問題，自己去和醫生說。**」他立刻出去幾個鐘頭，回來沒說什麼。一場擔心的風暴就平靜的度過了。菜市場買菜，就是買「菜」。有一次進裡面買豆腐，瞄到賣魚的攤上排列整齊的魚頭；買好了豆腐，又瞄到魚攤，但那些魚頭卻成爲排列整齊的人頭，兩眼鮮血直流看著我，嚇死我了。

期間，妹妹報來一位江湖異人；她小道消息很多，說這個人很厲害、很神準，叫我要去看，免費的。吵我很多次，我才百忙當中下班坐車過去，看看何方神聖有那麼厲害。先問小孩事，確實很準；再問自己，他道：「**翠榆心中多煩憂……紫竹林中……**（忘了），（小註解）**明心見性。**」心想紫竹林是指 觀世音菩薩，佛教的菩薩；明心見性是什麼不知道，從電視民間聽到一些錯誤的教導：佛教是對消極的人提供的一個避難處，所以萬念俱灰，看破紅塵，遁入空門，從此青燈伴古佛。我雖煩憂，但還可忍受；還沒到那麼悽慘的程度，所以對念佛沒興趣，也沒再細問就趕回家了。忙完事情，對這首詩有所疑惑：明心見性是什麼？不知道。從何入處？不知道。興起再找那個人請教的念頭，問妹妹現在什麼情形，妹妹說：「自從那天我問完後，你走開，他也就跟著離開了。他怎麼來，沒人知道；去哪裡，沒人知道。很多人在找他也找不到。」

會接觸到正法是因為同修叫我去他朋友家，朋友的太太是美容師，去那裡做臉。我去做臉，她就跟我說一大堆聽不懂的東西，但也不會排斥，她也拿正覺結緣書給我。臺中有新班開課，問說要不要去聽聽看，我就和她到臺中地下室試聽（編案：當時臺中講堂是租用忠勤街的一個地下室上課）。但經驗是感覺很不好，因為搭車轉車不方便，那天又下雨，回家又太晚；聽課時，我心神不寧，但因為場地很莊嚴，無人起身走來走去，所以不敢離去，但心中卻嘀咕著：「我幹嘛沒事坐在這裡兩個鐘頭？還不如在家看電視的好。」實在是興趣缺缺，與正法錯過。但這個師姊喜歡境界法，一陣子後聽她講話和當初就差很多了，原來她是退轉的其中一個。

因為思索：我是要往校長之路前進呢？還是學佛呢？婆婆很喜歡往求神問卜方式去決定一切行動，我自己知道不會往廟裡去尋求幫助，因為他們能力也有不夠的地方。起初我並沒發現到這一點，是因爲我的生活被干擾，也曾被神要附身而我不肯，被修理得很悽慘；但我就是不妥協，因爲只要我妥協，以後永難翻身，所以意志力全力奮勇抵抗，並專心念佛號才脫困。也有非人好心的提醒我：「**有人遺漏沒作好的工作，趕快去收拾善後，避免隔天學校出大狀況。**」也有說自己雞婆去幫人，干預她人因果，弄得自己好像是最後一根稻草壓垮駱駝。幸好有貴人幫忙，請 地藏王菩薩處理……。這種日子過得很累，所以我去廟裡拜拜就只求：「**請讓我恢復以往平靜的生活吧！拜託、拜託！**」碰到這種情況，我是以超過百分之百無比虔誠的心祈求的，但都石沉大海，沒消息。這樣差不多二年左右吧！我也不敢跟人說，人家會以爲我是神經病吧？平常廟裡不怎麼虔誠求都很靈，怎麼我這麼虔誠求卻沒有用？太奇怪了！是不是他們碰到棘手不會的事，你再虔誠求也沒用吧！這時我發現，菩薩比鬼神厲害！

再三思考結果，反正那麼久沒考碩士班，又不差這一次，也不急於這一次，那就先去試聽佛法看看。何況我疑問很多，家人無法幫上忙，只能自己找路試試看。以前對臺中地下室的講堂有不好的感覺經驗，那就不要在臺中，選擇到新竹正覺講堂週六早上班吧！因爲沒理由就跑去新竹，家人會起疑障礙的，所以開始布局研究如何去。規劃坐火車時間路線，理由是和同事去新竹教育大學看碩士班環境。開課當天，我單槍匹馬、懷著忐忑不安的心情到新竹；萬一我在那裡發生事情，新竹無親友，又是騙家人，不是叫天天不應、叫地地不靈嗎？好掙扎，孤零零的婦人坐車，火車一路前進，我的心情悠悠蕩蕩啊！

問路找到講堂位置，這也讓我疑惑，爲什麼在安養院上面？一般人不會選擇在這種環境旁啊？（編案：當時新竹講堂是租來的。）既來之則安之，上去看看吧！進到講堂，很舒適的氛圍，比在臺中那次感覺好多了，於是找前面的位置坐下來。親教師第一堂課就讓我很喜歡，我沒作任何筆記，只是抱著試聽看看的心情。怎麼親教師說的就是我要的東西，我又沒告訴他，怎麼會這麼相應？不行，我不能讓情緒淹沒理智，這也許剛好只是表相，瞎貓碰到死老鼠而已，再觀察、觀察！下週六上課，僥倖又矇騙家人不起疑，又坐相同位置，親教師說的內容，怎麼比上週又更相應、更歡喜呢？怎麼會有這種事？不行！我不能讓情緒加乘淹沒過理智，再觀察、觀察！

第三次試聽是第四堂課了。早上作夢：有兩排排隊的隊伍，其中一個很長，有幾百人多，另一排五、六人左右；隊伍長的一定有它的道理，隊伍短的很快就可以輪到自己，那我要排哪一排？我生起好奇心，跑去問排長隊伍的人：「你們在排什麼？」「我們在排蕭平實老師。」我接著說出：「蕭老師我知道，全佛教界只有他教明心見性。」於是我就決定跑到長隊伍去排隊，我排最後一個。但看到前面有幾處很大的空位，大家為什麼不往前移呢？我是最後一個，前面有幾百人，什麼時候才輪到我呢？「大家都不走，那我要插隊；我要一直插隊到最前面的地方，這樣才會很快輪到我。」我只是聽過退轉師姊說過蕭老師，這個夢有「明心見性」，而且是「全佛教界」？以前我只知道慈濟和佛光山而已，還有我想要一直插隊到最前面去，我為什麼會說出那些話呢？這麼想插隊呢？真奇怪！

因為這次比之前早起，早餐也弄好了就提早出門，沒想到火車時間也更改提早發車，剛好趕上；若是像前兩次時間，可能沒車就去不了新竹。到講堂看到那個位置沒人坐，我很高興的又去坐那裡；沒想到背包剛放下，正想一屁股坐下來時，突然有一念插進來：「妳還沒禮拜佛菩薩！」嚇死我了，怎麼會這樣？趕快找佛菩薩像在哪裡，趕快禮拜。這個地方不可等閒視之，我看不用再試聽了，這課程就決定上下去。

終於要正式面臨我逃不掉的問題，家人起疑：「妳不是要考碩士班，妳是去幹什麼？」雖然說明，但他們不清楚正覺同修會是什麼團體，希望我不要去。我早起，婆婆也早起，找機會跟我說：「妳可以不要去嗎？」「為什麼？」「因為下雨」、「因為妳感冒了」、「因為有人不高興」。我這個媳婦待遇很特別，兒子孫子上課照常去，就只叫我不要去上課。當然我是風雨無阻，想盡辦法去上課的；因為那裡有著我不知道的東西，深深吸引我，同時也解決我的困擾。正覺的親教師太厲害了，考不倒，難不倒。

因為正覺沒有在勸募，又真的免費上課，不會三不五時來個名目要錢；它又真實幫助可憐的我，找不到出路的我。我想：「水電、場地租金、維修、其他雜費等等，都是要用到錢的。不收錢，如何維持它的運作？」我不希望正覺講堂它倒，我希望它繼續存在，幫助像我這類型的人或其他人走出一條路。所以就主動布施，補貼一些費用吧。上課，親教師都很客氣的拜託學員要作功夫，要無相拜佛；我聽了很慚愧，就應付應付開始拜佛，這樣才對得起老師，算是有所交代吧！沒想到，無相念佛的拜佛作用很特別，心很寧靜，即使被射暗箭，也不會造惡起瞋；而且在蠟燭多頭燒的情況下，也能很清楚、有條不紊的一一把工作完成。親教師常說：這如來藏是正覺的寶貝，入寶山要得寶貝啊！不要空手而回。

爲了這一堂課，我每週都要想盡辦法突圍才能免於缺課；共修時又沒與同班的學員攀緣講話，獨來獨往大約一年，實在不知道正覺同修會其他狀況。還好佛菩薩幫忙，鄰鎭也有人來上課，就厚臉皮跑去攀緣搭便車；婆婆知道他們，從此以後，我就不用擔心下一堂課能不能來上課的問題。因爲家遠，無法作義工，佛菩薩開闢了不同的福田，適合我這種關在家裡也能作的工作；感謝親教師，讓我也有修集福德資糧的機會。只要願意作，就有不同性質的義工可作。

因爲自己對佛法是門外漢，看大家好像都很厲害，只有我什麼都不懂，所以很勤勞的讀講堂的書，趕快提升自己的知見；不懂就把書帶進去小參，有時候自己也很不好意思傻傻地說：「**老師！你會不會覺得我問了很白癡的問題呢？因爲我眞的不會，我連佛學常識知見也沒有。**」就這樣，老師把我從對佛法完全懵懂無知的狀況，一路「牽教」起來。自從來到正覺，就經常夢見打打殺殺的事：夢到 平實導師，夢到被外道殺上山頭，我在外極盡全力阻擋他們上來，保護 導師；夢到考古事，這裡往下挖會有幾具屍體，轉彎又有幾具屍體躲藏在那裡……，我很清楚每個細節。可是不知道那是什麼地方！

大約一年前左右吧！夢到我在學校司令臺自我介紹：「**我是釋迦牟尼佛，我是阿彌陀佛，我是諸佛。**」當我在說「**我是釋迦牟尼佛**」時，另一個聲音的我卻急得說：「**我不是釋迦牟尼佛啦！我怎麼會是佛呢？我是林翠榆啊！**」在說「**我是阿彌陀佛、諸佛**」時，我又急得說：「**怎麼越說越離譜呢！**」醒來一頭霧水，問老師，老師卻說：「**沒錯啊！**」我心想：「**啊？那就是我錯了？為什麼？不懂！**」又有一次上完課回家吃泡麵時，一陣水氣過後，眼睛看到奇怪的事，從來沒有過的事，也很納悶，很想弄清楚。《心經》說「**照見五蘊皆空**」，怎麼照見？這些事都要等著上禪三才有解！兩年了，婆婆奇怪我怎麼又跑去上課？不是上兩年嗎？這是個警訊！原來他們忍耐我上完課就要回來，不用再去正覺了；我又得計劃如何脫困繼續上下去。

二〇〇九年二月，婆婆在農曆清屯日打掃神明廳，突然打電話要求我請假回家幫忙打掃；我說：「我沒辦法請假，今天工作很多，我手上有許多開標案及一些工程的後續工作要辦，這些行事不能異動，時間也不允許，會影響開學學生的權益，所以沒辦法請假。」她突然鬧情緒說：「不行！一定要回來幫忙作。」我難過的拒絕她的無理要求，想起有些人的案例是忙著公務，而親人往生卻不能在現場，是人生的遺憾。今天發生一件事，難不成下次又來鬧一件，那我爲公家作那麼多，萬一家人有意外不能幫忙，不是遺憾嗎？也不能安心作事啊？想想就辭掉職務吧，今天無法滿足婆婆的要求，以後就不會了。

提出辭呈，校長也沒慰問我就著手進行安排接班人選；原來人家早就等你自動離開啊，離開得好啊！後來新任總務因爲工程契約書等找不到的問題，校長要我承擔全部過失。我已離開行政圈，不用配合校長的要求；加上中間都是我主動催促要求要辦移交手續，新任總務遲遲不願接辦手續，不是我的過失。這件事情的處理原本很簡單，只要機關首長承擔，眞的找不到再補文件就好了，沒那麼難。但看到校長這麼沒肩膀，沒智慧，硬把責任推諉到我身上，我也不客氣回應回去，當然是拒絕扛下無理責任的。校長平時看我很好應付，這次踢鐵板了，嗆聲說：「你背後有人撐腰啊！我也有啊！誰怕誰！」

看清楚人的面目，眞的也很心寒！上班就這樣你來我往的戰來戰去，很煩！後來覺得這群人眞是「盧」，我就私下打給人事主任，跟她說明我的想法以及建議處理的方式，請她轉達給校長，並告訴人事主任說：「我本意不是要這樣子的，我不想玩下去了，要記就讓她記吧！若我被處分，只不過記在牆壁上而已，我是小人物，沒什麼了不起，影響不大。她是校長，有督導不周的事實，處分我也會連帶她的，不可能撇很清楚的；她要退休，這也會影響到她的。眞是夠笨！」人事主任接到我的電話，很認同我的說法、看法，但沒人敢跟校長說啊！人事主任說很想打電話給我，卻又不敢打。還好我打給她，她很高興。教師晨會時，校長就讓人事主任另外處理這件事情，不再咄咄逼人了。後來工友找到文件，澄清了一切，算是喜事一件；我就買幾碗紅豆珍珠粉圓當作圓仔甜湯，請校長、總務、人事、工友等人吃。這件事也就落幕了。

兩年半到了，最後小參輪到我，我依依不捨、難過的跟老師說：「**我覺得正覺才是我的家，世俗的家不是眞的我家。**」這種感覺一直放在心裡，直到最後一刻我才說出來。我不想離開正覺，所以轉回臺中講堂，婆婆他們也沒話說吧，因爲我眞的離開新竹了。

禪淨班結束，我被錄取上禪三。之前要歸依時，家人防我出門，機車、腳踏車全封鎖，斷我使用交通工具；我看在心裡，難過得哭出來。如何突圍而能出？難啊！晚上九點多，我在家中神明廳哭著說，明天我連交通工具都沒有，如何外出？而且必須到新竹搭遊覽車，明天如何去歸依啊？想到親教師說我只要歸依，就比較不受干擾。他們不能幫我解決，卻要防我那麼嚴重，怎麼辦？涕淚滿流之下，突然有個念生起，是某人的名字！可能嗎？並不很熟啊！我眞的沒辦法，死馬當活馬醫，試打電話看看，沒想到她爽朗答應載我去，讓我順利歸依。這次上三，也是拜託她幫忙，眞的只能用「逃難」兩個字形容。

到了祖師堂，我心想：「**佛菩薩！我終於來了，您知道嗎？千辛萬苦，我來了，以後可能也沒機會再來吧！**」眞是百感交集，淚水不禁潸然流下。

我好喜歡看　世尊、觀世音菩薩，但不知為什麼就對　彌勒菩薩很畏懼。因為害怕沒機會再來，所以對這次明心的期望很高，這裡不就是要給人明心見性的地方？我要好好的看看是怎麼回事！所以我看環境，看大家，看這裡在作什麼，就坐著到處觀看。是這樣子就可以明心嗎？好無聊，落差很大。怎麼明心？拜佛吧！有活動，經常被點名，怎麼樣怎麼樣，弄得我都不知道怎麼回事。只要叫我，我又很無辜的想：「**我又哪裡不對了？**」怎麼大家都不說話？全部只有我在回嘴。小參、過堂，我都沒分寸回應，我眞是不懂規矩的孩子。

我發現　平實導師威嚴很重，祖師堂這邊也很威嚴，不容許「放肆」。自己實在是很魯莽，橫衝直撞！因為憋很久、很鬱卒，沒頭緒，叫人家怎麼找？明心不好玩，我不要玩了。反正大概不會有機會再上祖師堂了，就當作來參觀、吃飯吧！剛起這個念，就被修理，忘了是針刺頭或耳朵？哪裡來的針？那個痛感是怎麼產生的？眞懷疑！我心裡投降說：「**好啦！我找、我找，我認眞找眞心可以吧？**」這才開始認眞參禪！「**照顧腳下，腳下有蓮花。**」哪有？我努力找也沒有蓮花啊！經行時，腳踩不下去停著，一看，下面有一隻螞蟻。眞奇怪！腳又沒眼睛，居然會知道有螞蟻沒踩死牠？一定是祂——如來藏。導師教我洗碗，要好好的看。如來藏與五蘊和合，不即不離，可是祂在哪裡？我很認眞的參禪，參到坐上別人的位置也不知道！

飛蛾在我眼前慢慢的飛啊飛！牠在飛，可是祂在哪裡啊？導師說個故事：「**媽媽不認識自己的小孩，找不到自己的孩子。**」哪有這麼笨的媽媽！導師說要發願。有些願我可以接受，所以就發願，〈正覺發願文〉沒問題的。導師說要發可以實行的願，不是空願。我就爲難，有問題。我要上課就這麼辛苦，能不能繼續留下來還是一回事，如何敢在佛前發我作不到的願呢？我不會發願啊！我發現心臟怎麼跳動的聲音像打鼓聲那麼大聲？心臟是心臟，是肉團心，不可能是如來藏啊！可是它爲什麼這麼大聲？它告訴我什麼？心臟——如來藏？這不是眞的，它還是一直響，我再三的說這不是如來藏；一直響，我還很生氣的說這不是。想當然爾，這一次，驚濤駭浪，卻捕不到魚！

轉到臺中進階班，禪三下來，我知道我眞的不會發願。可是要發什麼願好呢？剛到臺中新講堂，不認識環境，對 文殊師利菩薩也不認識，一直問義工菩薩許多有的沒有的問題。「這裡是不攀緣的」，可是我要在這裡上課，不知佛菩薩是誰，很奇怪啊！就是要問到清楚爲止。上課時親教師鼓勵大家發願當親教師，那就在佛前發這個願好了。可是我會不會一直待在正覺，自己都沒辦法保證；當在佛菩薩前面發願時，看到 世尊額頭和兩眼中間會放出三道柔和的光芒，當下給它合理化解釋：是燈光反射的結果，可是不知怎麼就覺得怪怪的，哪裡不對勁。事後，我一直懷疑看到了什麼？爲什麼這個角度看不到光？不管三七二十一，起身走到 世尊前面仔細看，原來雙眼間並無鑲嵌東西，如何反光那麼多？所以會放光並不是反光這個理由！親教師的法座，前有小尊的 世尊，後有三大佛菩薩，那個位置不好坐的，也不是想要坐就可以坐的；雖然說發願了，可是很心虛，也就沒怎麼注意這個願了。

家中障礙不減。同修對我到正覺一直很反對，溝通時，雖然他同意我可以去其他寺院或哪裡學，就是不要去正覺；只要我到正覺他就很痛苦，還威脅我他會到正覺丟汽油彈。可是我沒辦法，其他寺院有的沒的那些東西我不要，我就只是要正覺這個法。最後，他抱著我說他的底線只能去正覺一個月兩次。這比上禪淨班還少，對於他說出會丟汽油彈這件事，我驚嚇到了；加上一個大男人拉下自尊，抱著我痛苦的讓步到這種程度，我就心軟同意，約定如此。可是我沒辦法，只要上課時間到了，我就想要去上課，即使都沒有交通工具。他只要前門出去，我就跟鄰居借機車去上課，遲到也沒關係，就是想要上課；回來會怎樣，以後再說吧！可是上課時我會有罪惡感：我怎麼可以不顧大家的性命，只爲了自己來上課的慾望？如果他眞的跟來丟汽油彈，他造的業會很重的，我唯一能作的就是用這個身體，先把汽油彈擋下來，就先炸我吧！

上課時心神很不寧！事後同修和小孩都很氣我食言而肥，家中氣氛很壞。我向親教師尋求幫助說家中障礙，但老師小參只限在法義，非法義問題，不問不答。我只好想辦法留下來上課，想辦法解決問題，想辦法道業精進，想辦法再上禪三，沒有明心見性我不死心。但是看到家裡同修因我來正覺的痛苦樣子，和我不能到正覺上課的痛苦樣子是一樣大的，兩條平行路無交集、無解，我開始想我要不要慢一點、緩和一下？狗急是會跳牆的，我該怎麼作？我好想新竹講堂，常常作夢都跑回新竹講堂找老師。

道業就放慢腳步，我想融入臺中講堂，於是想加入其他組義工。加入推廣組，因家中障礙很多，時間其實也不是很自在，與菩薩們的溝通也是一項智慧、心性的磨練；其中我發現到自己的性障很重，慢心很重。以前我怎麼沒有發現到？當最大問題解決了，我才會注意到還有其他問題一直冒出來。「**福德水滿了，才能駛得動般若船到彼岸。**」我開始在意福德資糧的修集。在修集過程中也發現到因爲自己福德不夠，怕消耗掉福德，所以把持福德不願漏失，這時性障所顯現出來的相貌是猙獰可怕的；我發現後，趕快懺悔更改，這是自私自利的心性，不是菩薩的心性。菩薩是要把利益與眾生共享的，哪會小氣，這也是一直沒法再錄取禪三的原因之一。

雖然報名禪三很多次，但隔幾年後才又錄取第二次。沒想到我又可以來！可是看到 世尊和 觀世音菩薩好像沒有很高興的樣子，我懷著害怕的心向 彌勒菩薩求說：「**您是下一尊佛，懇求您繼續攝受我，我還要跟您學法，不要捨棄我。**」導師說我不用功，沒有好好洗碗。責備得好，確實如此！原來洗碗很重要。我當時定力不好，監香白老師跟其他護三菩薩說話聲，我被干擾到就起瞋心，自己都還沒想到要檢討自己，然後下樓梯時滑一跤。後來覺得不對，這些護三菩薩都是已明心，有的可能還有見性，我這一起瞋，火燒功德林都還不夠燒啊！我趕快拜託佛讓我排小參，能有機會跟老師當面懺悔和其他護三菩薩懺悔。

第三次上禪三，求法懇切，難過得想哭，懺摩時嘶喊力竭，這一生從來沒這麼苦過。普說時，很想睡，就在想打瞌睡那一霎那觸證到，是祂嗎？我暈了、睡著了。醒來，想起上課親教師教的知見，五陰一個一個確認，那個「**不是東西的東西就是如來藏**」，我找到祂了。找到之後，加上性障又現起，就停留在那裡沒進展。

第四次上禪三，色身開刀過約八個月，導師讓我向 克勤祖師爺供燈；我很驚喜也很高興，這就是無盡燈啊！維摩詰大士說的無盡燈呀！我要讓這盞心燈傳下去不滅。可我還是一直停留在上個階段，沒進展；導師努力爲我使機鋒，我都搖頭。後來問監香老師，我爲什麼會這樣？是什麼原因呢？老師說：「**你可能此生明心無望，那就好好的朝除性障、發起菩薩性、努力護持正法、修集福德等等好好去作，下一世就很快可以過關。**」我聽了很絕望。回去後，暑假退休，我就開始把義工當作全職的工作，努力去作。

在臺中作推廣組義工，我都要在同修出去後我才出去，在他回家前回家；甚至上班請假作義工，下班回家；我一定要讓他看到我在家，他才放心我沒亂跑。他周遭的朋友都告訴他說「你太太到處發破密文宣，說人家喇嘛不好、怎樣」的話；他看我都在家沒亂跑，爲什麼朋友都這麼說？很奇怪！直到有一次，發文宣發到他，當場氣得轉頭回家，把鐵門拉上鎖起來。我作完義工回家，被鎖在外面不能進去；老公擔心的哭說不敢開門，若開門爸爸會打人，叫我去朋友家住。我心想，若眞的去朋友家住，又會衍生不知什麼問題來，所以安慰小孩，告訴他叫奶奶來開門；奶奶是他的媽媽，不會被打的，不會有事的！見光死也好，浮上檯面來，我也更好作事，不用遮遮掩掩的那麼辛苦！

第五次上禪三。原本認了此生無望明心；但就覺得心很癢、應該要再報名看看；沒想到會錄取，原來還有一絲希望。第一次看到監香楊老師本人，身形瘦小，肩膀卻要扛無比的責任，我忽然起念：「我要幫他忙，分擔工作重任。」當他走到我面前時，我不知怎麼，眼淚立刻掉下來。後來我向 導師哭說我看不見如來藏，導師慈悲的爲我解說眞如性，原來是我不敢承擔。第一個過堂時，導師說有人看見了說沒有看見；我心知肚明，那個人是我。第一個笑話是有人在等一念相應，而我是第二個笑話。

晚上普說時，導師說到要看佛的意思(不記得是否看佛臉色)，我起念：「要看佛的臉色？完了，怎麼又來了！我也常常看佛的臉色，不稀奇啊！之前起念護三菩薩就夠受了，這次對象竟然是佛世尊，我沒救了！超沒救了！怎麼辦？懺悔不完了！」導師這時候義正詞嚴說：「不要以爲你來四次就很行……有的人還要再幾次才能開悟……。」我惹 導師生氣了，完了，兵敗如山倒，潰不成軍，自己掉入無底深淵。回寮房完全放棄，也不想用功，難過地昏睡了。半夜醒來，一個念：定力。對！就是定力不夠！感謝佛菩薩慈悲開示，我趕快去懺悔、拜佛加強定力。當定力穩下來，我努力再用功，終於有一點進步。「這次破參會有很多人」，導師那一番話振聾啓瞶，提升不少人的程度吧，希望下次會更多人破參！

第六次上禪三。上次禪三回來後，碰到往生約二十年的小姑託夢轉達的事件，而忙著處理她的事；她覺得很苦，想去投胎，叫我們幫她超度，她想去西方極樂世界。以後助念，我都很認眞的作功夫，希望助念成功，送他們到極樂世界去，免得以後又叫人幫他們超度，未來有沒有這麼好的因緣可以幫助他們都很難說。接著是帶國小教師社群活動，心很忙，沒有延續上禪三攝心用功。心裡一直想：「**沒關係！離下次四月禪三還有多少時間，我可以加油的，還來得及。**」等到拿報名表時，心想還有三個月，還可以拼定力。交報名表時，緊張了：剩兩個月；過完年到三月時，覺得剩一個半月，來不及，心裡就想：「**沒有定力，不要錄取我；如果有錄取，定力不夠，我也放棄，我不要上禪三；沒定力，會很恐怖的！**」

親教師上課就一直說，憶佛念要如同呼吸；又說要報禪三的人，不是上禪三前才用功、才來小參的；他會每週都來小參的，每天找一件事好好觀行，拜佛每天至少要三小時。這個根本都在說我啊！親教師這樣老婆的耳提面命。於是我決定從三月開始就每週都要小參，我非常不聽話，這次時間不夠用了，就聽老師的話作乖學生吧。所以 FB 就關掉，避免心攀緣；但心還會很癢，偶而還偷開後就趕快關掉。《無相念佛》書中提到有人六週就練成了，於是我拜佛分早上、下午、晚上都拜，拜到腰痠背痛。人家一天一小時輕鬆快樂分期付款的拜佛有定力，誰叫我要一次付清、集中一起來拜，活該、自找的。洗碗很重要，我也好好的去洗碗。

三月中連兩週夢見 導師，第一次是：一夢到 導師，立刻從睡夢中嚇醒，快五點。導師都知道我看話頭功夫不好，好慚愧。趕快披上外套去拜佛，這時感覺好像在禪三祖師堂 世尊前拜佛，非常攝心。第二次夢見我闖進增上班上課沒被人發現，但後來還是被 導師發現請出去。我好像聽懂課，懇求 導師讓我進去；被拒絕，因爲不是增上班學員不能上這課。

四月份教師社群，要提早或延後，一直決定不了；但想到他們缺用，還是提早加大份量滿足他們，我也可以安心作功夫。這些又剝奪了我不少時間，眞的是急到火燒眉毛的地步。怎麼辦？每星期六要小參，沒內容怎麼辦？自己給自己壓力很大，這樣一週一週過了；小參被打回，不好、不行、很粗，這不叫觀行，連觀行都不是；是聞思修證的聞，都落在聞的階段，書都不看。我都說：「**好！我再努力。**」

我跟老師報告錄取禪三，我定力不好一直有不想去的念頭，可是錄取了，只能硬著頭皮去；助教老師安慰我，並把她的經驗分享給我，讓我寬心。參加大悲懺，我懺悔得很用心，聽到維那說憶佛念要如呼吸般的綿密，感謝觀世音菩薩的指點，於是我改成呼吸提醒自己，只要呼吸在，就要有憶佛淨念；呼吸——憶佛念，終於制約在一起，行住坐臥也可憶佛，定力穩下來，心也穩定一點。接下來因掃墓無法上課小參，再來就要上禪三，要靠自己，好慘喔！

不知爲何脖子變得很僵硬很痛，身體經常痠痛，常常要按摩；我想：該不會是脖子長骨刺？禪三後再去檢查吧！有次休息看到有古人參究時有冤親債主，好吧！把每星期講堂布施的收據一大疊迴向給他們，並燒給他們。後來突然發現脖子好了，身體也好了。菩薩們都很關心我的狀況，我都說我是「**挫咧等**」，因爲定力不好，我在祖師堂不知又要幹出什麼惡事，怕死囉！增上班那個夢，我很擔心，也許會擦身而過。好吧！沒過，下次再報名！上山前一天還是把義工的工作完成，作不完的事跟菩薩老實說：沒時間、沒辦法作，不是故意推諉的，因爲要上山。

上山拜懺時，監香何老師每每提醒的話，都觸動我心的深處，嚎啕大哭者比比皆是。我最難過的是，她說 導師七十多歲，荷擔如來家業很重；復興佛教，需要很多人來幫忙扛……。我想到禪淨班閱讀《優婆塞戒經講記》中說：導師護持正法，只有一個頭兩隻手；如果能多個頭多幾雙手，多好。

我那時一看完立刻接著說：我來當另外的那個頭、那個手來幫忙。可是當時就傻在那裡，怎麼會這樣說？我都泥菩薩過江，自身難保，如何幫忙？我都不敢再想了。

沒想到時間這麼一過就九年半了，導師還給我機會上禪三，等著我發大心來幫忙，我卻一直不敢承擔而逃避。導師啊！我辜負您九年半了！您還對我這麼好啊！我造了那麼多的惡事，佛菩薩還一直給我機會！我當效法世親菩薩，爲如來藏正法奉獻心力，盡形壽，永不止。想到自己小孩受到學密的小姑洗腦，跟著網路相信法院不公正的判例，跟著人家人云亦云的加入毀謗導師行列，家裡的人都想要把我「救出」正覺，只有我不要；而我無力救他們，這是我的痛處啊！我也要學 地藏王菩薩在地獄救眾生，他們不懺悔將會下墮，我豈能不救他們！那我當要莊敬自強，才有能力救他們！菩薩上求下化，我要當實義的菩薩，我要幫 導師，我要荷擔如來家業，不讓密宗荼害眾生。

在參禪過程小參時，中間有冤親債主遮障，導致思路不清楚；遮障時，幸好性障不重，何老師請我再整理；我就想：是我不好，我有功課還要再作。

就乖乖的出去。看到游老師因我說話有狀況，而懷疑是不是佛菩薩的安排，還要考驗我，說下次再來？我看見老師煩惱，我也難過，所以說：「沒關係！**我再去佛前懺悔。我再努力，下次再來。**」後來游老師說：「**如果頭腦昏沉……等狀況，可能有冤親債主遮障，導師就教我們向佛菩薩尋求化解。**」於是我請佛菩薩幫忙排解，請他們不要遮障我；如能明心，願以明心功德迴向他們，希望他們早生善處，於未來際修學佛法，共成道友，邁向佛菩提道。

過完堂，因為有汗臭味，我都會先沐浴，等一下普說時才不會影響他人嗅覺的觀感；但時間只剩一天，這次不沐浴了，我是為無上大法而來的，豈能因洗澡這種小事而空過？不洗了，把握時間，拼了！就繼續參究整理，我要讓 導師在佛前作「法供養」時的名單上有我名字，算我對 導師作法供養！

若不經一番寒徹骨，焉得梅花撲鼻香？原來我在這一個月多的拜佛作功夫，上禪三前幾天看書，每週努力小參報告心得，這次都用得到了。感謝親教師的教導，感謝 導師這回安排監香老師們加班，又有佛菩薩護佑，我們才得以破參。我也感謝菩薩上山前給我的勉語：「**相信佛菩薩和導師的安排。**」「**相信自己可以破參過關。**」最後我以《大乘本生心地觀經》的經文作為結束，經中說：「眾生本有菩提種，悉在賴耶藏識中；若遇善友發大心，三種鍊磨修妙行。」「一切菩薩修勝道，四種法要應當知：**親近善友為第一**，聽聞正法爲第二，如理思量爲第三，如法修證爲第四。」

再三感謝佛菩薩、導師的安排！阿彌陀佛！

佛弟子 **林翠榆** 頂禮

公元 2016 年 4 月 24 日

見道報告

——程梓芸

感謝 佛菩薩的慈悲加持，感謝 導師的慈悲攝受、幫忙引導，和監香老師不斷的提示與引導，感謝親教師們不辭辛苦的爲我們建立佛法的正知正見及耐心地教導無相拜佛的功夫，今生弟子才能在 平實導師的座下得此無上大法。感謝 佛恩、師恩浩大無邊，唯有悟後努力精進的具足各方面條件，讓自己能勝任親教師執事，弘揚正法，破邪顯正，護持同修會是爲報恩。未來生生世世依然遵循今生的誓願，行菩薩道，利樂眾生。

一、邁向正覺的緣起

媽媽是一貫道的道親，小時候常跟著媽媽去佛堂拜拜、聽道理，耳濡目染，相信三界眾生有因果輪迴，善有善報、惡有惡報，因此瞭解自己一定要作善事，才能有好報。上大學後繼續在一貫道的學界道場學習、幫忙，也慢慢學著吃素。一貫道在法會時有一堂課必講：「**人生的眞諦**」，所以弟子有一段時間心裡會出現這樣的疑問：難道我這一生就是出生、長大、受教育讀書，畢業後出社會工作，然後結婚生子……這樣平凡的終其一生，直至老死嗎？此生就這樣庸庸碌碌而過嗎？那我的人生有何意義？存在有何價值？死後將往何處去？死後眞的會生理天？諸如此類的問題，常常在夜深人靜的時候浮現腦海。

大四時，有一次與同學聊天，畢業後要如何如何……，當時我竟然不假思索，脫口而出「往後我的人生一定要修行」。當時並不知眞正的修行是什麼？只知應該就是在一貫道，跟隨點傳師、講師修道辦道。

直到二〇一〇年的夏天，認識一位一貫道的廖永遠講師，從他口中聽到「開悟」這個名詞，心裡很相應也很歡喜，雖然當時並不瞭解「開悟」眞正的含義是什麼？是悟個什麼？但是心想如果我今生能開悟那該有多好啊！就這樣跟著廖講師學《金剛經》。一開始讀〈法會因由分第一〉。弟子思惟：著衣持缽乞食……，這些都是日常生活中的事，可是 世尊說這是「法會因由分」，心中想：是不是佛法在這些事相中呈現呢？最後自己下了一個結論：**佛法應該很生活化吧！**因此對《金剛經》生起興趣。

讀到「無我相、無人相、無眾生相、無壽者相」，慘了！我眞的不懂，凡我眼睛所看出去的都是有形有相的。這到底是什麼境界？是什麼證境啊？心裡覺得有點挫敗，感覺《金剛經》好難啊！都是講「無、無、無……」，又讀到「若復有人，得聞是經，不驚、不怖、不畏，是人甚爲稀有！」心裡又高興起來了，自己對號入座，心想那我是 世尊所說的甚爲稀有的人了！

當時我白天上班、晚上準備代書的證照考試，很辛苦，所以常常身體會痠痛，有一位講師便介紹我誦〈白衣大士神咒〉。二〇〇二年初剛懷孕，又有講師介紹我誦〈觀世音菩薩普門品〉，因經中提到「若有女人設欲求男，禮拜供養觀世音菩薩便生福德智慧之男，設欲求女便生端正有相之女，宿植德本，眾人愛敬。」因爲這些種種，覺得自己跟 佛菩薩蠻有緣的。但是心中常常浮出：我該到哪裡去求明心開悟的法呢？

二〇〇五年初過年後因林秀春講師的邀約，知道一貫道潘壇主他們在教明心開悟的法，弟子與同修就一起去學，學了將近兩年。後來到正覺同修會共修，才知道他們這樣是不如法的，有盜法之嫌。因爲這件事，弟子曾經在佛前邀四人發露懺悔，這次禪三也至誠的向 主三和尚發露懺悔；主三和尚非常慈悲，聽弟子懺悔完，對弟子說：永不復作。弟子就跟著覆誦三次，把這個不如法的種子懺悔掉。（謝謝主三和尚，弟子的心裡既感動又萬分感激。）然後又到佛前懺悔、發願，願自己未來生生世世都不要到外道法中徘徊、周旋，或者誤入歧途到不如法的道場。未來生生世世修學佛法能夠馬上到正法的道場共修，因緣成熟時蒙 佛菩薩的加持及法主的攝受引導證菩提，荷擔如來家業，行菩薩道，自利利他，直至成佛。

二〇〇六年十月底林秀春講師得知正覺同修會在臺中有開新班，私底下打電話給我，約我與她一起去上課；但是暫時先不能告訴我家同修，擔心他去一貫道的道場會不小心說溜嘴。當時的我雖然很想去上課，但還是拒絕了她。又過了兩個多月，有一天的下午許惠華師姊打電話給我，交代我和同修準備大頭照，晚上要帶我們到同修會報名上課。因爲許師姊的帶領，弟子終於踏進正覺的大門開始共修了；爲了這一步弟子走了六年半，雖然如此，弟子無怨無悔，還是非常感恩也非常滿意，佛菩薩安排弟子這個時間點進入正覺共修，確實學佛的因緣成熟了，當時已考取代書證照，和同修接下公公的代書業務，也生育兩個小孩（當時大兒子四歲多、小兒子一歲多），現階段世間法中應該作的，弟子已大致完成了。

二、共修期間

以後每個星期三晚上去共修前，弟子和同修就先把兩個小孩帶回娘家請爸媽幫忙照顧；很謝謝爸媽的幫忙與護持，讓我們在修學正法的路上很順遂，沒有阻礙。（半年後媽媽也進入正覺共修。）一開始來共修，末學求悟的心很強烈，常常對 佛菩薩發願今生一定要在 導師座下明心開悟，所以每次來上課都聚精會神的聽課。在禪淨班，許正翰親教師認眞又有耐心的教導，讓弟子大開眼界；原來修學佛法是佛菩提道與解脫道二道並修，此外無別佛法。慢慢建立佛法的正知正見，瞭解要證悟必須循序漸進的具足條件才有機會，而且悟後還有許多更深妙的法可以跟隨 導師修學，從此打定主意：這是弟子今生歸依的最後道場，至死不離。

從親教師的教導、週二聽 導師講《金剛經》和恭讀 導師的書來增長慧力。平日用無相拜佛的功夫來成就動中定力，發現定力越好越能夠伏除歷緣對境時所起的性障，心思也能夠較細的觀行五蘊、十八界。廣修福德（感謝導師開設好多的福田讓我們去植福），財施：從進階班開始慢慢養成，每週來講堂上課，自己就量力而為的布施一些，也希望這個好習慣盡未來際永無窮盡。義工：校對經典、發放文宣、假日書市、幫忙講堂整修、往生助念、雲林農博的護持、拜訪村里長、社區和校園破密宣演的接洽與參與。

三、禪三的檢討與心得

弟子第一次錄取禪三，是在上進階班滿一年時；接到錄取通知非常興奮也非常感恩，這代表被 導師肯定是位菩薩種性的弟子。自己很幸運在還沒上禪三前，蒙 佛、菩薩的加持有了「一念相應慧」的觸證。那段時間弟子在觀行十八界及恭讀《心經密意》時，看到裡頭 導師寫：根塵觸生識（六識）。弟子恍然貫通了十八界的觀行，十八界一一界的界限與功能差別更清楚明白了；接著參公案，參娑婆世界的第一則公案：「世尊拈花示眾，迦葉微笑」，弟子就學著拈花的模樣，常常食指與拇指動起來像似在拈花。直到有一天晚上睡覺前，坐在床邊繼續拈花，○○○○○○○參究，忽然心中出現一個念頭：就是祂、就是祂，○○○就是祂。然後把公案請出來看，這回很神奇竟然看得懂了；○○○、○○○、○○○○……都是祂。以前眞是日用不知啊！現在懂了！經中說：「善知機發像起，咒力起屍，是名菩薩證得人無我智。」

但是有一次許親教師教我們觀行五蘊十八界，忽然間弟子看到親教師把手舉起來說：「手○○是行蘊……。」當時弟子聽到這句話非常震驚，明明是我找到的祂，爲什麼親教師會這樣說呢？到底問題出在哪裡？○○、○○、○，兩者的差別在哪裡？兩者的關聯在哪裡？思惟了好久，不敢問親教師，只好先請《阿含正義》一、二輯回去研讀，把五蘊的內涵再理清楚些，在日常生活中不斷地觀行與體驗眞心與妄心的和合運作。最後思惟的結果認爲，因爲○○○○○○（○○），才有後面的○○出現被看見。

第一次上禪三因爲已有找到答案了，所以就帶著輕鬆愉快的心情上山去體驗禪三的種種。第一天傍晚的蒙山施食是弟子有生以來第一次參加這種法會，感動得淚流滿面。導師是如此的慈悲，爲眾弟子設想眞週到，怕弟子們受到冤親債主的遮障而辦此法會。

第二天傍晚終於輪到弟子與 主三和尚小參，在小參室外面等候的我，心砰砰的跳，非常緊張；進去後，向 主三和尚至誠地頂禮一拜，接著胡跪懺悔：「弟子以前曾經對主三和尚起了惡念、抱怨的念，在此向主三和尚懺悔。」主三和尚非常慈悲也很平易近人，溫和地說：「接受懺悔。請起、請坐。」此時弟子終於鬆了一口氣，心中的那塊石頭放下了，心情也平緩下來，接著向 主三和尚稟報自己一念相應的過程，主三和尚聽完後說：「第一次來，不錯！給你一個題目：○○○○○，○○○？○○○？如來藏指？……」第二輪小參是到監香陳老師那裡，回答：「○○是腳、如來藏是○○○○○○、○○○○○○○。」監香老師又考了弟子一些公案，弟子的回答：「不管祖師說什麼話，○○、○○○○○○○。」然後監香老師又出了下一道題：「如來藏○○○○○○○○？○○○○○○○。」就這樣小參每回都帶一個問題出來思惟整理，自認很順利。

第一次禪三結束後，弟子不知不覺起了慢心，也因而生起了懈怠心，覺得自己還不錯，去過禪三了，好像頭頂有光環（起慢）；又經 導師確定自己找到的答案是對的，只是還不夠清楚、通透，因而懈怠了，沒有之前的老實作功夫，平日拜佛的時間愈來愈少了。弟子在此向 佛菩薩、導師、親教師懺悔，弟子有這種心態很要不得，才得到一點點，就表現出「得少為足」身口意行，般若智慧都還沒生起就滿足、自豪了，如此就遮障了；甚至一年兩年過了，還另外起了卑慢，安慰自己還年輕，繼續上進階班也很好，不用急著破參明心。就這樣一日一日的懈怠，往日那渴求證悟的企圖心已消失無蹤了；總是安慰自己：只要我今生一直安住在同修會，時間久了，定力增強、慧力增長、福德夠了，一定可以被 導師印證。

現在回想起來，自己當初眞是愚癡啊！若一直拖，拖到年紀大了才明心，那時色身都不好使了，如何護持正法、爲正法作事呢？還好佛菩薩悲憫我這無知的弟子，在二〇一三年十二月底雲林農博時，因師兄姊的奔走，爭取到一個攤位可以擺書、推廣正法，弟子佔了地利之便且工作時間很彈性，蔡〇〇老師讓弟子負責聯繫的工作，因而常常去現場幫忙，因此與許多菩薩有接觸及一起共事；弟子發現許多菩薩都非常認眞拼命地作義工、護持正法，且心性也非常謙卑，態度也非常柔軟，也很認眞讀 導師的書及努力的修習定力。這時才發現自己遠不如人家，眞是太慚愧了，懺悔、懺悔，從此降伏了慢心，重新激發起道心，繼續老實的用功。

第二次錄取禪三，這次弟子調整自己的心態，放慢節奏、不急不躁，小心翼翼的照顧念頭，專心的思惟整理。與 主三和尚第一輪小參，主三和尚依舊溫和的說：「好久沒來了，複習一下。○○○○○，○○指什麼？○○指什麼？○○○指什麼？各用一句話說說看。」弟子戰戰兢兢的回答：「○○是腳，○○指○○○過程，如來藏就是○○○○○○。」主三和尚聽了不甚滿意弟子的回答，說：「不夠親切，再說親切些。」弟子心慌了，心想：如何說才親切呢？當時腦海裡搜尋不到其他的語言文字來詮釋祂。又不敢請教 主三和尚，就這樣小參的時間到了。

主三和尚很慈悲又讓弟子去洗碗（第一次來有洗過了），去體驗；可是慧力不夠、定力也不好，無法深細的觀行；後來去監香張老師那裡，說來說去還是○○是祂、○○也是祂。實在想不出其他更親切的答案了。接著又整理：爲什麼如來藏○○○○○○？如來藏○○○○○○○？後來解三前的最後一次小參，監香正潔老師鼓勵弟子，然後說給了我最後一道題目：○○○○○○○○○○○，從聖教量、從理上、從事相上來證明。

又過了一年，報禪三的時間到了，弟子向親教師賈老師小參，賈老師鼓勵弟子報名，又說：「這回若去，應該沒問題，可以過關吧？……」（諸如這些勉勵的話）弟子老實地向親教師報告，自己還沒準備好，無法勇敢承擔……。親教師問：「妳有沒有發願要當親教師？」弟子搖頭說：「不敢！同修會裡人才濟濟，自己能力、智慧、口才都比不上人家。」賈老師聽了，馬上說：「妳不用管別人如何。」當下弟子聽了，兩行淚不停流下來，好慚愧哦！心想：是啊！我是要當菩薩的人，我怎麼那麼自私呢？怎麼只想到自己，都沒爲眾生著想呢？又跑到 佛前去懺悔並發願：明心後要努力具足條件讓自己可以勝任親教師。

這次的報名，蒙 導師的慈悲成全，得以上山。收到錄取通知，心情一則以喜一則以憂，喜的是又可以去祖師堂與 導師共住參究，親近大善知識；憂的是照第二次禪三的進度，這次很有可能過關；但是捫心自問，自己的整理還不夠通透，無法勇敢承擔此無上大法，心情忐忑不安。與 主三和尚的小參，主三和尚很關心看了弟子報名表上的職業欄，說：「工作很忙，悟後有時間作義工嗎？」弟子趕緊回答：「自己在家作，悟後可以護持嘉義講堂。」之後 主三和尚還是很慈悲地考弟子第一道題目，弟子的回答仍然不夠直接，不夠親切。後來 主三和尚鼓勵弟子：「要好好參究，這題若通了，後面也跟著通了。」

後來輪到監香孫老師，不斷的提示與引導：「○○、○○、○○，它們的共通點是什麼？」弟子終於明白了，回答：「○○。」孫老師又引導：「○○？」弟子答：「如來藏○○○。」孫老師又很慈悲的一再提醒：「別忘記了，下次來要記得，別忘記哦！去禮佛。」孫老師眞是老婆到眉毛拖地了。太感謝她了。（每次小參完弟子一定去禮拜佛菩薩、護法韋陀尊天菩薩及祖師克勤圜悟菩薩。）這一次蒙孫老師的慈悲引導，眞的太感動了，禮佛時因心中充滿感動與感恩，所以流下感謝的眼淚；謝謝孫老師，終於清楚、明白了。這一關熬了這麼久終於過了，心裡好高興。

過了半年，又去參加第四次的禪三。與 主三和尚小參時，主三和尚問：「有沒有發願要當親教師？」弟子回答：「有。」主三和尚接著又說：「發願要當親教師，不是這輩子而已，未來生生世世都要。」弟子回答：「好！沒問題！」感謝 導師的看重，讓弟子更有信心、更心得決定的發此願，弟子一定努力精進去滿足擔任親教師應具備的條件，並且有 世尊及 導師當弟子的堅固後盾，弟子會勇敢的一步一步去作。弟子悟後要先護持嘉義講堂，尤其是破密宣演團隊的組成，讓嘉義講堂的同修又多一畝福田可以植福，也可以把密宗喇嘛教的眞面目宣導至社會各個角落，以免眾生受到邪師邪教的毒害。今後只要是 導師或同修會交代的事，弟子一定盡全力去達成；弟子不怕遇到困難，因爲同修會裡有許多的親教師及菩薩可以請教。

後來 主三和尚又問了弟子第一道題目，以○○○○，如來藏○○○？這次弟子終於可以有自信的回答：「如來藏○○○○。」接下來的問題，因爲 主三和尚及監香何老師的慈悲引導，所以弟子才能一一如實的回答過關。

終於喝水體驗了，導師用如意竹爲弟子點出要注意的地方，但自己的體驗觀行仍然相當粗糙。喝水後經 導師開示講解時，發現眞心如來藏遍我們身中一切處，○○○○、○○都有祂運作的行相可體驗，不禁讚歎 導師智慧的深廣，同時也深刻了知自己的所悟所得是那麼的少，悟後要學的可多了！接著走路的體驗，○○○○○○觀行，○○○……是非常重要的，妄心是非常伶俐有用的；導師要我們「切莫找到了眞心以後，小看了妄心自己的重要，盡是長他人志氣，滅自己威風」，不要只認爲眞心很厲害，要我們瞭解圓滿佛道的修行一直都需要安心的配合才能成就。感謝　導師精闢深細的解說，佛法變得很生活化，在日常生活裡行住坐臥中展現，不再只是經典上的知見。再次感謝　佛菩薩的慈悲安排，弟子今生能跟隨　平實菩薩摩訶薩修學大乘了義法，是弟子最大的福報，也願未來生生世世能繼續追隨。

四、結語

此次讓　導師印證明心了，心裡自然有說不出的欣喜與感動，此外肩上又多了一份重大的責任：荷擔如來家業。日後一定更加精進修學，趕快提升自己的慧力並努力的修除性障，清淨自己的身口意行。護持正法、弘揚正法、摧邪顯正、讓正法再住世萬年。願未來生生世世行菩薩道，廣度有緣眾生，永無窮盡。

一心頂禮　本師釋迦牟尼佛

一心頂禮　大慈大悲觀世音菩薩

一心頂禮　護法韋陀尊天菩薩

一心頂禮　克勤圜悟菩薩摩訶薩

一心頂禮　平實菩薩摩訶薩
一心頂禮　正覺親教師菩薩摩訶薩
一心頂禮　正覺海會菩薩摩訶薩

弟子　程梓芸　頂禮敬呈
公元 2016 年 5 月 17 日

見道報告

——楊勝元

末學回首看看自己的學佛之路，才發現這一路上環環相扣，如果不是佛菩薩的巧妙安排，哪怕只是掉了一個環節，都可能斷了這條路，所以不管是世間法與出世間法有所得，都不應起憍慢心，而應思惟如何用於護持正法、救護眾生；反之，如果遇到逆境，不應心生怨懟乃至起瞋，也許這就是行菩薩道所必經的環節，闖過了才是脫胎換骨的眞菩薩。

末學學佛的第一個緣起要從父母開始說起，末學的父親是出生於很早就需要自食其力的家庭，因此養成節儉、善於投資的個性，但也承襲了傳統男人的觀念，家裡的事不常過問，也不必動手去作；母親則是出生於非常富裕的家庭，有著樂於布施、勇往直前的個性，但也因爲親眼看著家族的衰敗，讓她對於小孩的教育非常嚴苛，家中所有大小事以及管教，都是母親一手攬著，是個標準的「虎媽」，幾乎是聽到母親的呼喚，就很容易心生畏懼。

父親早年便對佛法有興趣，也與兄長請益過，但可以看得出來結果都不是他所要的，不是邏輯或方法有問題就是在神通境界上打轉；母親雖然嚴厲，但是卻很熱衷於行善，幾乎各種能布施的公益團體都會參與或捐款，然而這樣的狀況卻在父母尋尋覓覓進入正覺後，有了轉變，原本只專心致力於養家的父親，竟然約末學一同去搬運講堂的書籍，看著瘦弱的父親搬到發抖的雙手，覺得很不可思議，這是什麼樣的力量驅使著他如此？而原本說一不二、會讓末學心生畏懼的母親，竟然會沉著地寫信跟末學溝通，甚至道歉往事，這些末學都看在眼裡。上大學時，父母在四十二歲這個還能爲事業打拼的年齡，沒有身體病痛、家庭變故，卻毅然決然地放棄世間法的財富累積，辦理退休全心投入學佛之路，這都是末學始料未及的；也因爲這樣的轉變，種下了末學對佛法力量好奇的種子。

　　末學的人生計畫中從來就沒有把家庭列在清單內，也一直以這樣的方式生活著，隨心所欲、不喜拘束。因爲父母的影響，學佛這件事擺在職場退休後的規劃之中，卻從開始踏入職場的第一步就遇到了困難，無法參加航海人員特考，導致需要在陸地上另謀出路，薪水差異極大讓末學非常沮喪，卻因爲準備考試的所學，順利地找到新竹科學園區的工作，也受到賞識而平步青雲，原以爲都是自己能力夠強才能掌控一切；志得意滿之際便遭遇了第二個考驗，原本跟同修約定好，絕對不要結婚，開心過自己的兩人世界，但同修的意外懷孕，導致不婚族的末學不得不倉促結婚，甚至提親的當天才第一次見到同修的家人；倒也沒有受到什麼責難，反倒是第一個女兒出生後，丈母娘還很開心地幫末學帶孫女，照顧得無微不至，末學只需週末回去探望即可，平日可以夜夜好眠，爲人父母的辛苦一點也沒嘗過，以爲自己不喜愛的境界可以就此打住，繼續照自己的意思過活。

好景不常，二年後，同修第二次的懷孕徹底擊潰末學，雖然丈母娘仍願意幫末學帶小孩，也分毫不收，但小孩教育的事情還是打算自己面對，生活及教育費用必定開始快速增加，甚至對於能不能退休感到恐懼。在母親來新竹探望末學時，小兒子的哭聲點醒了末學，這個以爲很行的自己，從來沒能爲自己決定什麼；成家立業五子登科，沒有一樣是照著自己的意思走的，開始思索父母親順遂的人生究竟如何擁有，生了三個小孩卻也可以早早退休專心學佛，難道是學佛的果報導致這樣的差異？因此告知母親末學想學佛的意願，一腳踏入正覺。

抱著探究的心情當然沒有辦法發起任何菩薩種性，只是當成一種學習，以為這樣的學習心態就能扭轉人生，在世間法上能有所助益；卻在上課一個多月後，原本仍在葷食的末學，突然一念生起後就沒辦法再吃葷了；回想自己小時候看到受傷的狗，還會每天用自己的零用錢買東西給狗吃，希望牠趕快好起來；在瞭解畜生道一切有情與自己無差別的本質之後，如何還能眼睜睜看著自己造作惡業，當下便發願吃素。這個力量非常堅固，與先前因為家人都吃素，所以配合吃素的狀況完全不同，而是發自內心，即便捨命也不願再造殺業而吃素；即便公司吃素極為艱難，新竹素食也非常不普遍的狀況下，讓末學體重迅速掉了十公斤，連母親都十分擔心末學身體，心卻是不曾一刻退卻過。

也許是佛菩薩護念，公司的素食突然有了專門的廠商製作，住家附近能選擇的素食也變多了，末學不用再為吃素的事情煩惱。茹素順利的關係，上課班級義工告知可受菩薩戒時並未有任何猶豫，直接報名參加。在此之前都還是聲聞心態，只在自己身上用心，並沒有意識到正覺存在的使命為何，卻在受菩薩戒時有了轉變；導師開始傳戒時，末學眼淚便不自主地在眼眶打轉，覺得自己只是想解脫不順遂的人生而進入正覺，也從未想過荷擔如來家業，卻還敢以此聲聞心態受 導師所傳上品菩薩戒，佛前的發願不是擺明欺瞞佛菩薩嗎？這與末學的直來直往的個性大大違背，受戒後決定改變自己學佛的心態，至少要讓自己開始作個菩薩。

雖然開始作義工及布施，但由於時間不長，能作的也不多，更沒有想要求悟的企圖心；在親教師及義工們的鼓勵下，還是硬著頭皮報名禪三。回家塡寫報名表的時候才發現自己在正覺修的福德根本一片空白，除基本資料以外無從下筆，當然也不可能錄取。末學在世間法上作事是非常負責的，自己認爲最重要的出世間法卻如此輕率面對，實在沒辦法接受這樣糟糕的自己報名禪三。第二次報名前，開始在布施上作了改變，因爲知見的熏習，對世間法慢慢地厭離，以往一有空就去的百貨公司也不去了，電子產品、名牌、美食也都捨不得花了，發現以前怎麼都不夠用的薪水，原來還可以留下一部分作布施，也因此第二次的報名僥倖錄取，卻也給了末學另一個震撼教育。

在法上沒有精進及準備參究的狀況就上山，就好比沒有在駕訓班受過訓練，即便 導師把超跑放在眼前，還幫忙開了車門推你進去，自己也是只能參觀駕駛艙，完全無法駕馭，更別說有什麼所得可言；四天三夜充滿煎熬與懊悔，無一法可用，只能枯坐。想到自己已經僥倖上山，卻把這福德因自己不精進沒有企圖心折損了，下山之後便於親教師及佛菩薩前懺悔，覺得自己就是因爲沒有把求悟當成一個標的，所以總是沒有在法上精進的動力，雖然上課沒有缺席，但卻也沒有花時間再去思惟及用功；每次登記買的書，也只是當成護持正法的心態擺在家中佛堂，第一次上山前看完的書甚至沒有超過五本；布施的習氣甚至也可能只是過去世延續而來，這一世看來沒有任何進展，上課學法何用？好不容易福德具足，進了正覺講堂這間米其林三星餐廳，卻只想點一盤小菜來吃吃，天底下有這等愚癡人嗎？決定點盤大菜，福德、定力、般若三者兼修這才像話，這個企圖心一發起，佛菩薩便給了末學一個機會，就是開始擔任擺書攤的義工。

原本剛開始答應時，心裡還起了煩惱，末學生性第一就是怕麻煩，出門都只搭計程車就是因爲不喜歡停車找車位及等待，要不是爲了同修懷孕安全著想，這一世可能都不會自己去學開車考駕照。再來不擅迎合，這一世直來直往，從來沒開口向人求過事情，也認爲生活就是可以這麼隨心所欲，偏偏這個義工的性質就是來磨練末學心性用的。擺書攤地點離家裡只有五分鐘腳程，卻要開車出門花上兩個小時載同組的老菩薩往返；發傳單時身段要非常調柔，幾乎是九十度鞠躬，面對連正眼都不瞧你的眾生；甚至有的會出言辱罵正覺是邪魔外道，還是要耐著性子跟他解釋，即便他一句都沒有聽進去。

固定週六都要出勤，假日幾乎都不可能亂跑，就這麼安忍了一年下來。中間也曾期待下雨不用出勤會很歡喜，或是出勤時不斷地注意時間到了沒。後來有一天眞的下雨不用出勤時，竟然沒有一絲絲喜悅的心情，反而有點失落，才發現然自己的心性已經轉變，救護眾生已成了理所當然之事；也因爲需要度眾的方便善巧，會開始練習如何將學佛的次第說清楚，說些引人入勝的小故事，並開始爲上山精進用功。

精進，一開始對末學來說也是奢求，工作及小孩教養就已佔掉末學大部分的時間；男孩與女孩的教養問題更是大大不同，末學的兒子更是讓末學吃足了苦頭，上學的第一個月沒有進過教室，連幼稚園園長都建議帶兒子去作心理諮詢，深怕有自閉兒的傾向。所幸醫生判定只是環境差異過大導致，要我們不必擔心；所以精進的過程，重質不重量是必須的，就算每天只有二十分鐘的拜佛時間也不能放棄，更不能在妄想中度過。看書只能利用上班公司午休時間慢慢補足，雖然舉步維艱，但隨著時間的拉長，拜佛憶佛品質會慢慢地提升，看書的速度也會加快，重複的地方不必再作思惟，觀行也因定力的提升更加細膩。有時候會訝異自己在何時進步的？憶佛念與話頭越來越不容易掉，掉了也能馬上察覺；反覆不間斷地作，即便很緩慢，進步也是必然的，當然，最重要的還是要把求法的企圖心帶著。

第三次的報名沒有錄取，末學心裡其實是高興的，不是想逃避，而是可以有更長的時間照自己既定的進度繼續用功，心裡是很踏實的。書攤義工已經得心應手，護持款也因工作性質轉變可以增加。第四次報名很快就到了，也順利錄取。第二次上山時已不是徬徨無助，而是全神貫注，當下打定主意沒個入處絕不小參；無奈因緣還不成熟，第四天下午解三前，仍無法說出個所以然，也一直未登記小參，但參究求悟的心始終不曾鬆懈過。

護三菩薩見我都沒登記小參，好心來問是否需要登記小參，實在沒有理由拒絕的狀況下就登記了。進去後也只說了自己認爲有體悟的地方，都沒錯，但就不是需要回答的地方，該回答的地方還是一籌莫展，反倒是離開小參室時監香老師的一句話點醒了末學，說也奇怪，只是把同一個參究方法反過來說，怎麼這次聽起來特別明白呢！眼睛都發亮了，心裡好歡喜地下山，沒有這句話，還眞是沒辦法豁然開朗。下山後親教師問末學上山如何，末學回了句受益良多。雖然親教師不明白何處受益，但末學心中已非常清楚方向了，不是這個方向也絕對不走。如果不是佛菩薩加持，堅定方向的因緣也許就這麼錯過了。

到第五次報名前，一直依著下山前所得認眞思惟，也知道自己福德還不足，增加了義工的項目，開始幫忙撰寫一些短文，卻也沒覺得時間被佔用了，反倒是發現自己平常還有好多時間是浪費的。陪小孩看電視的過程可以拿來查好多資料，寫好多文章，整理好多上課的知見；在義工越來越多的狀況下，自己硬是能找到更多空檔作事；世間法的貪欲也斷得更快，都忘了有多久沒有看電視節目了。也因工作上的額外收入，得以增加護持的金額，不但護持講堂也護持自己的同修，感念同修放棄進階班及週二聽經的機會，都讓給末學，乃至於每次上山時也從沒讓末學煩惱過，自己卻沒護持同修，怎能稱得上是菩薩呢？第五次報名也順利錄取了，卻也是心理壓力最大的一次，心想：這次總不會又跟第二次一樣不登記小參了吧？但是該否定的都否定了，找不著的還是找不著，能說什麼呢？

上山前一天還刻意請了假待在家裡，不想再管其他事情，心卻像熱鍋上的螞蟻；心想這樣不行，把《眞實如來藏》再重新看一次好了，偏偏早已放在公司看忘了帶回家；能夠短時間看完的，只剩公案拈提了，看個幾則當練習也不錯，剛好有禪意無限 CD，就看 CD 裡面說的那幾則好了，怎知，覺得自己跟那「無著三三」公案中的僧人一樣顢頇，摸不著頭緒；卻在某一則中，一念閃過，接下來就一路看到底了；好像眞有那麼一回事，當下也沒法再有其他驗證方式了，心情一直是忐忑不安，煩惱著該怎麼說才好，會不會比前兩次沒說還糟。

起三時在一句熟悉到不能再熟悉的話中一念相應，更加篤定。佛菩薩加持，男眾抽籤運氣順利，與監香老師小參的時間非常前面；鼓起勇氣登記小參，說了自己從來沒有想過會說的一句話，監香老師沒否定，卻認爲末學沒有辦法承擔，請末學再繼續參究。一出小參室便是淚眼汪汪，知道自己總算有個入處了。之後在佛菩薩前發了不知幾次願，也在祖師面前拍著胸脯說：

「承擔如來家業算我一份。」經行時每一步都是這麼的深刻，眼淚也是不自主地流。第二次小參已是心得決定，監香認可後，請末學整理其他題目，不斷要逼出末學可能剩下未斷之我見、疑見；感念佛菩薩加持，在時間所剩不多的情況下都順利整理完成。等 導師開示後續的體驗時，才知道自己差遠了，破參只是從全盲變成視力0.1，還有很多看不清楚也沒注意的地方，當下眞是一點慢心也起不得，「悟後起修」是絕無半點虛言。

末學進入正覺後，一路從傲慢、聲聞種性的習氣，不斷地轉變，關鍵在於要努力地去作，而不是把上課所學知見當成知識，或是對著別人說教、突顯自己學佛有成的內容；要說服自己願意扎扎實實地去作，才能有所體悟，產生相對應的功德受用。也感念佛菩薩加持，讓末學能夠在學佛五年後順利破參。沒有太多的時間喜悅，而是想好好把這一路走來的所得，跟還在尋覓眞實佛法的學人分享，並用這一世剩餘乃至盡未來世的時間，好好思惟如何努力護持這百千萬劫難值遇的正法，延續九千年直到月光菩薩再來，讓邪師邪見橫行的末法時代眾生能夠有所依靠，敢發大心、敢求悟、敢荷擔如來家業，這才是眞眞正正的佛子所當爲之事。

弟子　**楊勝元**　頂禮敬呈

西元二〇一六年五月十一日

見道報告

——周靖元

一心頂禮　本師釋迦牟尼佛
一心頂禮　大悲觀世音菩薩
一心頂禮　當來下生彌勒尊佛
一心頂禮　韋陀菩薩摩訶薩
一心頂禮　克勤圜悟祖師菩薩摩訶薩
一心頂禮　平實導師菩薩摩訶薩
一心頂禮　正鈞老師菩薩摩訶薩
一心頂禮　正偉老師菩薩摩訶薩

願弟子生生世世值遇正法，護持　世尊正法，陪伴　平實導師身旁破邪顯正，弘揚佛教第一義諦；發願護持　平實導師弘揚　世尊正法於中國大陸地區，以期更多師兄弟回歸正法，一同復興　世尊大乘正教；發願將喇嘛教導歸正法，放棄雙身法；如不能導歸正法就將其趕出佛門，不讓其破壞佛教正法之弘傳。

學佛因緣與過程

弟子小時不喜讀書，因覺當時老師著實恐怖，常常看老師抓同學頭去撞黑板，而我又調皮搗蛋愛講話，所以也是排名前頭被處罰之常客，因此心生恐懼時常藉口不去學校，但家中母親家教甚嚴，亦不容我如此；無意間，發現到學校附近有個佛教書局，就走進去看看，看到好多佛卡，心中覺得好像有股安全感，所以常常存下零用錢買了 釋迦牟尼佛、藥師佛、阿彌陀佛、觀世音菩薩、文殊師利菩薩等等佛菩薩聖像佛卡，還有一些神明的像卡與《金剛經》，以求心中安適。到了國中，剛好蔡志忠漫畫家畫了《禪》還有《菜根譚》，心中好歡喜喔！每天看，上廁所也看，心中覺得好殊勝喔！為何心可以如此自在快樂，眞是嚮往不已，這是此生第一次有了佛與禪的概念。

後來因為升學與玩樂的緣故，慢慢也忘了之前的感覺；也因為父親長期不在身邊，母親時常帶有不安全感，相對的，我也慢慢熏習這種感覺，所以潛意識要保護自己。在高中時打架抽菸，是個問題學生，到後來甚至將母親給我的補習費加上打工的錢，偷偷買了摩托車，翹課四處遊蕩；後終紙包不住火，被發現了，母親命我跪在 觀世音菩薩面前懺悔；講到激動處，她說為了免除我危害社會，要將我毒死，再去高雄佛光山出家。我心想有這麼嚴重嗎？如果是現在，弟子會跟她說我要是真的死了，請母親不要去佛光山，要去正覺講堂，不然我都死得沒意義了。

後來，觀世音菩薩大慈大悲保佑弟子，在重考那年遇到我生命中最重要的人（除了導師與母親外），就是我同修；從此我開始變乖了，重心就在讀書與她身上打轉。當初家人都無法諒解，重考時期交女朋友不是庸人自擾嗎？但事實證明菩薩的安排是有原因的，就這樣一起考上同一所大學，她都循循善誘的體諒與扶持，慢慢才回到世間正道。一直到上班結婚後幾年，末學因為工作的關係，時常往來大陸與其他國家；同修也急於尋找心靈之轉依，經由學校同事菩薩的接引，來到正覺講堂。

當時，到處充斥著宗教性侵與斂財之情事，所以弟子極力反對同修參與講堂共修，一則怕她被騙，一則也怕她出家，以至於時常遮障她（在此深深地向世尊與佛菩薩懺悔）；但說也奇怪，在她禪淨班兩年半的時間，充分顯現出佛菩薩之威德力，她後來曾經跟弟子說：「每次我在遮障她時，她週二聽經後迴向都求佛菩薩攝受弟子，讓我早點來講堂，不要反對她參加共修。」所以那兩年半，弟子在同修禪淨班期間忙到眞的是有家歸不得，時常出差駐在大陸，到同修要上禪三前才回臺灣。還好佛菩薩加持她順利破參，否則弟子眞是罪障難彌啊！懺悔、懺悔！此生乃至佛世，發願行菩薩道，永不入涅槃，護持正法以消弭愚癡與罪業。

後來，由於工作性質，需要應酬喝酒，時常三更半夜醉醺醺地回家；每次都很無奈後悔，但是爲了加速房貸付清，也只好努力作；因爲擔心如果我有不測，我同修要是單獨負擔房貸的話，就太辛苦她了。當然，其實後來也於五欲中迷失，但總覺得有股力量拉著我，要我回頭。直到因緣終於到來了，一日，弟子一如往常週五應酬晚回，有答應同修一起吃早午餐，但因爲實在太累，同修先去吃，然後打電話叫我起床過去；我突然無法起身，全身無力癱軟，但還是勉強撐住前往，步行往植物園；在這走路期間我一直在想，我到底在作什麼？爲何如此愚癡呢？

後來不久就開始發生一串不可思議的狀況……。二〇一三年初，弟子因爲作成一個生意，雙方皆滿意，還多了一份額外收入；正當弟子得意忘形地開車從臺中返回臺北時，突然一陣電流由頭皮衝至背部，全身發麻；嚇了一大跳，緊急將車停在路邊檢查，是不是被蜘蛛昆蟲咬了？後來沒事，感覺怪怪的；沒多久，莫名地突然手紅腫，痛到不行，是痛風。等了將近一個月好了，又沒多久，腳踝紅腫，又是痛風，後來又再發作一次；弟子自覺是球員又常運動，身體還可以，怎會如此？眞的覺得太怪了。後來壓倒駱駝的最後一根稻草出現了，二〇一三年七月，在上海評比蘋果 I-watch 的大訂單，公司部門一半人員參與，當然身爲業務代表一定身先士卒，每天工作到凌晨，甚至不睡覺；後來感冒發燒下又無法充分休息，撐出了問題，肺產生浸潤發炎現象，緊急服用強力抗生素十天；醫生說如果沒改善，要趕回臺灣處理。承蒙 佛菩薩不離不棄，終於漸漸康復，阿彌陀佛！但是所謂：「**禍兮福之所倚，福兮禍之所伏。**」

從那時起，因爲房貸都結清了，心中生起一股不如歸去之念頭；與之同時，二〇一三年十月，弟子同修突然又拿了報名表給我，要我報名（半年前就有正鈞老師的班要弟子參加，弟子都推說不急不急，時候未到），弟子心想，時候好像眞的到了，就半推半就地塡完共修報名表，我同修高興地且以迅雷不及掩耳的速度從我手中搶去；馬上報名通知我要上課，現今想起，眞的感恩有她。

前四堂課，末學全部請假，同修一直催促弟子，直到參加三歸依大典後，才開始聽經與共修；說到三歸依大典，弟子深深地感受到 導師的慈悲心與威德力，當開始時 導師唱「香花請」，弟子們唱「香花迎」時，全身汗毛豎起，最後當唱誦到懺悔偈「**往昔所造諸惡業，皆由無始貪瞋癡，從身語意之所生，一切罪障皆懺悔。**」最後一句，眼前如幻燈片般細數所作惡事，大哭啦！！已經幾十年沒哭過了！蒼天啊！我的眼淚怎麼不受控制了，鎖不住欸！差點沒脫水暈倒。所以從歸依後就不知不覺地常常哭，後來才知道原來是心性有慢慢調柔才會如此。

到了 導師發紀念品時，導師慈悲，一人接著一人從 導師手中領取紀念品（當時 導師腰受傷中），眞辛苦。我也在從 導師手中接到紀念品時，偷偷地跟 導師對上了眼，一股震懾的威德力，既慈悲又帶有深邃不可見底的力量，使弟子每次見到 導師都緊張到身口失調，應該就是如此原因。從那時候開始，弟子很乖，眞的很乖，同修都說：「**從來沒看過有誰能讓你這麼乖**

的，應該就只有導師了。」每次上課聽經必到，除非出差國外，不然再趕也要來。聽第一次 導師講經的時候，說到如來藏種種體性時，當下確認，弟子一定聽過，往世一定熏習過，那股熟悉的感覺回來了。雖然當時我還是慢心、瞋心皆重，但是於法我卻是很恭敬的；請大家一定要對如來藏妙法具足信心，因爲這是最大證悟之因，所以就眞正開始了共修成長的階段了。

共修期間，最大的一件事就是無相拜佛，是我們正覺的基本功；剛開始時，末學拜佛很快，且因爲不知「鬆、匀、柔」之要領，每次都拜到全身汗，還有快窒息的感覺。因爲末學很好強，不會拜還要硬撐時間，最後，支援的助教老師看不下去，教了我正確的拜法；正倖老師再幫學生微調一下，我終於能感覺到拜佛的寧靜與舒適，就比較喜歡早點上來拜佛。因爲我同修要作班級義工，所以都要提早在十二點半到講堂，但我們兩點才供佛上課，所以我都在講堂附近晃來晃去直到一點多才上去，現在想起來眞是愚癡啊！但隨著老師慢慢給我們正知見與無相拜佛功夫越來越上手後，弟子從慢慢不想早點來，到催促我同修快一點出發，我要去作義工與拜佛；其中最大之轉折點，在於正倖老師慈悲攝受與定力之增長有極大之關係。末學從一拜兩三分鐘到第一次上禪三前已有十五到二十分鐘；第一次禪三下山後，即使一天拜佛的時間沒有上禪三前久，但定力卻增長了，一拜時間可到達二十五分鐘以上，而且拜的又比較不累，爲什麼呢？因爲一、「心得決定」，二、「性障之消除」故。

因爲弟子在禪淨班時，聽老師說要多作義工培植福德莊嚴，還可以訓練定力；當時覺得很怪，作義工跟定力哪有關係？後來才知道原來如此。舉例來說：助念時心中在作什麼？打妄想嗎？還是淨念相繼？開始都是妄想，到後來因爲助念一坐都兩小時，領眾要更久；慢慢地憶佛功夫就這樣越來越好，念愈來愈輕，行住坐臥也有點功夫了。定力上來了，性障呢？老師說要走入人群，歷緣對境的修，這樣才快；我記得之前還沒開始作義工之時，每天在家中早晚拜佛，都自滿自己定力修得不錯；但是，記得有一次，騎車出去遇到有好多車很快從我身旁呼嘯而過，弟子突然瞋心一起，暗罵了一句後，當油門正要加速追上去時，弟子突然醒悟：眞的！老師說的是，修除性障要歷緣對境，不是在家中打坐就有用的。導師云：「如鏡納垢，需歷緣對境除垢，明鏡才亦顯發光芒，眞心自現。」

所以那時起，弟子開始到處作義工，從香積組打飯到炒菜、助念股往生助念到領眾與彌陀法會、行政組電梯義工到打掃義工等，推廣組之文宣、書市、定點維護、活動照相攝影、海報派送，最近又加上資訊組與推廣之影音設備維護等；眞的每一組義工執事所消除之性障皆有不同，且弟子自覺性障一直很重，所以眞的用心觀察自心性障生起之原因而來思惟對治它。

另外，最重要的是上課知見的建立，也就是慧力之養成；弟子一直很努力在記錄筆記，筆心眞的不知換過多少支了；回到家後，再繼續整理一次，滿滿成就感，世間法讀書都沒這麼認眞。現在回首看過去學習時，眞的是感激 導師的用心良苦與老婆心，原來所有教材都是次第相關，環環相扣的；所以勸請菩薩們，一定要記筆記，因爲所有明心所需了知的知見都在裡面了，如果沒有 導師教導第一義諦，靠我們自己要開悟是不可能的，眞的要心存感激，好好爲正法作事，以報答 佛恩與 導師恩。

最後須準備的一件大事就是正受千佛大戒——上品菩薩戒，因爲弟子工作的關係，應酬飲酒在所難免；因爲當時大陸市場起飛，現在強國人之飲酒文化好像回到臺灣二十年前的時候；生意請在酒桌上談，這樣眞的不行，所以弟子計畫性地開始轉移客戶給其他同事，再積極培養新進員工接手。於菩薩戒前半年提出離職申請，總經理拗我不過，只好答應，協理再要求顧問兩年；雙方拉扯談判後，公司以一年顧問與退休方式派發退休金定案；我的目標完成一大步了，再來就是要圓滿客戶的感覺，將影響減至最小；承蒙 佛菩薩幫忙，公司客戶皆在不滿意但能接受下圓滿。爲報答佛恩，要更努力拜佛，更努力作義工培植福德。正受菩薩戒時，又難免大哭一場，但眞的哭得歡喜，準備之事皆畢，要努力向上之路了。

禪三過程與見道因緣

二○一六年一月一日，終於可以領取禪三報名表了，眞是興奮，下課立馬奔向 正倖老師請了報名表，開心地回家咬著筆立刻上工；當然不免先去理個髮照個相，把新照片貼上，再於佛前稟報，乞求 世尊與諸佛菩薩加持攝受，希望能錄取禪三。與此同時，弟子還是一如往常，早上拜一尊佛，晚上拜多尊佛的鍛鍊功夫。但是有天晚上弟子拜多尊佛時，突然感覺爲何在翻掌時，我閉著眼睛卻可在眼前似有似無地看到身體○○○呢？那時眞的是帶著這個疑問而無法理解，但是也就先放著不管它，好好拜佛，但是同時話頭好像會看了欸！當下禮佛三拜，謝謝佛菩薩加持。

到了禪三前兩週，弟子還是沒收到通知書，心想這次應該是落空了；後來剩十天時，同修說老師要她拿錄取通知書給我；原來，之前塡資料時地址上沒寫號碼，被退件。瑜悅老師一聽到這種情形，要弟子快去參加拜懺，怕有遮障；但弟子就是笨，沒去參加拜懺，就跑去香積組執事。後來嚴重了，因爲之前十二月太忙，腰受傷沒全好，又在大悲懺那天在香積組炒菜時閃了腰，痛到不行，無法拜佛，連坐都痛；心想完蛋，要上山了才受傷，而且又沒好好參究體驗的，心中無限惶恐；但是不知哪裡來的信心，弟子還是抱著無限希望上山，求菩薩保佑能明心破參。

上山之日終於來臨，前一天也眞是沒睡好，因爲實在是太興奮了，早早出發到祖師堂報到。每次去祖師堂，都感覺好像來到另一個世界般，有一股結界在保護著我們同修一樣，所以每次下山時就好像從　諸佛世界回到現實世界一般，眞的是神妙，無法言喻。第一天，起三，拜懺之時，弟子安靜拜懺，本以爲會大哭的，但卻異常冷靜，直到後面唱誦到本師　釋迦牟尼佛時，突然心中一酸，好像想起了什麼事，眼淚不聽使喚地奪眶而出，極爲傷心；所以第一天實在哭得太累又腰痛，腦中一片空白，只好盡力拜佛求佛菩薩加持；第二天，被 導師安排去洗碗，也不知道爲什麼要洗碗；因爲在香積組弟子也常洗碗，卻原來不會洗碗，導師指導了弟子，心中一直掛念著「洗碗」是洗個什麼碗？

小參的時間終於到來，導師問弟子：「**你說說目前狀況怎麼樣？**」我就將之前拜佛所遇到的狀況一五一十報告，導師也眞是度人無數，一看就知道弟子體驗不夠，所以叫弟子去座位慢慢洗碗體會○○○○○，還要去佛前發大願；說也眞是奇怪，現在破參後才知道原來都是佛、菩薩與 導師慈悲在安排的啊！如果沒有 導師在弟子心中種了顆種子，現在不可能有悟的機緣呀！感恩 導師慈悲鍛鍊弟子。

發了大願後，回到座位後還是思惟、洗碗，也眞是妙，約莫一小時後，突然迸出「種子、功能差別」，爾後每次吃飯過堂都一直注意 導師機鋒，似懂非懂，但心中歡喜。第三天，輪到跟 親教師小參，正源老師問我是什麼？弟子就回答前一天之體悟，老師說：「**那你想想導師說過的，冷氣總要插電**

嘛，那電是什麼？五蘊要○○那幾蘊？○○的什麼？○○如來藏嗎？」再回去想，弟子答不出來，嚇了一大跳。

從那時起，陷入一片愁雲慘霧之中，普說時 導師內容精采，但我聽得很有壓力。而且 導師那次禪三重感冒又發燒，所有同修都好生擔心，一直要 導師去休息，弟子心中也很慌亂；第四天再跟親教師小參，正源老師再問我：「○○○？你怎麼○○○的呢？」後面請容許弟子不要敘述了，因為都落入色陰而不自知，只能以「胡說八道」來形容。但正源老師慈悲，說了一句：「不要急，體驗才是最重要的。」當下感動含著眼淚問訊走出小參室。解三，仰望天際，嘆了一口氣，心中想著還要再更努力，導師身體要好起來。

下山後，弟子努力作義工，有時還眞的是從週一到週日都有執事，什麼性質義工統統參加；當然功夫還是照作，只是時間有縮短一點，但是定力卻增強了，導師與親教師所教的，眞的是可以於行住坐臥中檢驗。再加上正鈞老師幫我們再次闡釋四加行、宗通與說通、八識規矩頌、百法明門、五法、三自性三無性、七種性自性、七種第一義、四緣、二無我等等；有鑑於上次禪三之定力與慧力的欠缺，學生更努力思惟老師所教授之知見，還拜讀《悟前與悟後》、《眞實如來藏》、《識蘊眞義》、《燈影》等 導師著作數次，以補足知見上之不足；眞的很奇怪，這樣看起來好像準備充足啊！但是報名表拿第一個，卻在交報名表時心生退意，感覺自己好像沒準備好。還好我同修開了金口說：「**報名是我們當弟子的功課，錄取是導師的決定，破參是佛菩薩跟導師的事，導師如果沒看到報名表，表示我們作弟子的不精進，導師會傷心。**」有道理，懺悔。最後一天，二〇一六年八月三日最後一個交的，謝謝正鈞老師與我同修。

但是，從交報名表後的那天開始，障礙開始出現，晚上睡一覺起來，左手腕好像神經痛，痛到不行，冰敷也沒用，到處敷藥針灸，才在三週後好了，所以只能憶佛看話頭了。過了一週，換右腳大拇指紅腫，又過了兩週才好；心想眞的往世對不起太多人了，障礙還眞不少，眞是要好好發願、迴向、懺悔；等好了之後其實都還隱隱作痛的，九月初直接長了一顆「疔子」在膝蓋，是眞的不給我拜佛的樣子；但弟子就是不信，毛巾墊厚點硬拜；等好了一點，感冒去助念後又完全沒聲音。這應該就是障礙吧？只是跟其他師兄姊比起來，算客氣了！

因爲組長邱師姊與秀蓁師姊慈悲，要我多拜懺（大悲懺與八十八佛洪名寶懺），也教我如何拜懺與安排我拜懺，眞的感恩。後來，說也奇怪，收到錄取通知書後，所有障礙好像都慢慢消失，上山前一週完全康復，準備來衝一下；弟子拿出了鐵碗，模擬洗碗之狀態，一樣是眼睛閉著可以了知○○，當下好像有那麼一絲絲的感覺，但是說不上來。就在上山前的那個週一上午（剛好同修帶學生去畢業旅行，三天不在家，好像都安排好的樣子），弟子剛拜完佛，拿出前一天讀的《金剛經宗通》第一輯（重讀），當翻開後要指出前一天讀的起始時，就這麼「○○」，突然一念相應，這不就是如來藏嗎？眞心與妄心和合運作啊！當下就一直讀、一直讀《金剛經宗通》，我懂了！眞的懂了！但是，還要再多多勘驗，馬上坐不住了，起身去吃中餐感受一下，吃飽後馬上上去植物園走路，眞的奇妙欸！原來這就是如來藏啊！

準備上山了，這次眞的精神調整到最佳狀態了，感謝諸佛菩薩慈悲攝受。第一天，起三前懺悔法會大哭，衛生紙都跟糾察老師拿到不好意思了，索性把衛生紙蓋在臉上痛哭。起三時，導師慈悲，命弟子爲「請師」代表之一，進去小參室請師時，所有人都紅了眼眶，眞是 導師的慈悲心與威德力啊！盡未來際定要好好跟 導師看齊，才能報 佛恩、菩薩恩、導師恩啊！

第一天吃飯過堂與晚上普說時，好奇怪喔！弟子都「看」懂欸！導師就這麼一下：「咦！」一字禪威力無窮啊！第二天，準備跟 導師小參；快輪到我時，障礙又來了：心跳加速、滿臉通紅、手心冒汗、手腳發抖。唉！又怎麼了？進到小參室後，禮拜 無上大法與 導師後，導師問我：「是什麼？」我就回答之前的體驗，導師要我自己說出來，但我實在是太緊張了；導師知道我懂了，但不懂我為什麼一句話反過來不會說；慈悲作了好多○○給弟子看，到後面眞的覺得這個笨小孩實在緊張得不像話，就說給個題目要弟子整理。剛剛走出小參室坐定位，五分鐘（心跳減速後），要回答 導師是什麼，馬上在腦中出現，心中懊惱不已；但提起思惟觀快點參究，時間不等人的。晚上普說更精采，但是因為心中有事，所以有點皮笑肉不笑的狀態；一直參到凌晨十二點多，好像準備得可以了，就寢又睡不著，兩次禪三兩邊床的同修都會打呼；不知道我有沒有打呼，但是不像第一次禪三那麼在意了。心中疑情太濃，覺得好像天籟一樣。

第三天，導師召弟子小參，弟子回答後，恩師慈悲再幫這個憨小孩整理，弟子告訴自己這幕一定要盡未來際留住這個種子，記得 導師的大慈大悲；後面的過程跟親教師小參勘驗眞可說是「身騎白馬過三關」，喔！不！是「過五關斬六將」，有過之而無不及；弟子眞的是到最後一題還留在最後一天早上，當下心中肯定，但還是擔心「**會不會這次又過不了？**」不過，現在想起來即使過不了，可以每次報名禪三跟老師一起共修、「看」導師普說也是一大福報欸！也要感謝弟子授業恩師正鈞老師與監香惠莉老師循循善誘，弟子才能通過勘驗。當惠莉老師說：「**到此，親教師勘驗算通過了。**」弟子當下眞的好想哭與磕頭三拜感謝 導師與親教師啊！

但是，別以爲過了，還有 導師的保命題。導師眞的是老婆啊！眞是爲了保住這幾頭小獅的法身慧命啊！到了最後喝這個無生水與走無生路，眞是不容易啊！也眞的見識到 導師的道種智眞是令弟子們深深拜服啊！

願 生生世世值遇正法、護持正法，跟隨 平實導師摧邪顯正，讓正法久住，法輪常轉，請 導師千萬不要丟下弟子們，我們會努力的。

解三：就在解三謝師法會唱誦佛號聲中與眼淚中圓滿了，感恩 世尊與諸佛菩薩、導師之護念與慈悲攝受，弟子叩首。回到家眞的放鬆了，好好沖洗後就寢，還是睡不著；過了幾個小時後，想起 導師循循善誘的那一幕，眞的在床上哭到發抖；謝謝 導師度化弟子，當弟子哭到無法自已時，看看有沒有吵到同修。唉！還是很好睡，弟子眞的放聲大哭了！感恩 佛菩薩讓愚魯弟子還有機會在此生遇到 平實導師此大善知識，謝謝 世尊。

弟子叩首：

導師大慈大悲大智大慧授予弟子法身慧命，弟子周靖元 發願今生盡形壽以護持正法復興大乘佛教爲依歸，盡未來際生生世世行菩薩道，乃至成佛亦不入涅槃，利樂有情永無止盡。

再次頂禮：

至誠頂禮 本師釋迦牟尼佛

至誠頂禮 大悲觀世音菩薩

至誠頂禮 大智文殊師利菩薩

至誠頂禮 大行普賢菩薩

至誠頂禮 當來下生彌勒尊佛

至誠頂禮 韋陀菩薩摩訶薩

至誠頂禮　克勤圓悟祖師菩薩摩訶薩
至誠頂禮　平實導師菩薩摩訶薩
至誠頂禮　正鈞老師菩薩摩訶薩
至誠頂禮　正倖老師菩薩摩訶薩

菩薩戒子 **周靖元** 叩首拜謝
中華民國一百零五年十月三十日

見道報告

——吳正陵

一心頂禮本師　釋迦牟尼佛
一心頂禮大悲　觀世音菩薩
一心頂禮敬愛的導師　平實菩薩摩訶薩
一心頂禮親教師　孫正德老師
一心頂禮親教師　盧正嫺老師

一、成長的過程及學佛的因緣

我從小學五、六年級就喜歡唸　觀世音菩薩聖號，那是因爲看了一齣連續劇媽祖，當中有一段是　觀世音菩薩端坐蓮花臺上來教孝女林默娘如何修道。看了後心很嚮往，又見林默娘常跪求　觀世音菩薩教她降妖除魔，更是欽佩。所以自此以後常就會在害怕、緊張、焦慮的時候唸　觀世音菩薩聖號，唸著聖號就覺得一切都會平安，也會大事化小、小事化無，有一種無法言喻的安全感，在任何地方見到觀世音菩薩聖像都會合掌禮拜，總是有一種很想親近的想法。

我的母親信奉呂仙祖，迷信不堪，又強迫家人支持她，所以弄得親子關係很糟。母親很兇，孩子有錯就挨棒，年紀小時不敢怒也不敢言，其實恨意很深。當年小小年紀的我，也常想神明不是應該都很慈悲嗎？爲什麼仙公（呂仙祖）您讓我媽媽這樣對待我們？您怎可以縱容您的信徒如此無法無天？爲什麼人家　觀世音菩薩都是那麼慈悲？因此，對呂仙祖無法有恭敬心，有時甚至有恨意，這種想法直到我進入正覺三、四年後才有了轉變。

家中有八個孩子，一家十口食指浩繁，只靠父親一人的薪水，能溫飽就是幸福了。每個學期的開學日對我而言都是一種刻骨銘心折磨，學費往往在開學日的早晨在殷切、焦慮的等待中才出現；我深深體會貧窮帶來的痛苦，所以，國中開始就非常用功，心中堅信唯有考上大學才有機會脫貧，才能扛起家計爲老父分憂。考上大學那年的暑假，在家無事，發現媽媽初一和十五都會去龍山寺拜拜，於是主動跟媽媽說我願意每個月代替她到龍山寺，如此一來也可到外面走走消磨一些時間，而且自己有事沒事就唸　觀世音菩薩聖號，去親近一下也不錯。

去了幾次以後發現初一、十五、初二、十六不論哪個時段去都是人山人海，連要放供品都得搶位置，香火鼎盛要擠到前面去禮拜 觀世音菩薩都不容易。那年我十八歲，心思單純，於是拿著香到 觀世音菩薩聖像前向祂稟白：「**大慈大悲觀世音菩薩，弟子吳賢陵每月初一、十五代替母親前來拜拜，祈求菩薩慈悲保佑我一家平安順遂，無諸災難。弟子見您初一、十五、初二、十六信眾非常多，忙碌異常，弟子心中也有許多話想向菩薩稟告，人多吵雜怕自己語意不清，特向菩薩稟明以後每月初三、十七會準時前來拜拜。**」後來學了佛之後才明白自己眞是傻得可笑。自那以後每月初三、十七依約前往龍山寺拜拜，十幾年未曾中斷，即使婚前、婚後也都帶著另一半前去拜拜。

因爲母親的關係，我對學佛完全沒興趣，不想再被宗教束縛。在我長大的過程中，卻又偏偏常唸 觀世音菩薩聖號，它好比是一道護身符，只要遇到任何的困難，自然而然就默唸了起來，但是眞要說有多麼深厚的信仰也沒有，卻是一種無以名狀的依賴，想不清也說不清。

大學讀的是外文系，要好的同學百分之九十都是基督徒，他們每個人都很善良又很有愛心，總是在我很痛苦的時候陪著我，帶給我溫暖。也經常讚美我用功認眞，個性熱誠，所以聖誕夜就會邀我跟他們一起去教會報佳音；這樣既開心又可以不用回去面對不想面對的，何樂而不爲。家境的關係大學讀夜間部，大一開始不久就打工，同學知道我半工半讀，不曾邀我信基督教，我也不曾表達想去教會；偶爾去玩玩還可以，坦白說對宗教充滿了戒心，寧可此生此世沒有任何的信仰，也絕不要再因爲信仰讓家人痛苦。

我與同修大學即相識，畢業兩年後偶然相遇才開始交往；他也沒甚麼信仰，曾經去過教會，但後來也沒去了。初次到他家發現沒有安神明及祖先，這也是很少見的，有種放心的感覺。交往期間和婚後小孩出生前，他每個月都會陪我去龍山寺拜拜；他後來告訴我，他都求 觀世音菩薩讓他入門。同修的同事介紹他宜蘭有個游藤居士，每週二在八德路專門以唸「阿彌陀佛聖號」共修；他想去，我沒有阻攔，因爲我自己也常唸 觀世音菩薩聖號。

尤其婚後與公婆同處摩擦不少，雖然，他常寬慰，但有時眞的心緒難平，唯有常唸 觀世音菩薩聖號才能撫平心中的瞋恨怨惱；爲了有平靜的心情，所以作家事時就會唸佛；有一陣子常作惡夢，睡前也唸著佛號入眠，同修笑我用佛號當抹布擦拭心中的無明煩惱。我不以為意，能這樣也不錯啊！何況觀世音菩薩從沒來託夢說不行。

同修去共修後，想在家中客廳設佛桌供佛，公婆一向很疼愛先生，對他的請求很少不同意的，於是家裡有了佛堂，供奉 阿彌陀佛。他知道學佛要先三歸依，所以，他開始留意哪個地方有辦三歸依。有一天，他看到宣化上人要在臺灣辦三歸五戒大典，他邀我與他一起報名，當然欣然同意。可惜我因緣不具足，因為要上班，無法親自到場受三歸依。受宣化上人三歸依後要拜佛一萬拜才算完成三歸依，同修有完成一萬拜，但我卻因為種種因素始終無法完成。此後我開始心心念念要三歸依。

同修因為在土城教書，他的同事推薦有空可以帶家人到承天禪寺看看玩玩，那是個不錯的景點。有天同修騎著野狼機車，帶著我和女兒上承天禪寺，這是我此生第一次來到真正的禪寺，心中有一種莫名的感觸，很喜歡這個地方，此後常來此處散心。記得有一次剛好遇上午供，唱〈爐香讚〉，才開唱前幾個字，便淚流不止，這種情形持續很長一段時間才不再發生。懷第二胎時突然很想去承天禪寺找師父歸依，於是跟同修商量，找個下午我們一起休假，上山找傳悔師父歸依，終於完成三歸依成爲佛弟子。

歸依之後，一如往常過日子沒甚麼特別的地方。承天禪寺每週日有唸佛共修，每月第三個星期日有大悲懺法會，同修很喜歡，我很鼓勵他去；我則留在家照顧小孩，如果可以，我也會一同去共修。不過每月第三個週日大悲懺法會，有機會就一定參加，因爲可以消災祈福。午齋完後下午一點，住持法師會爲受菩薩戒的戒子們講戒；此時，我們兩個才知道除了五戒還有菩薩戒，但完全不知內容爲何？每次看到那麼多人穿海青搭縵衣要去聽師父說戒，心裡很羨慕，因此，也起了要去受菩薩戒的心。

我和同修經常留意哪個道場有舉辦菩薩戒傳戒？發現只有中台山每年都會舉辦一次，但要住在道場裡七天，這對我們上班族而言是不可能的任務；何況當時小孩小，無處可托，只能等待日後機緣。我和同修也因此暫時依止中台山永和分社修學佛法。分社剛成立，師父很年輕又很熱誠，對信眾也很和悅，大家都很護持師父；在禪淨初級班上課，這才學了一些佛法名相和所謂的數息觀。我和同修也開始吃素，幸好公婆沒有阻攔，算是幸運了。師父也鼓勵大家去參加禪七，師父說參禪不在腿，雙盤、單盤、散盤也可以，如果眞的撐不住，放下也無妨。

坦白說我對「禪」一點也不感興趣，不能有妄想，簡直不可能；一盤坐，所有不該出現的妄念全都跑出來了，沒了妄想卻又開始昏沉。師父總是說要用數息觀對治，但卻講得很粗略，沒有重點卻又要你照作，還叮嚀你回家多禪坐。還記得師父常說：「**狂心頓歇，歇即菩提。**」我是打從心裡不信，心想還不如專心地心念心聽我的 觀世音菩薩聖號，還比較不會有散亂心。曾經參加過一次禪七，七天裡都是一心一意心念心聽 觀世音菩薩聖號。師父怎麼說，我從不反駁，倒是同修一心想學禪，所以比我有進展。可惜永和分社不到幾年就關閉。

二、進入正覺的因緣及修學過程

二〇〇四年我成爲正式的國中老師，在桃園任教，爲了希望早日調回到新北市家附近任職，所以任何可以增加積分的工作都儘量接；連星期日都要上半天班，同修只好每個假日都得照顧兒子。我兒生來就有自閉症，並且智能不足，照顧他很辛苦，同修可說是吃盡了苦頭。同修仍然喜歡唸佛法門，並且也喜歡打坐，於是每週日帶著兒子上承天禪寺共修。所幸兒子也很喜歡，寒暑假我們就三個人一起上山共修。公婆去世後，我因工作忙，同修很體諒，要我不用煮飯，巷子口有家素食小館，有飯有麵很方便，經常晚餐及第二天的便當都一起搞定。有天同修看見有本《無相念佛》在餐桌最外側，於是拿回家閱讀；他發現有開禪淨班教禪，四月下旬有開新班，他想去，當然無條件同意。開課那天他要出門上課，我心血來潮，要他順便幫我報名星期四的班；我們兩人必須錯開上課時間，有一人必須留在家裡照顧兒子。我們正式進入同修會禪淨班，上了課，終於知道何謂學佛？何謂佛法？

第一次上課，親教師教我們無相憶佛的功夫，以憶念的方式來念佛，不能出現語言文字及佛菩薩的形象，以及如何拜佛；盧老師教大家帶著憶佛念一起拜佛，當時覺得眞的很棒；但對憶佛的方式很難接受，因爲這完全顚覆我對唸佛的認識。但懷疑是自己上課沒聽仔細，可是第二週老師還是教一樣的，下課回家後就將家中有關學佛的書拿出來翻找一番，希望能找到證據證明這是個有效的方法，可惜一無所獲。但我記得親教師說這樣憶佛的方式比較輕鬆，於是就想學學看，萬一學不會再放棄也不遲。於是就用心學，常常在課後排完坐墊，看到盧老師還在小參室，就會進去小參，再三確認自己憶佛拜佛的方式是否無誤。

學看話頭時，學參究時，也是如此。老師時時為我們的法身慧命，總是施設很多善巧方便，每次上課總是很老婆提醒我們隨時帶著憶佛念；也叮嚀我們回家要每天拜佛，不要虛度了兩年半。每次上課我都有作筆記，對很多名相都是第一次聽到，雖然老師都有講解，但我都似懂非懂，心裡有點擔心如果沒弄清楚，會影響後面的學習，後來才知道根本無須擔心。

我在禪淨班學會憶佛後，就利用瑣碎的時間憶佛，希望自己有一天能憶佛成片，甚至希望自己能作到像〈大悲懺吉祥疏文〉上寫的憶佛、念佛一如呼吸無有間斷。雖然我目前還未達到目標，只要我有決心總會有達成的一天。平日裡拜佛時間很有限，早上六點多出門上班，晚上要陪伴小孩並且操持家務，每週六要回娘家照顧九十多歲的老父，週日則加入推廣組發文宣的義工。所以，任何瑣碎的時間都提醒自己帶著憶佛念。我比別人幸運的是有寒暑假，從放假起就卯起來拜佛，從二個小時到六個小時不等。後來親教師又教了看話頭，禪淨班快要結束前幾週老師又教了參究。所以後來除了拜佛，當然也要看話頭、參究。

閱讀 導師的著作也是功課之一，最常讀的兩本書是《無相念佛》和《禪—悟前與悟後》上冊，除了可以確認自己功夫上方法正確外，也增長知見。深切盼望自己早日準備好明心該有的福德、慧力以及定力，有朝一日能夠破參。禪淨班結束進入進階班，孫老師上課有系統而且深細，她總是叮嚀我們要回家思惟上課的所學，在日常生活中進行觀行，仍然提醒我們動中定功夫重要，也常常強調要成就未到地定的功夫。

在進階班這幾年裡每天除了在功夫上努力外，很喜歡閱讀 導師的著作，讀起來有著像未學佛前讀小說的感覺，讀完之後心情就好比脹滿風的帆船航行在海上一般，暢快舒爽極了。讀了 導師的書之後，從此再也無法看小說了，每當拿起昔日珍藏的小說就會有糟粕的感覺；以前每隔一年就會再看一次《紅樓夢》，但現在眞的看不下去，反而是想多讀幾次《金剛經宗通》。

讀《楞嚴經講記》、《實相經宗通》、《金剛經宗通》、《楞伽經詳解》、《維摩詰經講記》等著作時，心中非常感動和感謝 世尊在每一部經中都是非常詳盡解說法義，怕弟子有不解、疑慮的地方，敷演到甚至已經到了嘮叨的地步。人天至尊這樣顧念當時座下弟子眾，也為了讓後世的佛弟子可以有機會閱讀到如此甚深的妙法，眞是該感激涕零。導師除了慈悲又更老婆，先翻譯經文再詳解，有譬喻、還有舉例，以世俗人的角度來看，這如果沒有大悲心想救護眾生，怕眾生誤人誤己，要有這樣耐心注釋經典是很難的。

《金剛經宗通》每一段經文解說之後都有附說一個公案，借古時禪師與學人的對話來利益後代學人，導師堪稱是古今第一人。導師的身教、言教也讓我在教職上引以為榜樣。每次讀完一本總是生起崇敬和感動的情緒。

三、明心的過程

進入正覺第三年第一次上禪三，收到錄取通知，心情激動淚流不止，馬上到佛前頂禮佛菩薩，至誠叩謝佛菩薩慈悲給弟子機會，既興奮又緊張。將近一星期的時間，摒除外務努力參究，希望能突破。要上祖師堂那天，緊張到無法自己開車，只好請同修送我去，回想當年考教師甄試時也沒緊張到如此地步。進入大殿似乎有著滿肚子的話要告訴佛菩薩，卻又不知從何說起。起三時　導師開示殺我見，雖然平時就知道要斷我見，但此時　導師的講解卻有畫龍點睛之效，也有講到平常沒講的部分。導師對我們這些禪子呵護備至，爲了讓我們不要受冤親債主的干擾，還舉辦小蒙山施食。

從第一天的藥食開始，每天的三餐 導師總是很快吃完然後就開示，還要演示很多的機鋒；早餐吃饅頭要用手撕，吃花生、吃水果要用五爪金龍向盤中取；明知吃的是蘋果，卻又問你是什麼？答蘋果又要被放三十棒，餐餐美味卻又食不知味，總想著是什麼道理？眞是悶啊！這麼多的動作還不是期盼我們藉著他的搬演可以一念相應，但對於我這個第一次的人而言就只能看熱鬧了。

第二天開始跟主三和尚小參，導師說第一次上山是來見習的，要我未來的三天從拜佛中好好找一找那個非心心。說也奇怪，心居然安定下來，接下來三天的時間，心無旁騖努力參究。第三天輪到洗碗，導師親臨指導，告訴我藉由洗碗參究，心中起了一種想法，知道這一定有甚麼，接下來也會在大殿裡用模擬洗碗方式參究。

每個晚上的普說都是精彩絕倫，雖然，我摸不著頭緒，對公案總有一種莫名的喜愛，所以，每天晚上的普說，心情總是愉快。每天早上經行時，導師也會看著大家，第三天經行　導師還問我會不會？以搖頭代替回答。看著很多同修都去小參，但實在不知要參什麼，都沒去登記；最後監香老師把我叫進去小參，問我可有眉目；我據實以答，當時有點羞愧，監香老師要我洗碗給他看，他要我動作稍大一點；並且要我去佛前發大願，並鼓勵我繼續加油。

禪三歸來，我確定努力的方向沒有錯，而且只要發願時就一定將在禪三道場上發的願再發一次，希望此生有機會可以破參。常常回想起禪三四天三夜　導師為禪子們勞心勞力，為傳承正法，老婆心切，心裡除了感恩，更堅定自己要報答佛菩薩及　導師的大恩。

有一天到新北投圖書館擔任義工，照看正覺的書不被有心人士塗鴉，我從書架上取了《我的菩提路》閱讀，當中有一句「**現前立少物，謂是唯識性。**」想著眞有道理，眞心和妄心從來就是在一起，可是我從來都沒有正視眞心的存在。雖然，對如來藏的性、相、體、用，親教師上課都有講，道理也懂，但總是像隔層紗一樣不透徹，少有體會。

禪三歸來，心境上有了轉變，對於知見會比以往更深入思惟體會。記住了「現前立少物，謂是唯識性」。後常常反觀自己在起心動念時，如來藏又在作甚麼呢？這對自己修除性障起了很大作用，也比較能注意自己起瞋恨怨惱，所以也經常佛前懺悔。

半年後的禪三佛菩薩和 導師慈悲，竟然再次被錄取，於是努力參究，希望此次不會辜負 導師一片苦心。這次在第二天晚上的普說時，心中突然起了一念：莫非就是 導師剛剛口說的黑漆桶？我沒有信心，心想也許是自己弄錯了吧！見到 導師時時刻刻都爲我們辛苦著，此番有幸上山應該好好拼一下。於是下定決心，凌晨三點起床，盥洗完上大殿懺悔、發願，告訴菩薩：我有菩薩種性，也願意成爲護法、弘法的種草，盡未來際紹隆佛祖志業、紹隆正覺志業絕不會退轉。求佛菩薩慈悲加被讓我順利破參。第二次的禪三又是辜負佛恩、導師恩、護三菩薩的辛苦，下山前在佛前謝謝佛菩薩也很慚愧向佛菩薩道歉，爲報佛恩我會更努力。

第三次上禪三與前一次相隔兩年半，這兩年半中經歷了最痛苦的兩件事，一是父親以百歲嵩壽往生，雖無遺憾，但身爲子女終究難捨。另一件是我在父親捨壽前兩個月，毫無預警得了第四期的口腔癌（罕見的唾液腺癌）。

對於自己的病症，心情上沒有重大的波瀾，只想解決問題，要作的事實在很多，不能軟弱，必須渡過難關。心裡有一個堅定的聲音迴盪著：還沒有明心怎能走人？從確診病情到開刀再加上電療、化療，將近半年的痛苦醫療期；這期間含悲忍淚操辦了父親的喪事，為了盡最後一點的孝道，很不容易爭取到家人的同意，為父親舉辦了一場正覺的彌陀法會。

這場身心的煎熬都是靠著憶佛和時時至誠懇求佛菩薩慈悲加被，才能挺過艱險。向學校請了一年病假，也向講堂請了三個月的假，調理自己虛弱的身體以及調整自己生活步調。身體虛弱時就憶佛，情況好轉時就拜佛、看話頭、參究、看書，我不想放逸，殷切期盼再上禪三。

是佛菩薩慈悲加被，身體恢復得很好，體力也恢復到未開刀前的狀況時，收到第三次上禪三錄取通知，真是高興。再次面對著本師 釋迦牟尼佛、大悲觀世音菩薩以及 彌勒菩薩，淚流不止，許久才能在佛前懺悔、發願。我向 世尊、大悲觀世音菩薩以及 彌勒菩薩稟白：「**弟子求明心，絕非為名為利，為發起般若智慧而更有能力荷擔如來家業、為了跟善知識一起復興佛教、讓正法久住、利樂無量眾生。**」此次面對主三和尚時，竟可以勇敢表達，不似前兩次很緊張無法開口。主三和尚問我：「找到沒？」我回答：「還沒！可是祂眞的在，我罵學生的時候祂就那麼清楚在啊！」和尚又說：「在哪裡？你給我看看啊！」我就用雙手呈上，接下來導師就表演罵學生的樣子，然後又講解道理，就在當下的瞬間，居然心領神會，不再有模糊、遲疑。導師給了我題目要我去整理。

出了小參室，有種踩在雲端的感覺，到佛前又是一把眼淚一把鼻涕，謝謝佛菩薩慈悲加被，讓我有所突破。從此刻起每個動作，每一步都有了不同體會；上架房時上下樓梯，看著腳邁出的每一步，居然如此有意思，終於瞭解導師爲什麼一直要我們注意腳下。早午齋、藥食，導師的一言一行都不再是鴨子聽雷，有時很想笑卻得憋著，飯菜和水果都變得般若味重重。要躺上臥鋪時想起導師常說的：「夜夜抱佛眠，朝朝還共起。」眞是太貼切了。

第三天開始跟監香老師小參，監香老師既老婆又慈悲，要求我一邊演練一邊回答色陰、行陰、以及如來藏各司的職掌；來回好幾趟再三確認才讓我離開，還要我體驗清楚。回答其他問題時總是很簡略，明明是申論題，可是我的答案卻是簡答題的樣式，依照我對學生的要求這樣是無法過關的，可是兩位監香老師都是非常有耐心而且和顏悅色引導我，讓我思考周到些，回答得詳盡些。

這個梯次錄取的人比較多，我回答最後一道題時已接近解三時刻了，監香老師說來不及了，下次再上來。自找到如來藏的那一刻起，不由自主手舞足蹈，有如翱翔天際的老鷹一樣抒懷，再來一次又何妨，能跟善知識共住，千載難逢；正覺的禪三舉世無雙，不是有菩薩種性的弟子還上不來呢。

禪三歸來後，向親教師小參，孫老師要我以如來藏的角度看五蘊十八界，也要練習轉依，沒有轉依成功就等於沒有悟。因此，對自己的身口意會格外注意。以前常誦念《地藏菩薩本願經》時，經中有云：「起心動念，無非是罪，無非是業。」當時只知道要很注意自己的身、口、意行，找到眞心後，明白道理眞實性；雖然，未悟前也知道現行熏種子，種子生現行，但都是放逸心，沒有能力改變現況；此時定力就變得比以往更有功德受用，找到眞心也比較有能力對治貪瞋癡；常常看看如來藏的清淨性，及祂的如如不動、不對六塵起心動念。此後，就常會刻意注意實相心，學著轉依，有時自己害怕有不善念起，更是經常憶佛、看話頭，不想讓染污的種子現行又落回如來藏中。

半年後第四次上禪三，出乎意料遮障很重，從回答 主三和尚問題就有種被卡住的感覺；明明就是找到了如來藏，比對 導師的公案講解及開示也都無誤也無疑，爲何面對 導師和監香老師就回答得零零落落，不完整又沒自信，一副就像悟得不眞的樣子；這樣當然無法通過勘驗，眞的不是找到如來藏就可以得到 導師的金剛寶印。解三回家前，到佛前再至誠懺悔以及發願求本師 釋迦牟尼佛、大悲 觀世音菩薩以及 彌勒菩薩慈悲加被，給弟子機會，下次再讓我上禪三，並且幫助弟子通過勘驗。

回家後幾乎日日懺悔、發願，求佛菩薩慈悲加被，慈悲幫忙助我順利過關。憶佛、拜佛、看話頭等功夫一如以往不敢有所懈怠，甚至更積極，看書時作深入整理，前後輝映，讓道理能前後連貫，這樣一來才有系統，思惟時才能面面俱到。

半年後再次得到佛菩薩及 導師慈悲加被，第五度上禪三，收到錄取通知很感動、很感動，至誠頂禮謝謝 世尊和諸佛菩薩以及 導師疼愛這個笨弟子。起三前拜願懺悔，至誠發露懺悔，並向冤親債主道歉，祈求他們暫時原諒、暫時放過我，我定會將所有功德都迴向給他們；過去如此、現在如此、未來也不會有改變。

起三法會 主三和尚依舊要先殺我見，雖是第五次，但仍然如此受用。晚上的普說，聽著心裡明白，臉上泛著笑意。第二天與 主三和尚小參，導師單刀直入問我甚麼是如來藏，直接雙手呈給和尚；他又要我用○○○表達，很有自信回答是○○○。另一題是意識心爲何○○○○○○？至少要五個理由，我一一答出無誤，也得到 導師的肯定。導師很慈悲也爲我曾回答的問題複習整理。這好比學生每次要段考，我都會爲他們親自整理一張講義，提醒他們平時易錯之處，並且再三叮嚀好好詳讀，導師也囑咐監香老師要對我再作複習考。步出小參室，不知爲何又是淚流滿面，到佛前叩謝世尊及諸佛菩薩的慈悲加被，並再懇求幫助我之後也能答題順利。

第三天開始與監香老師小參，除了複習外也回答如來藏爲何是○○○及祂在十八界○○○○○。爲何是○○○？因爲出生了五根身再加上意根，所以○○；也是爲了要○○○，這就好比○○○○○○自己養的道理一樣。至於十八界○○○○○，雖然知道最先是六根、其次是六塵、最後才是六識，此刻也可以將細節回答得完整些而不籠統了。監香老師要我好好整理回答最後一題如來藏爲何○○○○，而且還幫我計算要去登記小參的時間，還叮嚀我別忘了，我何德何能蒙監香老師如此地厚愛？

第四天的早上經行完畢，立刻被叫進小參室，監香老師要我不要緊張、慢慢說，並且也提示了一些細節，讓我的答題更完整些，終於順利完整答題。答完題後，老師說恭喜我順利過關了。激動到幾乎無法相信、無法言語，謝謝老師並且至誠頂禮一拜。直奔佛前淚流滿面地叩謝，並稟告本師 釋迦牟尼佛、大悲觀世音菩薩、彌勒菩薩、韋陀菩薩以及聖克勤圜悟菩薩摩訶薩，弟子已順利通過勘驗，並且再次重申決不會忘記自己在佛前所發的願，並且告訴佛菩薩我一定不會讓祂們失望的。

接下來是回到 主三和尚處，作最後的勘驗。導師很溫和對我說：這一次他一點都不擔心我。受到這樣的肯定是我此生第一次，從小到大，一切都很平凡的我，很少得到別人肯定；這樣的一句話，霎時令我溫暖無比。導師給了二個題目，讓我和另一位師兄回位置以書寫的方式回答，爾後再面試，其實是送分題，防未來退轉。下午和幾位同修一起喝水體驗，此時要體驗眞心如何運作？妄心如何運作？此二心又是如何地搭配運作？雖然第三次上禪三就找到如來藏，這一年來，也是時時觀察這個眞心，但都是很粗淺；待導師親自指導才知道如何細細體察，難怪 導師常說佛法甚深極甚深。

導師帶著我們比較眞心和妄心，他那種細膩又有連貫性的引導，讓我們可以非常深入的體察，眞是萬分佩服。經過的這一關既眞實又細膩的體驗，面對這個生命的實相再也無法有一點疑惑，也無法否定。導師又施設方便讓我們閉上眼睛在廣場上走路，證明妄心也是很重要的，如果沒有妄心的配合，眞心也無法正常運作的，末那能處處作主卻得依賴前六識。沒有善知識的教導，我們是無法想像和了知的，也爲我們往後直指出一條修行的道路，轉依眞如而且要汰除七轉識染污的習性種子，此後更需以清淨現行來熏轉習氣種子。

禪三轉眼結束，這四天三夜是我此生最不可思議的日子。孔子云：「**朝聞道，夕死可矣。**」此生如此幸運有機緣聞如來藏道，並且證了此道，今後還有善知識帶領著可以往悟後起修之道邁進，盡未來際成就佛菩提道亦有道可遵循，豈不比孔子更幸運？再次發願從今至盡未來際都要跟隨 導師修學、依止並且護持善知識復興佛教、讓正法久住、摧邪顯正、利樂眾生絕不退轉。

弟子以至誠心將明心的功德迴向：

導師色身康泰，長命百歲，帶領正覺海會菩薩眾復興佛教、讓正法久住、摧邪顯正、利樂無量眾生無礙。

所有同修都能在　導師的座下明心、見性，並且不遺餘力護持正法。

累劫父母、師長、親眷以及怨親債主都能離苦得樂往生善處，歸依三寶，修學正法，早證菩提。

南無本師　釋迦牟尼佛

南無本師　釋迦牟尼佛

南無本師　釋迦牟尼佛

弟子　**吳正陵**（賢陵）頂禮

西元 2016 年 10 月 31 日

見道報告

——高沁余

我出生於高雄一個小康家庭，父親是國小老師，母親是家庭主婦。在父母呵護下慢慢地長大，是一個乖巧的孩子。直到上了高中對生命起疑，開始想探尋生命的意義何在，多愁善感地活在自己幻想的天地中。去讀老莊的書，也騎腳踏車到宮廟請善書、佛經回來讀，看完後再放回去，讓別人請閱。讀到《地獄遊記》，深感人不能作壞事會下地獄受苦果。《金剛經》則深奧難懂。此階段遇到困難則會祈求與歸命「觀世音菩薩」保佑。

上大學第一次離家到臺北，一入校園，大路兩側各式各樣的社團在跟妳招手，逛了一逛自然地加入佛學社，當時心中覺得應該要有一個宗教信仰了。進入佛學社像一張白紙，跟著上課讀〈佛學概要十四講表〉，我們是跟臺中佛教蓮社修學淨土法門。從此大學生活除了課業外，幾乎都在佛學社渡過。大二成爲消文學長，大三成爲社長及主講學長，大四成爲護持學長。

聽過《八大人覺經》、《唯識學概要》、《百法明門論》等等。寒暑假則參加明倫講座及齋戒學會等活動。平日住在學社的女眾佛堂，過著團體規律清淨的生活，有學姊帶領作早晚課，跟著學習敲法器領眾。在學社裡將釋印順的書視為禁書，規定不可看；對密宗也採隔離、不可接觸。感謝在學社裡師長們循序漸進的帶領保護下，讓我們建立佛法知見，沒被邪誤導。

在認眞學佛的過程中，覺得心中仍然煩惱不斷，且對自己是否能念佛往生西方完全沒有把握，因為無法一心不亂地念佛。這時候佛法對我來說是知識，還無法轉化成經驗，這事讓我很苦惱。上了研究所，一位學長跟我分享現代禪李元松老師的演講錄音帶，聽了後豁然開朗，原來對於佛法內容，知道卻作不到的關鍵，是在於定力不足，無法實踐已知的眞理。此時心中歡喜，遂報名到現代禪上課。李老師教我們要「傾宇宙之力活在眼前一瞬」，訓練動中定。要理性、民主、平權，要經驗主義，要重視人情義理，「在不違背法律傷害他人的前提下；原有的情慾要疏導不要壓抑」等等主張，都剛好切中當時佛教界的問題。讓我對學佛又燃起一絲曙光，認眞鍛鍊動中定，過程中清楚明白，果眞煩惱減輕許多，突破當時的修學困境。

研一下學期，父親突然罹患肝癌末期，我南來北往的奔波，儘量希望能隨侍在側，陪伴父親，結果短短二個月父親竟驟然往生。面對此變故，讓我心情陷入谷底，忍住悲傷不敢流淚，只能一直念佛迴向父親能夠往生西方極樂世界。之後每週仍持續地參加現代禪共修，希望能早日破參明心，找到本地風光，了生脫死。

研二時一位學妹，介紹我們到深坑見她的密宗師父。這位師父很年輕，才大我四歲，屬於寧瑪派，座下一群大學生弟子。一進入精舍，左邊師父坐位後方，掛了一大幅動物模樣的畫像，後來才知道是密宗的護法神。正中間神壇供奉許多佛像，當時也不清楚是雙身法像。假日偶爾就上山去參加法會，主要是信眾爲求財或健康請師父修火供，修一座法要好幾萬元等等。弟子們就分工張羅法會種種事宜，中午用餐時師父缽中總會刻意留下一些飯菜，密宗是吃葷食，老弟子教我們這些菜鳥弟子說：「**師父吃過的有加持力，大家一起分食得加持喔！**」

師父上課時教大家怎麼持咒、觀想、打手印，我總是有學沒有懂，太複雜了！對密宗的教義也只是聽聽而已，不以爲然，因爲已有基本佛法知見，總覺得那些都是在求世俗有爲法。所以我算是弟子中很混的那一個，有一搭沒一搭的。事後想想爲什麼跟密宗若即若離而沒有離去，原因是對父親過世仍放不下，而師父總明示或暗示他有神通，可以辦超渡法會超渡亡者。

研究所順利畢業後留在學校擔任助教，一天下午，家裡打電話來說：弟弟出車禍往生了。猶如晴天霹靂，趕緊搭車回家奔喪。想到禍不單行，二年內痛失二位親人。之後一段時間很怕聽到電話鈴聲響。弟弟是一位可憐的孩子，國中時偷別人腳踏車被抓，父親遂送他讀軍校，一日晚上騎摩托車回軍營時，路上剛好一攤沙子，導致前輪打滑，撞到路邊水泥護欄，腦部凹陷腦漿迸出，死狀很慘，清晨時才被人發現。我每天要到殯儀館進入冷凍庫，面對整面牆一格格的冷凍櫃，找到弟弟的名字，打開冰櫃門，看到弟弟的雙腳底，爲弟弟點香拜飯，開示佛法。承受壓力與恐懼，此時的我只能一心念佛歸依佛了。

現代禪所教的法在面臨生死關頭時竟派不上用場、無有依止，我遂轉而請密宗師父修法超渡父親與弟弟，給自己一點點慰藉。往後幾年中在茫茫人海裡，心中似乎有意無意地在尋找弟弟的身影。之後我開始振作要好好修法持咒，上師給每位弟子一張 A4 大小的師父法像，要大家觀想上師在自己的頭頂上。我在房內布置一小神壇，早晚持咒，要念十萬遍。那段期間，晚上關燈後總有一股陰森的恐怖感油然而生，我必須要開一盞小燈才敢睡覺。一直到因故搬家，沒再修法時才回復常態。後來才瞭解可能是持咒感應到密宗護法神夜叉、羅刹前來干擾。覺得與密宗的修法不相應，之後就沒再去了。

一直都固定參加現代禪每週共修已經好幾年了，雖然在修行上沒有進展，但也算安心，而且有一群志同道合有情有義的同修們，大家的情誼深厚。現代禪弘法幾年後，李老師突然宣佈不再對外招生，教團進入潛修期。我們在原本的共修處跟隨指導老師，每週轉述李老師在平常生活中爲弟子們開示的內容。李老師在修行上是拼命三郎，修的非常非常地清淨，讓人景仰又覺得高遠。李老師挑選了一批弟子入住象山社區，就近指導照顧。

他指導弟子是全面性的，包括弟子們家中大小事；要揹負這麼多弟子的業障，常常體力透支。我們這一群在天母共修的弟子，都期待著有一天也能被選上住到象山社區，可以親近李老師，成爲老師的入室弟子，直接聽老師說法而不是只能聽轉述。但是入住的標準是什麼呢？也沒個準則啊！只是共修老師一直鼓勵我們「**戲棚下站久就是你的**」，安慰我們這群末班車還沒被欽點的弟子們。如此日復一日、年復一年，在現代禪待了十四年。等到的結局卻是李老師心肺衰竭往生！痛失恩師後，學佛之路又茫茫然了。

弟子與另一半皆是現代禪同修，夫婿是藝術工作者，婚後我們定居三峽白雞山莊，遠離塵囂，安靜度日。心中掛念著日後是否就近找個念佛會，好好地念佛就好呢？一日，昔日佛學社學妹惠卿與明得夫婦來看我們，很興奮地跟我們說：「學姊！我破參明心了。」我們分享了她的喜悅，也增添幾分好奇。她留下好幾本　導師的書給我們，於是開始看書，愈看愈興奮，不禁讚歎：「怎麼有人可以將法義講得這麼清楚！」心中又燃起學佛的動力希望，於二〇〇四年十一月我們開始參加禪淨班上課，是正瑛老師的學生。

完全歸零重新開始，老師從六度波羅蜜開始教導，同時也教我們拜佛訓練動中定。慢慢地進入狀況，也開始聽　導師週二講經，當時正在講述《維摩詰經》。這是前所未有的經驗，慢慢地懂得　佛陀的教理。不像以前跟人談論佛法，總覺得心虛虛地，因爲佛法對我來說是知識而不是經驗。跟著講堂的腳步走，愈學愈篤定，也愈快樂。導師是一位仁慈親切沒架子的長者，來正覺學法，每個人都一樣平等、沒特權，這點讓人很放心。大家都要從禪淨班開始學起，二年半畢業後到進階班，破參明心後轉到增上班。規矩很清楚，各自要努力修學，具足定、慧、福德資糧等，才可能明心。

以前每進入一個團體學佛，過個幾年就會遇到瓶頸卡住沒辦法突破；但是來到正覺，法學不完，愈學愈覺得深妙，只有自己跟不上，完全沒有瓶頸。在正覺，以法為師，不攀緣，作任何事都要在法上用功。每個人都很認眞地修學，每週上課、聽經聞法、拜佛、憶佛、作義工等。

禪淨班畢業後，進入游正光老師進階班上課。一開始還跟不上呢！老師教我們作法義辨正，列舉一段大師的語錄，找出對方的破綻落處。哇！愈來愈清楚，原來有許多歷代大師悟錯了，都落入意識心的各種變相中，例如：一念不生、離念靈知、清清楚楚明明白白、前念已滅後念未起的斷際靈知……等。更加深奠基我們正確的知見。

在正覺每半年都有舉辦禪三，到進階班後我每次幾乎都有報名。第五年總算被錄取上山。這是一次震撼教育，導師變身為禪師，使用各種機鋒，扮盡神頭鬼臉要幫我們悟入。我完全看不懂，沒有消息，參得很苦。一次次地登記小參，請監香老師指點迷津。老師教我在拜佛中找，結果無效。換個方式在洗碗中找，也沒用。

直到最後一天　導師教我一邊洗碗一邊打妄想，心中納悶著出了小參室，帶著疑情照作；邊洗碗、腦袋瓜轉呀轉的，忽然一念相應，原來這就是。身心踴躍，趕快再登記小參，輪到時已經是最後一天的下午，監香老師問：「○○是什麼？○○是什麼？○○在哪裡？」我嗯嗯啊啊不會講，比手說這個就是啊！老師笑笑說：「下回再來，回去後將眞心、妄心分清楚。」下山後心情沉重，整個人成熟許多。此時才眞正了知這是無上眞實大法，是可修可證的，豈可以小根小器而得之。必須要發菩提心具足菩薩種性，發願要修學護持正法，破邪顯正，荷擔如來家業，並且努力培植福德除性障，加上定、慧的功夫才可能順利破參明心的。

半年後很幸運地又被錄取禪三，但是眞心、妄心依舊分不清楚，在與監香老師小參時，老師用手○○○○○○，此時又一念相應貫通了，知道什麼是眞心，分清楚了。之後開始回答監香老師的問題，一次次地小參思惟整理，順利回答出所有問題，這都要感謝親教師游老師平日的教導，爲我們打下的基礎。等到可以面見　導師時已經又到最後一天下午了。導師慈悲地再為我開示整理，最後問了一個問題，要我回家後好好思惟，說：「下次再破參品質會更好。」我清楚知道其實自己還沒準備好，還無法完全承擔，就算悟了可能智慧也無法生起，轉依不成功。感謝 導師要我再深入地去體會琢磨。

反省自己的生活，先生是藝術工作者，我後來也將工作辭掉離開職場，家裡經濟狀況很不穩定，這對學佛來說是有障礙的，經常要面臨下個月生活費沒著落的窘困，煩惱無法解除。婚後離職，夫妻倆住在三峽山上，我發揮所學自己釀造手工醋，朋友們都說釀得很好。但不會行銷，日子又過不下去，好友建議我們到農學市集擺攤賣醋。這對我來說是實踐佛法的另一個轉捩點。回顧前半生靠著不算笨的頭腦，一路考上來也還算平順，但是生活歷練不足。直到嫁給藝術家才讓我平凡的生命起了不少波折漣漪。感謝我的同修伴侶對我的種種指導叮嚀與訓練，是我的良師益友。

出去擺攤後，要面對種種形形色色的客人，要注意表情顏面肌肉是否有在微笑，要身段柔軟言語和善，一直不斷重複地為人解說，給人試喝，不可厭煩不悅。注意自己的身口意行，看著煩惱的起落，業績好時高興，不好時低落等等。歷經身體的疲累體力透支，全年無休，還要不斷地鼓勵安慰自己。這時怎麼轉依呢？雖然知道作牛作馬的不是我（是如來藏），但是我（意識心）真的覺得很累啊！

在辛苦的謀生賺取道糧時，每週的聽經、上課、作義工、都沒間斷。特別是每次聽經、上課、參加法會，一定都會繳交護持款；雖然只有幾百元，但要及時趕緊儲存未來的道糧，希望未來世修法可以順利些。經過數年的累積努力，今年我們總算可以搬回先生位於頭份的老家，成立工作室，生活安頓後作息規律，鄉下空間大，貼近大自然，心情被療癒許多。也於二〇一六年農曆年後轉班到新竹講堂週三進階班，林育才老師班上。老師很溫柔和善、循循善誘，說法清楚，鼓勵我們要報名禪三。雖然依舊覺得還是不足，然而鼓起勇氣報名後，開始看書拜佛。定力慢慢回復，讀《楞伽經詳解》第一、第二輯，內容竟然也慢慢讀得比較懂了。

沒想到在距離上次上山七年後，被錄取二〇一六年十月第二梯次禪三。收到錄取通知單後，經常感情脆弱地流眼淚，感謝　佛菩薩，終於可以再次上山了。抱著戒慎恐懼的心情，面見　導師的提問，沒回答得很好；第一次與監香老師小參也不順，心情開始沉重起來。還好之後慢慢整理，以前問過的題目，監香老師再一題題問過，也教我思惟整理。直到最後一天上午十點，最後一題還沒回答到；出了小參室，心想完了、來不及了。再過二個小時才能再登記小參，過關無望了。回到座位腦袋一片空白。沒想到不久糾察老師在我耳邊彈指，叫我去排隊小參；頓時淚如泉湧，止洩不住，感謝　導師的慈悲。

之後順利地回答出監香老師最後一個問題，搭上最後一個位子。導師爲了加深我們的體驗，又施設了幾個問題，一層層地搥腦，開啓了弟子的心眼，更深入地體會眞心與妄心是如何地和合運作，生起了感恩之心。感謝如來藏把我照顧得這麼好，感謝妄心的自己同時作了那麼多的事，讓我可以安全地活在人世間。日後當更努力地追隨　平實導師，修學正法。發願通達法義，能夠善巧方便正確地爲人演說了義正法，破邪顯正荷擔如來家業。才足堪能報一點點　佛恩啊！

回首三十年來的學佛之路，還好最後有幸進入正覺，想想過去的師長、同參道友們，都還在門外徘徊、無緣進來，很是不捨。心中不禁又浮現出悠遠的一句話：「**戲棚下站久是你的。**」這句話得要用在正覺才是眞的，我已經見證了，數百位破參明心的菩薩們也都見證了。「**朋友們！要明心，請來正覺啊！**」

弟子 **高沁余** 頂禮

2016 年 10 月 30 日

見道報告——久別重逢

——卓昱均

一心頂禮本師 釋迦牟尼佛
一心頂禮觀世音菩薩摩訶薩
一心頂禮當來下生彌勒尊佛
一心頂禮地藏王菩薩摩訶薩
一心頂禮平實菩薩摩訶薩
一心頂禮親教師 章正鈞老師
一心頂禮親教師 何正珍老師
一心頂禮親教師 周正全老師

壹、成長過程

弟子出生成長於中部沿海小鎮梧棲，世代務農的大家庭，自小飽受海風吹襲，對於海邊從無好感，反深好青山綠水、山嵐搖舞、雲霧裊裊。因生性樂觀不容易起煩惱，外表給人的感覺似乎是溫室中成長，無憂無慮的嬌嫩花朵，其實成長的過程頗爲心酸。

與母親的關係不好，排行老大的我，是母親眼中的出氣包，也是最不得緣的孩子。母親曾說：「妳剛出生時，我看妳第一眼就嚇一跳，怎麼長得這麼醜。」這第一眼埋下日後不得疼的因緣。還好一起長大的堂哥堂姊還有伯父伯母們，對這個醜小鴨總是關懷照顧。妹妹與弟弟對我說的話也總能尊重信受。從小，看到長輩們逢人便笑、出口稱呼，面帶笑容，每次被母親修理（只要妹妹弟弟不乖，就是大家一起被揍），長輩聽到哭泣聲，常常飛奔前來相救，母親也只能作罷。雖然如此，弟子下課便會跟母親報告學校的事情，但母親常常無心回應，有時還會出口相譏；課業上，教育程度不高的母親也無法相助，時日久了，漸漸的我將自己的心完全對母親封閉起來。還好學佛後，漸漸能釋懷心中對母親的怨懟，慢慢升起感恩之情。

由於和父母的緣很淡，弟子從小就覺得不屬於這裡，家似乎在很遙遠的地方，好羨慕小留學生。不停閱讀天文學與人文地理的書籍，小學三年級開始就堅持每日閱讀《聯合報》；雖然很多生字，但總覺得文字帶來許多知識，能看到更寬廣的世界。因爲喜歡閱讀，膽子也大，學校老師照顧有加，花很多私人時間訓練矯正國語發音、遣詞用字，成爲演講選手；乃至畢業生致詞代表，典禮司儀。大專時期，開始參加學生會，課業、社團活動兩頭燒，很累，可是心裡很充實、很歡喜；喜歡跟志同道合的夥伴們一起辦活動，一起爲大家服務。現在回想起來，好感謝當時的經驗，對後來進入社會待人處事有很大的助益。

弟子從小就好奇人體解剖圖，也不怕血(但很怕看到動物被殺)，覺得護理工作既幫助別人也可以維生，選擇念護理學校。二十二歲開始護理師工作，能學以致用，讓我像海綿般吸收新知，每天都過得充實，充滿挑戰。只是工作一年後，新鮮感漸退，常常思索難道這輩子就是如此？彼時啓動兒時夢想「移民」，至臺大外語中心上課，準備美國護理師申請考試，一心想遠走高飛。

準備兩年，陰錯陽差去了澳洲，感受到澳洲人生活壓力低，也很樂天，不知不覺自己步調漸漸放緩，不再急躁；也認識了許多當地人，受到很大的照顧與幫助。就在護理之家的工作漸漸穩定之時，突然好想回臺灣；明明生活很順利，語言運用越來越順心，強烈的思鄉念頭竟揮之不去（不是想念父母、親人），遂便放棄移民規劃，回到臺灣，繼續護理工作。

貳、學佛因緣

回臺工作兩年後，因爲年紀將滿三十，隨順因緣決定結婚；本以爲此後人生就像普通女孩子一樣，結婚、生子、退休，豈料婚後開啓此生的轉折（佛菩薩的安排妙不可言）。

醫院的工作看盡生老病死，人生百態。偶爾在面臨病人瀕死之際，腦海中會浮現出一絲恐懼：難道我也將一無所知的死去，死後要去哪裡？但畢竟不是切身之痛，工作久了早就學會將感情分隔在理性之外。連母親出車禍，在第一時間是理性思考受傷狀況，未來的治療與恢復進展預測。記得剛回臺灣時，先生的好友，一個前景光明對未來充滿抱負的健壯青年，僅是嘴巴長了一顆異物，到醫院切片檢查結果已是口腔癌末期，受盡折磨，不到一年就離開人世，弟子心裡因此起了一些漣漪。

婚後一年左右，一日小夜班下班，正躺在沙發休息之際，先生接到舍妹的電話，說舍弟跳樓，弟子當下痛哭不解，一個工作穩定的二十七歲年輕人，為什麼要選擇這樣的方式來傷害自己、傷害家人？當下飛奔回臺中，期望能見到最後一面，可惜事與願違，回到娘家只見冰冷的遺體。當時情緒包含著生氣憤怒與痛苦，弟弟的離去，讓我感受到失去手足的傷痛，太震驚也太意外，父母更是悲痛到完全失去人生的希望；因為兒子是他們最大的期盼，盼望他結婚生子傳宗接代，所以治喪期間所有過程與遺產的申請手續，幾乎是我和先生一手包辦（妹妹也非常傷心）。

看到父母親傷心欲絕的樣子，心裡同情中包含著疑惑，弟弟對母親總是大小聲，完全不把他們看在眼裡，連死前都不想理他們，居然可以讓父母親心甘情願、傷痛至此？是什麼樣的因果業緣，可以用自己的生命來報復？喪假結束後，回醫院上班；工作表現一如往常，照樣跟同事說說笑笑。這樣的淡定，讓同事們非常驚訝，連他們問弟弟過世的原因狀況，我都可以淡然有理的回應，其實我當時對人生的價值觀正在洗牌。

經歷弟弟的過世，弟子開始積極準備懷孕，想說新生命的到來可以沖淡一切；但經歷許多求診、檢查、服藥的過程，只知道有輕微的子宮肌瘤，其餘一切正常，醫生們一致認爲可以順利懷孕，卻總是求不得。就這樣，我把工作辭掉，開始修養身體，空閒時間都去爬山運動看書，因此開始閱讀大量的中西心靈宗教書籍。漸漸想起，從小常常聽也好喜歡《心經》，學生時代曾多次到南投白毫禪寺帶學佛營，居住在寺廟中，隨出家眾作息，課誦早晚課，身心清淨無有煩惱的感覺，終於在紅塵打滾十年後，再想起佛菩薩。

彼時，因爲掛念弟弟，加上感覺自己遲遲不能懷孕是否有些特殊原因，透過友人推薦至一位通靈人問事，得知弟弟過得很痛苦，便開始吃素（弟子自小討厭肉味，念頭一動就改吃素）、誦持《地藏菩薩本願經》，希望藉此迴向給弟弟往生善處。聽說很多人誦持《地藏菩薩本願經》會有遮障，但弟子只有第一次課誦昏沉想睡，前後花了將近三小時。第二次之後，都會在誦經前懇請 地藏王菩薩慈悲加持，晚上誦經也完全沒有障礙，誠如此段經文所說，《地藏菩薩本願經》〈利益存亡品〉：「若有男子女人，在生不修善因多造眾罪，命終之後眷屬小大，爲造福利一切聖事，七分之中而乃獲一，六分功德，生者自利。以是之故，未來現在善男女等，聞健自修，分分己獲。」弟子不捨舍弟墮入惡道，為他誦經，到頭來卻反而幫助自己減少遮障，早回正法。

在弟子誦持《地藏經》滿百遍時，時逢過年，陪伴婆婆到福智嘉義園區參加新春團拜，當時對《廣論》沒有想法，豈料法師開示居然講：信眾恭奉觀世音菩薩，中好幾次樂透大獎。到處都有義工抱著功德箱要大家護持，當下就覺得這是佛法嗎？更讓我震驚的事發生在進大殿禮佛時，原本很開心進入，一抬頭看見戴高帽子的喇嘛金像，坐在世尊右側。當下心裡生氣加懷疑，覺得這是甚麼東西，有資格坐在這裡嗎？便斜眼瞄過，跳過不拜。

結束了福智園區的參訪，弟子在回程路上要求先生回臺中前先去一趟南投白毫禪寺。到了禪寺，進入重建過的大殿，大殿中重現 世尊於靈鷲山說《妙法蓮華經》的場景，釋迦牟尼佛與 多寶如來並肩高坐，頓時身心清涼心情愉悅；接著參拜 觀世音菩薩時，突然起念，至誠心跟菩薩祈求說：「弟子知道自己學法的時節到了，懇請菩薩指引明路，不要讓弟子繞遠路喔！」菩薩慈悲顧念弟子流浪已久，一個多月後，就讓弟子遇到了臺北講堂陳玉美師姊。

參、受學正法

弟子開始到陳師姊的工作室調理身體，調理過程中跟師姊聊了許多佛法，師姊很慈悲的告訴弟子一些佛學知見，也藉機跟她請教一些國內外心靈書籍不合理之處；每每相談甚歡，總是欲罷不能。不到兩個月，陳師姊知道弟子很喜歡 觀世音菩薩，便邀請弟子至講堂聽 導師開講《妙法蓮華經》。當時弟子工作都是下午四點下班，便欣然答應前往。一次到講堂時，坐在二樓，看到 導師說法的影像，直覺眞是一位和藹可親的尊長；聽經過程完全專心，覺得這位德劭長者講法深入淺出，巧妙譬喻，在外面沒有人這麼說，聽得很開心，當下決定還要再來。

聽了一陣子後，陳師姊建議我去上剛開課的禪淨班，想說去聽聽課也不錯，二〇一三年六月終於正式遞交禪淨班報名表。當時班級義工段師姊要我寫上到正覺學法的動機，我毫不猶豫寫上求得明心，後來想起原來意根早在期待。

禪淨班剛開始時親教師是周老師，周老師是一位和藹可親的大哥哥，連小參都笑瞇瞇。可禪淨班前半年我沒有認眞上課，也沒認眞拜佛，常常工作累了就沒來上課，現在想來真是慚愧。同年十二月弟子換了新工作，也去了趟澳洲。回臺後隨著新工作開始，上課的情況完全改變，沒再缺過課，總覺得只要錯過一堂課就虧大了；回家會整理思惟課程內容，也按照周老師開出的書單，認真的閱讀。

剛開始看　導師的書有些吃力，常常一句話就要想很久，看到下一頁還要翻回上一頁整理；生活中遇到的疑難、困惑和煩惱，就是會在書中或上課中得到解答。學佛的興味漸漸提升，常常覺得佛法可以解釋所有生命的疑惑，開始定期參加大悲懺法會，禮佛拜懺；雖然每次都痛哭流涕，但深覺自己無始劫來必然造作過很多惡業，傷害過很多眾生，很誠心的想要彌補改過。

有天上課時，周老師再次講解無相拜佛的次序，上課從不打瞌睡的我，居然睡意濃厚，很努力才沒讓自己睡著。心裡納悶得很，隔天就夢到自己去小參，助教老師還是歐老師，可是親教師怎麼是女的？下次上課親教師改由何老師接任；因爲已經預先夢到，心裡完全隨順講堂安排。何老師慈悲親切，言語調和，讓弟子感覺如沐春風。輪到小參時，何老師問弟子學佛因緣，弟子報告自己進正覺修學前第一本書是《第七意識與第八意識？》可是看不太懂，只覺得書裡面很多批評別人的話，看沒幾頁（後來才知道僅是法義辨正、無關攻擊），何老師當下回句：「妳學佛那麼久了，還會看不懂喔？」當下弟子無法理解，因為此生尚無修學正法機緣，回答：「嗄？」何老師慈悲再重複一次，弟子腦門似乎被鐵槌重重一擊，整個腦袋好痛，身體不自覺發抖，連牙關都抖到叩叩出聲。

當天回家痛苦沮喪，覺得像從懸崖上被推入谷底，為什麼自己這麼沒出息、這麼粗淺？我現在到底在作甚麼？好不容易心情慢慢恢復正常後，何老師的課，上得很歡喜，便又登記小參。沒想到被推到谷底的感覺又出現，還是掙扎一個禮拜才又恢復正常。想來跟何老師的因緣一定很深，才會如此敬畏何老師。還好後來的小參便沒再發生過此狀況，可是弟子禪淨班結業前，還是去跟何老師小參懺悔，說自己以往鐵定作過不禮貌的事情，希望何老師可以原諒弟子、解冤釋結。眞是感謝何老師大人大量接受。現在每次看到何老師都無敵開心，一定要上前問訊，報告近況。

禪淨班的課程就在熏習佛法知見，鍛鍊拜佛憶佛中飛逝，最後半年老師開始教導看話頭的功夫，一再的提醒學生要老實作功夫，勤閱 導師的書同時思惟整理；在日常生活中細心體驗及觀行，法身慧命隨時都可能出生。弟子隨著何老師的教導，常常觀照憶佛念，因爲弟子的工作是到豪宅照顧富三代的小朋友，除了可以邊工作邊憶佛、看話頭之外，還能觀察孩子意根的種子生現行、五陰十八界的運作、父母親子的互動……等，進而漸漸伏除自己對五欲的貪著。看著有錢人家一張沙發動輒三十萬元，吃頓飯幾千元起跳，花許多錢在裝扮保養色身，意氣風發呼風喚雨，可是早上剛起床時也是滿嘴臭氣、常常擔心自己年老色衰、老公花心作怪……；就像是帶小朋友去公園玩泡泡，明知道絢爛的泡沫轉瞬即逝，孩子們還是不停的追逐嬉戲，跌倒受傷仍樂此不疲。每每觀察到眾生(包括自己)的無明，心裡總有股淡淡的悲傷，明明虛幻不實卻深著其中不肯出離，到底該怎麼作才能幫助眾生出無明暗呢？所謂「**不識本心、學法無益**」，弟子一定要努力悟得本心，才能眞實深入經藏，進而生起更多智慧與善巧來幫助與自己有緣的眾生。

禪淨班結業前，弟子的健康亮起紅燈，嚴重的貧血讓弟子拜佛起身頭暈目眩，總覺得好疲倦連爬樓梯也很喘，生死心益發加切，覺得人生無常，更想要尋求《心經》說的「**心無罣礙、無有恐怖**」；加緊拜佛、讀書整理。可能是色身狀況不佳、觀行體驗仍然不夠，定力還需加強。第一次報名禪三沒有錄取，現在回想起來，感謝佛菩薩跟 導師慈悲，知道弟子還有很多狀況需要克服。

沒有錄取的失落感，對弟子來說是一個很好的觀行方向，為何會失落？為何有所求？求什麼？本來具足何來得失？開悟需要的福德、智慧、定力具足了嗎？帶著這些疑問，弟子轉入章老師進階班，章老師給人感覺溫文儒雅，含蓄內斂中帶著威德正氣。甫上課，章老師就大刀開鍘，說在座有些人這輩子是不會開悟的，弟子嚇一跳，想說老師講話雖然眞實，可也太直接，怎麼跟何老師的溫言鼓勵差那麼多？第一次跟章老師小參，直接被老師說「妳就是急性子」，當下雖然知道老師說的是事實，可是還是會想要為自己辯解。章老師竟慈悲為我，讓弟子完全不會害怕，有疑惑就去小參，我見常常被老師殺個精光。感謝章老師對弟子的苦心，知弟子的個性比較不怕批評，只要是對的指教，一定自省改過，所以章老師才會直指弟子落處。

很快的禪三報名又來到，弟子這半年除了念書整理鍛鍊定力，義工執事也增加了些，作義工中得到最大的收穫，是自己定力漸漸變好，性障也減輕不少，能有機會時間作義工，是需要福德；所以每次義工工作，弟子都好感謝、好珍惜。當然有時也是會羨慕生長在佛化家庭，不用上班全力爲講堂服務的菩薩；可是每個人都有不同因緣，任運隨緣學習增上便是。

因爲色身治療、工作、義工、讀書、作功夫，生活過得充實忙碌，也排好四月八日住院開刀，完全忘記禪三將到來。意外的在三月下旬週二課後，看到正覺寄來的信件，即知是禪三錄取通知，時間剛好是手術日後一個禮拜，當下跪在佛前感謝 世尊慈悲安排，發願永不取無餘涅槃，弘護正法永無盡。此後增加拜佛時間，開始參話頭「拖死屍的是誰？」閱讀《維摩詰經講記》，腦海中亦時常浮現八個字「若得本心，狂心頓歇」。

肆、見道過程

很多菩薩在禪三前就有入處，而弟子則是不知道自己有。不斷尋覓，閱讀《阿含正義》時，讀到「齊識而還，不能過彼」，大哭；思惟到《成唯識論》中「菩薩於定位，觀影唯是心。義想既滅除，審觀唯自想。如是住內心，知所取非有，次能取亦無，後觸無所得。」傷心痛哭；導師週二講經解說「知是菩提，了眾生心行故；不會是菩提，諸入不會故」，弟子內心踴動，頻頻拭淚；讀《維摩詰經講記》看到「不來相而來，不見相而見」，笑到無法自已。

也曾夢到有對夫妻告訴我從眼耳鼻舌身意去看，不是的那個就是，接著要繼續講，夢裡弟子馬上掩耳大叫：「不要告訴我！」飛奔逃跑。弟子知道，親自參出來的才親切，聽來的只是害死自己。最棒的夢，出現在要開刀的那個早上。夢裡是 導師週二講經，整個九樓講堂擠得水洩不通，導師突然走下講臺，手裡拿著幾本口袋結緣書，邊走邊唱：「定慧本是奴婢法，意識六塵必相應；欲離定慧墮燈影，佛道行來路泥濘。鞋千雙，經萬卷，力行勤研無僥倖；身見若除撮虛空，歸寺擊椎萬民慶。」生動活潑歷歷在目。導師老婆慈悲，在弟子開刀前還入夢來開示安慰。

手術後，弟子眞切感受到六識斷滅無常；這個伶俐的意識心，每一世都是新的，絕無可能帶到未來；而意根跟眞心呢？麻醉時，祂們在作甚麼？不停回想剛剛從麻醉中漸漸甦醒的過程，試著去釐清意識、意根、眞心之間的關係，弟子就帶著一分疑情上山，只希望此次上山能有入處便好，下次再上山才有努力的方向。

一、首次禪三

禪三第一天的拜懺法會，弟子泣不成聲，淚流滿面，似乎是深藏在如來藏中的種子被喚起，久遠劫來佛菩薩慈悲守護，靜靜等待遊子歸來，今時今日弟子終於走上回家的路。緊接而來的起三法會，弟子承蒙 導師厚愛，擔任請師代表，請師時看見 導師端坐座上，心裡喜悅非常，往世必然曾隨學承恩。接著 導師慈悲為禪子們殺我見，隨著 導師條理分明的解析，弟子隨聞入觀，體驗五陰十八界的虛妄，確認色身及覺知心非我，而何處是眞心呢？接下來的禪三宣誓，宣誓文內容，對弟子來說就像呼吸般自然，是多世來早已許下的諾言，深藏在八識心田中，萬分肯定的在 佛前宣示永不稗販如來，寧可捨棄身命也決不洩漏密意。

藥石後，導師派弟子去洗碗，導師指示洗碗速度平常即可，目光仔細看著〇〇〇〇，邊洗邊思惟哪個是妄心？從來弟子只專注在尋找眞心，從未想過要觀察妄心。這一洗，洗出了如來藏所在，果然生緣處處，毫不虛假。禪三第二天女眾排到下午小參，趁著等待的時間，弟子邊拜佛邊思惟，妄心在哪裡？何老師上課曾分享看恐龍展的經驗，她說恐龍的腳受傷，而神經傳導燈號就從腳部往恐龍的腦部移動，最後燈號停留到恐龍腦部，恐龍才慢慢的哀嚎出聲。

章老師上課時，也曾經要學生思惟，受與想的界限在哪裡？當時弟子思考一個禮拜，去小參報告受與想的界限就在腦部，章老師輕描淡寫的說這只是觀行的方向與整理。由於這兩件事情，弟子很肯定妄心就○○○○○○；思惟到此，突然頭皮發麻、毛孔齊開，但還是不知何處是眞心。

很快輪到小參，禮拜　導師後，坐在　導師面前近距離看著　導師的眼睛，心裡好開心，想說終於有機會跟　導師對坐而談（弟子眞的是傻傻不知怕），導師淡淡的問有甚麼要說的嗎？弟子就開始報告自己開刀麻醉的經驗，體會到意識徹底斷滅；意根對於色身執著緊張，導致手術過程血壓飆高；還有昨日洗碗的體驗，最後確認妄心○○○○，主三和尚便說：「給妳一個提示，如來藏又叫作○○○，是什麼意思？」我答：「○○○。」和尚問：「那○○○是誰？」我答：「是如來藏○○○○○。」和尚說：「妳這樣說有語病，那麻醉時如來藏在作甚麼？」我答：「祂在維持○○○○○○○交換○○○

〇〇〇都是。」和尚問：「妳怎麼肯定這個就是？」我答：「所謂『齊識而還』，過了這個識，再無所有，這個就是能生萬法的祂。」和尚微笑說：「當護士就是不一樣，妳找到了。」

就在那一刻，弟子整個愣住。因爲太意外，馬上痛哭出聲說：「我找好久，一直以爲找不到，看經文就只在看文字表相。我好怕，好怕胎昧又把我擋住。」和尚慈悲笑說：「妳不會啦！」聽到這個，弟子心裡暖暖的，馬上破涕爲笑。和尚說：「現在妳知道『半路認老爸、別人吃麵妳喊燙』的意思了吧！」弟子會意微笑，好感謝 和尚慈悲引導。接著給弟子兩道題目整理，分別是「說出〇〇〇〇的特性」、「如來藏在〇〇〇〇，越細越好」。

從小參室出來後，弟子即刻到 佛前發願，並祈求 世尊：「弟子要悟的眞、悟的深、要能如實轉依、要有功德受用，不要一次過關，因爲很怕引起注目，懇請世尊加持弟子能好好深入整理。」就這樣，弟子開始聽懂部分 導師過堂的機鋒，晚上普說公案漸有少許理解。當天晚上弟子邊整理題目，一邊帶著「眞心好平凡眞實，原來就是這個啊！」的作意，開心的睡了幾個小時。可能是太興奮，不到三點就自動醒來，精神好的不得了，這每天只能睡五個小時的感受，一直持續好幾個禮拜。
隔天與監香老師的小參，原本以為要直接報告整理好的兩道題目，何老師劈頭便問：「妳如來藏在哪裡？○○○○○，身體○○○，直接拿出來！」弟子只好○○○，何老師：「不要○○呢？」弟子○○○○，何老師：「○○○都不動呢？」弟子只好○○○，何老師這才笑出來。何老師把右手舉起問：「那現在有三個法，說說看。」我答：「手，是色法。還有○○○時，如來藏○○○。」何老師：「囉嗦！我要直接簡單的答案。」我答：「手○○○然後……」（弟子拉哩拉雜的扯葛藤），何老師：「就是手、○○、○○○，這個就是宇宙最大的祕密，怎樣都不能說。」弟子馬上點頭，同時感覺自己怎麼會枝節這麼多，好慚愧。
很快的報告完整理過的兩道題目，何老師再給一道題目「如何是○○○」，還很慈悲的提醒：「答案很簡單，妳不要想太多。」眞是知弟子莫若師，完全瞭解弟子的落處。幾個小時過去再輪到小參，何老師：「什麼是○○○？」弟子雙手○○○○說：「這個就是○○○。」何老師：「怎麼解釋眞如？」我說：「眞實而如如不動。」何老師：「什麼是如如不動？」我說：「眞心不了別六塵，不會○○○○。」何老師：「妳這樣說很危險，妳確定自己悟的就是眞心？」我大力點頭說：「就是這個，沒有其他。」何老師：「那妳說眞心○○什麼？」弟子想「○○、○○，○○」，但一時答不出來，只好退出小參室繼續整理。

時間很快的就在不停的思惟整理小參中過去，期間陸續回答「爲什麼○○（○○）不是眞心」、「爲什麼如來藏可以○○○」這些題目，解三前最後一次小參，回答完第三個題目後，弟子懇請游老師給弟子下一個題目，游老師：「好吧！給妳回去整理：○○○出生的○○？」弟子早已整理過這個題目，馬上回：「根、塵、識，先有六根觸六塵才生六識。」游老師看看時鐘：「四點五十三分，來不及了。」弟子隨即謝謝游老師，看到游老師吃力的站起來，雙腿僵硬舉步維艱，心裡非常不捨；好感激監香老師不停的提問，幫助學生能更深入眞切的體會眞心，進而從中釐清眞妄心的差別。

解三時，和尚怕弟子心裡難過，還特別說：「有人往世早就悟過，一直來人間受生，這次第一次來，我完全沒有出手，他就自己找到了；再給他一天的時間，就自己闖過去了，果然是一把好手。」其實弟子能在第一次禪三就有此進展，完全出乎意外，若不是 佛、菩薩加持跟 導師引導，何以至此？心裡高興之餘，更下定決心下山之後要更努力讀書增加知見、體驗整理、鍛鍊定力、培植福德，期許下次禪三，可以有更好的明心品質呈現。

二、第一次禪三之後

禪三期間，諸佛菩薩的護佑、導師過堂的機鋒，精彩萬分的普說和思惟整理監香老師的考題，弟子一直沉浸在法喜中，完全忘卻俗家事，身心輕安愉快。豈料下山後，站在喧囂馬路旁，仿若天界掉入凡塵，車聲如千軍萬馬奔騰湧入腦中，感受到原來生活了三十多年的世間，是如此紛亂雜染，這個色身好假、好虛幻，每個腳步都不踏實，像個充滿機關的木頭人；嚮往色界天沒有男女相，好討厭身爲女兒身。這分混亂，讓弟子茶不思、飯不想，每天只能睡五個小時，約莫掙扎兩個禮拜，才終於又回復平常。

下山後，覺得自己書看得不夠多，對於眞心還有很多需要釐清；反正也睡不著，就抓緊時間拜佛、念書；看公案拈提、《眞假開悟》、《邪見與佛法》、《眞實如來藏》、《識蘊眞義》和《佛法概論》，公案拈提可以看懂七、八成，常常讀著、讀著就笑，果然只有家裡人才能瞭解，難怪禪師相見總先當面較錙銖。

再配合禪三撿的法寶，重新觀行五蘊十八界，眞心妄心的界限不再那麼模糊，對自我的執著似乎減輕。推廣組出勤時，看著往來的人們，眞切的體會大悲懺所唱誦「現前一心本具千法，皆有神力及以智明；上等佛心下同含識，無始闇動障此靜明，觸事昏迷舉心縛著。」不禁傷感，眾生無始劫來不識本心。期許自己能漸漸具足善巧方便，廣度有情永行菩薩道，點無盡燈。

這半年，章老師以《宗通與說通》為教材，仔細解說三自性、三無性、七種第一義、七種性自性、兩種無我，弟子配合讀書與上課內容，繼續作八識和合運作、意根五遍行、遍計執、意識五遍行、五別境依他起運作的觀行；只要有疑惑就去小參請教老師，內心一直有個作意「要把握有親教師教導的時節」，認眞上課努力作功夫。曾經聽過師姊提到，有人聽 導師講《金剛經》，幾乎把密意猜出。弟子期待自己能悟得眞切，很怕解悟，所以遲遲不敢看《金剛經宗通》，既然已經觸證，就放心的閱讀；這一讀每每拍案叫絕，導師講解的公案，聽來好親切，讀到手不釋卷；兩個多月就讀完九輯還不過癮，又讀了《實相經宗通》六到八輯。半年時間很快過去，章老師還特意關懷弟子此次禪三是否錄取，何老師也勉勵弟子要把心定下來，承蒙兩位恩師厚愛，弟子帶著感恩之情上山了。

三、第二次禪三

第一天拜懺儀式，弟子唱誦〈正覺發願文〉，想到肩負 導師的期望，未來世再苦再難，一定要堅持跟著 導師迴入娑婆，走完末法五十二年，不禁淚如雨下。接著懺悔往昔罪業，弟子痛哭流涕，哭到全身無力，第一次知道甚麼叫眼淚流乾，只能乾嚎。弟子無明深重，若不是佛、菩薩與善知識，長遠劫來無止盡的慈悲攝受，弟子如何有證道的機緣；自己只有努力行菩薩道，才能彌補諸惡業償還冤欠，報答諸佛菩薩的恩德。

接下來的起三法會，導師再次細細談起十八界與五蘊。隨著 導師的解說，再次隨聞入觀，一一體驗。接著 導師提及，處處作主的妄心，就只在○○○○○中；聽到這個提示，弟子嚇一跳，導師講的好白喔！這個不就是○○○○○○嗎？那大家應該都知道了吧？果然當天晚上普說，導師問大眾有沒有信心？好多人點頭，突然覺得自己好像差好遠，大家都好厲害！話雖如此，能再來一次禪三，弟子感恩又開心；多半年的整理，導師過堂的機鋒和晚上的普說，聽來都親切無比，不再一片茫然，禪三每個施設分分受用。

第二天與 主三和尚的小參，一見 和尚，馬上感謝 和尚讓弟子再來一次，經過這半年的整理，對法的理解與受用，的確進步很多，所謂「與善知識得共住難」，下次一定要來護三。和尚問：「什麼是如來藏？」我答：「如來藏就是○○○○。」和尚問：「妳這樣差兩個法。」我答：「還有色蘊與行蘊。」和尚問：「如來藏有甚麼特性？」我答：「本來性、清淨性、涅槃性、種子流住、因性自性、空性、金剛不壞、受熏持種。」和尚問：「有沒有其他的眞心？」我答：「絕無可能。」和尚問：「那妳○○時，祂○○○○？」我答：「祂很忙欸！譬如○○○、○○○○○○……」和尚問：「再講深入一些，那○○○○這些呢？」我答：「……，這樣我們睡著的時候，會去○○○○○，在地震時，可以○○○○○○○喚起意識逃命。」和尚問：「那，爲什麼如來藏可以○○？」我答：「因爲祂又稱阿陀那識，阿陀那識甚深細，一切種子如瀑流，祂可以○○○○○○○○○○。」和尚問：「○○○○爲什麼不能拿來用？」我答：「諸法不共生、不他生，亦不無因生。」和尚說：「就像〇〇〇〇〇〇〇，玩一玩總是要還；譬如〇〇〇〇，別人的〇〇〇〇到你的〇〇〇，要怎麼才能使用？」我答：「必須要終生使用〇〇〇〇，來〇〇〇〇〇，而且我就親眼看過病人排斥反應嚴重，最終引起敗血症死亡。」和尚問：「〇〇〇〇〇的順序？」我答：「根、塵、識，先有六根觸六塵才生六識，譬如眼根觸色塵，如來藏將外相分在勝義根視覺區轉爲內相分，出生眼識，意根觸及作意要了別，同時意識產生。」和尚說：「好，那給你最後一道題目，用『〇〇〇〇〇〇〇』來解釋如來藏〇〇〇〇〇〇。」

第三天早上十一點多，輪到跟監香老師郭老師小參，進入小參室時，郭老師表情嚴肅，直接要求弟子回答最後一道題目，我答：「〇〇〇〇，乃眞心能是依有情眾生的共業所感，出生欲界、色界、無色界，一一界功能差別。而〇〇〇〇，乃是這個如來藏是能生萬法。譬如圓成實性能圓滿成就萬法，七種性自性中的因性自性說明了如來藏是萬法之因。」郭老師問：「難道只有如來藏獨存嗎？如來藏單獨就能出生萬法？那我們的色身還有現在使用的物資呢？」我答：「當然不只有如來藏，前六識的依他起性跟與意根的遍計執性，讓有情有需要的物質來在器世間維持生活，故由八識和合運作而出生萬法。」郭老師問：「那舉個例子來說明八識同時運作。」我答：「譬如吃麵，肚子餓了如來藏會……而意根觸動到這個法塵就生起身識、意識去了別分析，並決定肚子餓要去吃飯，就讓意識、身識加眼識共同運作去找吃的；假設意根決定要吃麵，讓身體坐下來，手捧起碗和筷子來，眼睛看著麵手部將麵條放入嘴中，咀嚼吞嚥，這過程同時包括眼、耳、鼻、舌、身、意根與眞心。」郭老師問：「那如果用飛機工程解釋呢？」因爲弟子對工程很陌生，思惟了一下，答：「譬如因爲讀過飛機工程學，所以要設計飛機的時候，意識必須去思惟設計圖要怎麼畫，眼識要去了別飛機的構造設計、耳識聽到引擎聲、鼻識聞到汽油味還有製造過程的味道、舌識就好像暫時沒有、身識就有觸覺感受、坐位舒不舒服……等。從頭到尾都是意根我在決定要怎麼設計。」郭老師：「舌識可以用在飛機餐點……。那爲什麼○○不是如來藏？」我答：「色、識、受、想、行，○○○○○○才能出生，只能說是依他起。」問到這裡，郭老師道聲恭喜：「妳拿到紅單了。」弟子道謝退出小參室後，即刻跪在 佛面前，心裡些許激動的感謝 世尊加持，再次發願要努力修行護持正法，生生世世跟著 導師迴入娑婆，摧邪顯正救護眾生。

幾個小時後，終於進入主三小參室，導師說：「你們現在是我的入室弟子了。」這句話，弟子盼望已久，喜悅不已。接下來 導師陸續給了兩道考題，每個考題 導師都仔細的解說考試的目的，並且會給一些提示引導。寫這兩道考題時，弟子不斷的思惟整理翻攪，從不同的層面來思考，同時加上自身體驗，幾個小時匆匆流逝，最後一題還來不及寫完整，勘驗時間到了。小參時，和幾位破參的師兄們輪流回答 導師的考題，導師再爲我們補充解說，很多細微的法乃是經由 導師解釋後，弟子才能想到。佛法的深奧微細不就是在善知識的引導下，才能漸漸理解體會具足嗎？

問題結束後，導師印證我們破參明心，並且慈悲指導我們要飲水思源，要到 世尊面前去稟報：感恩本師 釋迦牟尼佛不辭辛苦來五濁惡世示現成佛，讓弟子有學習這個無上大法的機會；弟子久遠劫學佛以來，此生在平實導師座下開悟了，弟子會努力去實行自己發下的悲願。我忍不住掉下眼淚，我的悲願該如何一步步去完成，眞的是任重而道遠，卻也將是生生世世相隨的掛念與唯一的目標。

再來 導師說：接著頂禮 韋陀菩薩護持，讓禪三一切順利無有遮障；也要拉拉他衣角，未來賢劫千佛他護持完兄長們，韋陀菩薩成佛時，請他照顧這個弟子……；然後也要感恩頂禮克勤大師，謝謝他千年前收了我這個笨弟子，讓正覺禪法流傳下來，也要請求他老人家，希望有機會能聽他到人間來為我們說法，祈求未來克勤大師成佛時，能成為他座下的弟子。這些叮囑，弟子此次禪三已經都祈求過了，慶幸自己發的願正是 導師所想。

再來體驗喝水，分別從三個方面去體會，這杯夢想中的水，足足喝了三個小時，期間 導師慈悲抽空用竹如意在弟子身上提醒，弟子為了放慢速度喝到全身肌肉痠痛。本以為自己對人體解剖生理學很熟悉，稍晚驗收後，導師細細的開導解說，令人完全折服，原來還有這麼多細節，若非極高的證量，如何在沒有醫療背景之下，可以說出比教科書更深細的○○○○○。而關於眞妄和合運作的解釋，弟子更是慚愧自己過去以管窺天，就如愚癡小兒般驕狂無知。難怪成佛需要三大阿僧祇劫，太多深妙的法需要學習，自己目前所知簡直粗淺到不值一提。

最後閉眼走路體驗眞妄心運作，弟子在走路時，意根對六塵境緊抓不放；雖然眼睛閉著，但妄心仍然不停的○○○○○，身識變得○○○○○，舉凡風的來向強弱、腳底對高低落差和石子路的邊界，還有耳識對護三菩薩的拍掌提醒……這些，弟子完全無法說服妄心是在一條平坦大道行走。隨後導師詳細解說妄心對有情生活在世間的重要，而眞心能在危險時刻，隨時〇〇〇〇〇〇，也說明眞心與意根之間受與不受的關係及融通妄想。

能聽到 導師鞭辟入裡的解說，弟子聞之，讚歎不已。最後 導師說：「你們這幾個小時體驗學習的法，可是古代禪師們幾十年修學才能有的體會。」弟子對 導師的感謝溢於言表，何其有幸才能再度受學，導師證量莫測高深、難可思議，甚麼樣的大悲心願意一直在這五濁世間弘法利眾，承受如此恩德，弟子又如何可以退卻？唯有生生世世乘願再來，跟隨 導師，摧邪顯正救護眾生，才能報答佛菩薩與導師的浩浩之恩。

伍、結語

俗話說：「每次偶然的相遇，都是久別的重逢。」所謂的偶然，都是久遠劫來的累積，絕非碰巧。可是因緣際會下的重逢，悸動卻是那麼強烈，令人啞然失聲、痛哭流涕。只恨錯過，只怨蹉跎，但怪生不逢時，從不後悔受生娑婆。再度回到正法道場，再次見到 導師，再遇見法眷屬們，弟子深信若不是佛菩薩的安排，隔陰之迷不知要再阻擋多久。我不斷祈求 世尊，弟子要生生世世，年少得法常知宿命，每一生都要用最多的時間，將最好的時光都來學習妙法，護持正法。弟子清楚，要報答佛菩薩、導師與善知識恩德，唯有努力將證量提升，悟後努力學習別相智、一切道種智，伏除性障，轉依無私無我的如來藏來爲正法貢獻，這樣才能漸漸具足善巧，世世迴入娑婆，爲 導師分擔如來家業。今生終於再重新悟入，弟子對生死不再畏懼，不再害怕隔陰之迷，更珍惜所有的正覺菩薩們，大家開悟的時節因緣不同，可是都是種性尊貴的菩薩，都要攜手合作護持正法到末法，共同荷擔如來家業。

再次感謝 導師出世弘法，讓弟子不再流浪。導師與親教師的身教，弟子心悅誠服，對 導師與親教師的教導總是信受奉行。弟子好幸運，能被善知識領著向前走，踏實的走向成佛之道。《央掘魔羅經》卷四：「**意法前行，意勝法生；意法淨信，若說若作，快樂自追，如影隨形。**」貼切形容弟子悟後的快樂，五陰十八界的虛幻，有何難關過不去？怎樣的事情想不開？什麼事情要計較？什麼境界要貪著？一切不過是客塵影事，意識也不過這輩子。

對弟子來說最重要的是要如何實現自己發過的願，怎麼護持正法復興佛法大業，要努力悟後起修，要努力實行四攝法與眾生結緣，加深對眾生的慈悲心，讓心量漸漸增強，永行菩薩道決不棄捨眾生。

要感謝的人太多，要說的話說也說不盡，唯有親自走這一趟，才能感受個中滋味，如人飲水，冷暖自知。曾經有菩薩看後學年輕，特意勸勉說：「能學習正法很難得，千萬不要退轉喔！」弟子不假思索回：「如果沒有正法，這輩子白來一趟！」現在想起，心裡更加篤定，弟子此生是追隨 導師來娑婆受生的，只爲報答師恩，祈求佛法常興正法久住，過去世也必然如此。再次重逢，心裡的珍惜感恩之情，實在不足爲外人道。祈求佛力加被，讓弟子早日因緣具足爲 導師分擔如來家業，在此謹以《大佛頂如來密因修證了義諸菩薩萬行首楞嚴經》卷第三中的短偈，表達弟子的感謝之情與世世行菩薩道的決心：

妙湛總持不動尊，首楞嚴王世希有，銷我億劫顚倒想，不歷僧祇獲法身。願今得果成寶王，還度如是恒沙眾；將此深心奉塵剎，是則名爲報佛恩。伏請世尊爲證明，五濁惡世誓先入；如一眾生未成佛，終不於此取泥洹。大雄大力大慈悲，希更審除微細惑，令我早登無上覺，於十方界坐道場；舜若多性可銷亡，爍迦羅心無動轉。

謹以此見道報告，供養本師 釋迦牟尼佛、諸佛菩薩、平實導師、此世父母親、親教師、助教老師、班級義工、監香老師、護三菩薩與怨親債主；迴向佛法常興、正法久住、正覺同修們都能道業增上，發勇猛心護持正法、一切眾生早發菩提心，皆能成就無上正等正覺！

弟子 **卓昱均** 頂禮敬呈

2016 年 11 月 05 日

見道報告

——蔡秋明

觀世音菩薩爲契母

某於一九五五年初秋，出生於臺灣雲林水林的一個農村。少時家中十分貧窮，不過這並非特例，因爲當時村中家庭多數窮困如是。我出生的房子是一間茅屋。蔗葉稻草所成的屋頂，因爲無力及時翻修，夏天雨季來臨時，常爲漏水所苦。小學四年級左右，父親在村外路邊買了一塊地，蓋了一棟磚房，屋頂鋪著陶瓦。我平常睡在房中的閣樓上，雨天時，聽著頭上雨打瓦片的聲音，而不用擔心漏水，竟有一種安穩的幸福感。

我是家中長子，後來陸續有小孩出生，我們一共有九個兄弟姊妹，剛好夠組一隊棒球隊，然而當時並無棒球可打。小學時，除了上學之外，總有作不完的家務：幫忙照顧弟妹，下田除草、放牛、協助收成作物，張羅豬羊食物；或在收成時節去收割過的田裡，檢拾遺漏的稻穗、蕃薯、花生等。家中食指浩繁，上國中之前，難得吃上一餐米飯，平常的主食是晒乾的蕃薯籤；

唯除逢年過節，才有炒米粉及油炸物等美食可以享用。上國中的盒餐總有白米飯，配菜經常是胡蘿蔔炒蛋。食物如此珍貴，我們這些鄉下小孩，是很知道盤中米飯「粒粒皆辛苦」的。

家中夜間一度以煤油燈照明。小小的油燈掛在牆上，風來時火焰搖搖晃晃，比諸灶下柴火的火光還要昏昧。大約在一九六〇年，我五歲左右，家裡才有電燈，這是家中唯一的電器。後來第二個電器則是一個淺綠色的大同電扇，印象中這已經又是十年以後的事了。

我父親只受過一兩年日本教育，因逢太平洋戰爭後期，常要躲空襲，沒怎麼上到課。後來因被神明指定作爲扶鸞的轎手，利用幫忙村人問事的機會，認識了一些中文。小時候我們小孩生病，通常只吃神明所開的草藥及符水，偶而服用藥廠逐戶寄放的藥包中的西藥；除了打預防針，幾乎沒有看過醫生。最喜歡吃驅蟲藥，因爲那是滴了藥水的鑽石型葡萄糖。我母親頭腦很好，可惜沒有機會唸書。她會唱一些日本童謠，那是她在哥哥們上課時，在一旁偷聽學來的。她常跟我們提起小時無法讀書這件憾事。父親很少跟我們講人生的道理，只教我們「未駛偷人、未駛詐人、未駛侵人」（臺語：不可偷盜，不可欺詐，不可侵凌）。母親則教我們有能力應該多多幫助別人，晚期我們家境稍見好轉，就常接濟鄰里貧弱。

村中有個將新生兒過繼給菩薩或神明當契子（養子）的習俗。媽媽獨具慧眼，把我送給 觀世音菩薩作契子。這是我此世與佛菩薩結緣的開始。從此我有了兩個媽媽（長大後在寺院中所見的觀世音菩薩，通常示現偉岸的丈夫相，才知道原來觀世音菩薩媽媽也是觀世音菩薩爸爸），每年農曆二月十九日 觀世音菩薩聖誕這一天，母親都會帶我到村中供奉 觀世音菩薩的公館，給 菩薩媽媽上香，祈求 菩薩保佑「平安佼大漢」（平安長得快），「大漢佼讀冊」（長大會唸書）等。母親這些卑微而誠心的願望，菩薩後來都一一應驗了。

將來必定會學佛

國中畢業後，我考上嘉義中學，過了三年的高中寄宿生活。因爲家裡經濟拮据，三年所需的學費常需父母出面向親友告貸；我很抱歉未能考上師專爲家裡省錢，但父母從未責備，也不曾爲此唉聲嘆氣。在這三年中，我一直與一位國中時代的陳姓同學住在一起。曾經有人要向我們傳教，找我們去教堂，我婉拒了，並向對方宣稱：「我將來會學佛。」其實，我一直到上了大學才看到佛經，大學畢業以後才接觸到佛法。然而，當時講這句話時，卻沒來由地非常篤定。

大學畢業後，我意外考上某公立大學法律系。同學多是充滿自信和抱負的北部青年，但也有不少來自中南部，質樸憨厚的小伙子，但多數家境不差；像我家境那麼窮苦的，畢竟是少數。這時我有兩個弟妹已經在工作，幫忙維持家計，等於在作工補貼我讀大學。作爲長兄，我既感激又內疚。這個恩情，我一直記在心裡。在這種情況下，本來由你玩四年的大學生活，過得並非十分愜意。

我雖然考上法律系，但對法律其實不是太有興趣，卻對文學和外語情有獨鍾。升大二時，一度考慮轉到外文系。可能因爲當時轉學門檻太高，法律系師資也不錯（有很多他系同學轉到本班），也就安忍下來。畢業時成績中上，最有興趣的科目，都是法律本科以外的科目：國文、英文、心理學和邏輯（如果必修科有哲學一科，又有好老師，可能也會喜歡吧）。在臺大五花八門的學生社團中，我選擇了太極拳社。因爲對於人生有太多疑問，我對中西哲學思潮都很有興趣，但並未深入研讀相關著作，也始終未曾參加以研習佛學為主的晨曦社。

大學畢業時，我所塡寫的工作期待，是找到一份「月入（一）萬元」的工作。離開學校不久後就去服役，在成功嶺受預官役時，碰到人生一個很大的難關，體會到人類的語言可以銳利如刀劍，頓時摧毀一個人的信心和尊嚴；也可以溫婉如春風，讓聽者銘記在心，恆久受益。學佛之後才明白，菩薩行為何要強調愛語等四攝法。退役後先在一位老師主持的工作室待了一陣子，工作是編輯法學雜誌與整理裁判資料。後來考上一家產物保險公司，薪資不惡，開始參加國家考試，這樣一面上班一面考試，過了兩年。後來想想還是考個公職為妥，於是毅然辭職，專心準備考試。

《妙雲集》與現代禪

辭職之後，考試並不順利。這是此生一段黑暗的日子。在將近五年之中，我一面唸研究所，一面準備考試，好幾次都與上榜擦身而過。考了幾年之後，我自認法學程度不比命題的教授差，可是無論如何就是考不上。在這段期間，我與我的同修結了婚，隨後兩個小孩陸續出生。爲了維持基本的生活，在昔日同事介紹下，到一家報社擔任夜出晨歸的外電編譯工作，爲期大約兩年多。就在這段期間，我接觸到了佛教。

一開始，我在臺大附近的如來素食餐廳，請了一些結緣的佛書。後來，一週一次，在餐廳的地下室觀看淨空法師的講經錄影帶。我也在這裡接觸到印順法師的《妙雲集》，很爲他清新脫俗的文字所吸引。我到龍江路的慧日講堂買了一套《妙雲集》，認眞地研讀；不過，在讀過大部分的印老著作後，我一直有兩個大疑問：一、最高妙的佛法義理既然是性空唯名，一切法空，全無實質而畢竟落入空無，則修行之目的何在？人生不斷輪迴，有何意義可言？二、開悟明心對現代人而言，難道是不可能之事？否則爲何連被高推爲現代高僧第一人的印順法師，都無法爲人指導開悟明心之道？

又：印順法師的著作中經常提到「聞思修證」的修學順序，然而，不管他的文字如何精妙，所爲論述都只是對佛教經論的個人解讀與整理。至於佛法應如何「修」？要如何「證」？證悟內涵爲何？古代禪宗大德證悟之前，長年辛苦四處參訪善知識，所爲爲何？這些問題在他的書中是找不到答案的。

一九八八年，女兒出生之後，我終於通過司法官特考。在一年半的受訓期間，我接觸到了現代禪。現代禪是一個主要由年輕人組成的修行團體。帶領者李元松老師以個人的實修體驗，揉合時代價值思潮，以清新的文筆著書立說，並對外講學，推介現代人容易接受的禪法。現代禪的修行，注入了自由平權、責任義務、互重互諒等現代觀念；同時也強調人情義理、惜情念恩等華人社會傳統價值。師友同修在世間事上，常常互相幫忙、相互支援，對疏離無助的現代都會人，非常具有吸引力，門下因此擴張十分迅速。

由於注重人際情義，現代禪同修道友間的互動十分頻繁，久而久之，內部人員不免逐漸滋生若干磨擦及人際糾葛；我雖因工作繁忙，亦未擔任執事，故未涉入任何內部人事紛擾，但因假日參加聚會過於頻繁，疏於照顧家庭，內人對此輒有煩言。又因司法人員工作壓力極大，自覺無力在份內工作及照顧家人的同時，再投入大量時間參加會內活動，以此原因逐漸與現代禪教團脫離。一九九四年，我獲得行政院的獎學金，到美國華盛頓大學攻讀碩士學位，自此逐漸淡出現代禪，此後即不再參加任何修行團體，如此持續數年之久。

《法華經》中除糞子

二○一○年十月間，同修突然因為不明原因嚴重暈眩，必須到她任職的內湖三軍總醫院住院檢查，我晚上去病房照顧她。在她住院期間，常有院中同事去看她。這時我就會出去走走。有一次，走到閱覽室，在結緣書架上看到一本薄薄的《大乘無我觀》，我帶回閱讀。一讀之下，啊呀！不得了！我邊讀邊掉眼淚：這才是眞正的佛法呀！我趕快再回去，又找到一本《無相念佛》和《平實書箋》，前者完全是實修者的親身修行體驗，後者則是善知識從宗出教的深澈思辯。這時我想到有幾位以前現代禪的朋友似乎在正覺同修會共修，馬上設法聯絡，終於找到了張○○師兄。張師兄告訴我，正覺十月份的禪淨新班剛開課不久，還可以報名；每週二晚上 平實導師都在講經，對外開放。我立即前往聽講。

當晚，平實導師宣演的《妙華蓮華經》，正講到〈信解品〉；此品為菩薩大迦葉、阿難弟子們的自況。略謂有一大富長者，在年邁時找到離散多年的獨子，此子孤苦窮困，長者考慮到此子自卑自憐、心志怯弱，若直接告知事實眞相，窮子恐會不信，且將疑有僞詐，終致無法繼承龐大家產。爰先委以除糞之職，漸次升遷，一面慢慢建立其信心與智能，一面逐漸熟悉家中財富，最後才告以實相，由其接掌廣大家業。當時我心裡一陣觸動：我不會就是這個窮小子吧？

我，終於回家了。

無相念佛植根基

我立即報名參加余老師主持的週一禪淨班，開始接受正法知見的熏陶。余老師辯才無礙，非常有體系地將大乘佛法的要旨傳授給我們。一週後，張師兄送了我一套《禪—悟前與悟後》和一冊《我的菩提路》。我自己選購了《眞實如來藏》和《楞伽經詳解》第一輯。《禪—悟前與悟後》一書循循善誘，對於自學的禪子，確是最好的指引。《我的菩提路》書中的故事，對後學者有極好的激勵作用，我都很受用。

先前現代禪的朋友看了我請的兩本書，都睜大了眼睛，說「厲害！」我很納悶他們爲什麼有這種反應。現在我總算明白了。雖然公務繁忙，在兩年半的禪淨班中，我總是盡量準時到班上聽課，並閱讀親教師指定的 導師著作；在知見的增廣方面，進步非常快速。我也擔任班上請購書籍的推廣組義工，並在後來加入編譯組，協助部分 導師著作英譯的校對工作。後來因緣際會，也幫忙行政組作一點法律諮詢的工作，爲護持正法稍盡棉薄。

在正知見的熏習之外，正覺以無相念佛的動中功夫植基，對於修學正法的學子而言，此法是極爲善巧的妙方便。無相念佛不但可以增長定力，也兼有消除性障及開啓智慧之功，其法實用易行，除了必須專注意識的場合及睡眠之中以外，幾乎無時不可用此功夫；不論初學、老參，俱能從中得利。導師施設此法，實是現代學子莫大的福音。在每天早上的供佛及早晚拜佛之後，可以迅速增長福慧，兼可消除貪瞋慢心等性障。每日拜佛之後，總是要迴向給累劫父母師長親友，及所有冤親債主，願他們有緣得以歸命三寶、遇善知識、修學正法、早證菩提。最後並發願：**願消三障諸煩惱、願得智慧眞明了、普願災障悉消除、世世常行菩薩道**。這些跪拜及發願等作爲，可以迅速增長福慧，兼可消除瞋慢性障。有理有事，善巧已極，千萬不可等閒視之。

禪淨班結束之後，我繼續參加進階班。首先由白老師當時現出家相，對學生十分親切，他要求我們眞切觀行「我與我所」之所在，並常交代我們無論作什麼事，都要帶著憶佛念。這是非常有用的提醒。進階班的親教師後來改由陳正源老師擔任。陳老師也是司法人員，爲人厚重沉穩，對學生非常照顧，常常垂詢我的修行近況；沒有陳老師的及時鼓勵與鞭策，我是不可能在短短幾年破參的。

在禪淨班和進階班的修學過程中，我最喜歡聽聞破參菩薩的見道報告。他們都眞心呈己所見，此等報告，或極爲感人，或幽默風趣，所述多是重要而微細的修行訣竅，我們聞之也眞心歡喜，隨喜讚歎之餘，自覺受益良多。

四次禪三苦中參

我在禪淨班初次具備資格時，鼓起勇氣，報名參加進入正覺教團以來的第一次的禪三，幸獲錄取。此次報名，完全緣於對 平實導師莫名的孺慕，當時只想一圓「**與善知識共住**」的心願，自然不敢奢望可以破參。四天的禪三就這樣在疑惑迷悶和膝痛腿痠之中混過去了。參加禪三只是爲了這個願望，於今思之，誠然愚不可及。然以當時向道心志之薄弱，定力、知見之欠缺，即使 導師慈悲引導，由於得之容易，恐怕不是流於一時解悟，就是悟後快速退轉。然則，日後福禍如何，實難預料。

第二次參加禪三，依循 導師對於洗碗的指導，我抓到眞心如來藏○○○○○○○，一時頗有自信；然在與監香老師小參，奉命「手呈」時，監香老師一句「這是○○○○」，就給打回原形了。在這兩次禪三中，對於監香老師看似冷言冷語背後的悲心，是不太能體會的。

第三次禪三小參時，導師在解釋「妄心○○○」後，直接指示參究「眞心在哪裡」。我聽後卻一直爲「妄心是否○○○○」的問題所苦惱，竟不知放下一干葛藤，全心參究後一句。與監香老師小參時，老師指示觀察五陰性相如何再來回復，我認眞觀了又觀，回來回應老師說：「都是緣生性空。」接著又自以爲高明地補充說：「眞空妙有。」老師說：「很好！你繼續這樣看，有一天會看到如來藏哦！」我謝過老師，心裡想：最好是啦！但我在禪三期間這樣專心、用力的觀，卻什麼也看不到，憑什麼盼望下山之後哪天會看到如來藏啊？但是老師說得這麼肯定，不也有點授記的味道嗎？想想還是覺得應該心存感謝，說不定我哪一天因緣成熟，就會看到如來藏了！

第四次禪三之前，我把每天拜佛的時間加長到一個鐘頭，自覺定力頗有增長，然而知見卻仍嚴重不足。首次與 導師小參時，導師看這個「**憨囝仔**」好歹也來四次了，看起來仍然這樣昏昧，於是劈頭問說：「○○○○○○○○**的是誰？**」我很緊張，想了想，答說「○○」，（奇怪，○○○「○○」的一部分嗎？）導師大概好氣又好笑，也不想跟我夾纏不清，直接說「**是你的如來藏**。」這下，我倒有點領悟，自認爲抓到了一些訣竅；當下興奮異常，點頭如搗蒜。後來與監香老師小參的時候，對於如來藏的性相作用竟能頗有發揮，監香老師看起來頗肯定，又幫忙作了一些整理，然後曉示我回去再以經教印證所悟內容，再回來小參。

天啊！我現在哪記得什麼經教內容啊？此時我腦中一片空白，在禪堂找來找去，也只能看到 世尊座像後面被遮掉大半的部分《心經》經文，其他什麼聖教章句也想不起來了。此時四天的禪三已接近尾聲，心知此次仍然無望，但因有所觸證，內心非常感念師恩，同時燃起一線新的希望。心想：說不定再來一次就解決了。（天知道？）

五度一關蒙加持

六個月的時間轉眼就到。報名之後的二○一六年九月初，我突然被任命為法務部某司的主管職。這是我這一生首次擔任行政主管職務。這個部門負責的事務非常繁雜，所有國際與兩岸間的司法往來事宜，以及國際經貿法律諮詢都在它的業務範圍，與此司業務相關的國內外機關很多，部內部外會議不斷，來自內部、外部的疑難問題層出不窮，每日工作只能用疲於奔命來形容；假日不時要加班，能用來修習定力及提升知見的時間少之又少。更慘的是，在此之前我被指定在一場智慧財產權的國際研討會上作一場英文簡報。我把兩個月中所有能用的公餘時間，包括三天的中秋連假，悉數用來準備這個只有三十分鐘的簡報。

蒙佛菩薩不棄，我第五次被錄取參加本期精進禪三的第二梯次。上山時，我一則非常感恩，某福薄障重，何德何能，竟蒙諸佛菩薩如此眷顧！另一方面則其實非常心虛，深怕再度空手而返，佔了別人的名額（報名一次又一次還未能上山的，大有人在啊），又一次減損自己原已微薄的福德。念頭一轉，既然上山，眼前只有一條路，唯應一心參究，但求突破，不思其他！

上山時，我與三名大陸同修被分派搭乘梁師姊的車；師姊和善親切，由師姊安穩的談話態度，我隱然瞭解師姊已然破參。她很和善建議：只管自己，不看別人；心情放輕鬆，要有充足睡眠，不用勉強熬夜；聽到題目，立即在佛前、韋陀菩薩座前及 克勤祖師爺座前複誦，以免忘失；每次一上堂就向佛菩薩發願、祈求；將每天每個階段的修學功德都立即迴向給冤親債主，並請求 韋陀菩薩代向累世冤親債主轉達：願將此次禪三修學正法的所有功德，全數迴向他們得蒙諸佛菩薩接引往生善處，得遇善知識修學正法，未來能成爲同修道友，同行菩薩道，共成菩提果。心情要放輕鬆，不必勉強熬夜。果然，這次 導師普說時的開示與公案，有許多都聽得懂。甚至先前摸不著頭腦的過堂開示，也大多可以領會。

和歷次禪三不同的是，本次禪三在向佛菩薩祈求發願時，覺得非常自然，每天數度發願、祈求時，全然不覺其煩。此次禪三所發之願，總有二類，一爲通願，一爲別願。所發通願是：世世追隨善知識，修學無上了義法，世世常行菩薩道，如來家業誓荷擔，弘法利生願無盡，永遠不入於涅槃。所發別願則爲：一、協助 導師今生將了義正法帶回大陸。二、協助師友整理 導師著作精華並將之譯爲外文。三、今世得以擔任親教師直接弘法利生。

起三之後的第二天，首次與 導師小參時，導師先問了幾個問題，對如來藏的性相作了簡要的開示（可惜當時太緊張，當面錯過密意要旨），給了幾個問題要我參究。我退了出來，隱約感覺此次禪三恐怕未必有望破參。回頭一想，事到如今，破參一事，豈是強求可至？向佛菩薩禮謝之後，回到座位，立即遣除適才的不安，用心參究。

於監香老師小參開始前，忽蒙 導師召見。看到 導師，我一時既悲又喜，不能自已，不自主跪了下來；導師很慈悲地讓我坐著，以簡單數語，作了此生最重要的修行指導。我謝過 導師，回到禪堂，向佛菩薩稟白拜謝，並殷重發願盡未來際追隨佛菩薩及 導師弘法利生，永不休止。

不久到了小參室，面對監香老師語氣溫和但態度嚴肅的質問，我不無遲疑，不敢直接以適才 導師的指點回應，因爲這並非自行參究所得啊！老師問我是不是很緊張，我很想答說：「**豈止緊張，簡直害怕！**」出了小參室之後，對於首次小參當然並不滿意，但要怪也只能怪自己：畢竟這六個月來不夠精進啊！回頭一想，既然因緣如此，追悔無何裨益，只有收攝心神，一心向前直行！

到了最後一天上午，導師再次召見，授與若干法理精要。明明聽時清清楚楚，進到禪堂之後，尚不及向佛菩薩稟報，即已忘失大半；到了佛前，竟已剩下十之一二。我少時以敏於誦記為能，如今記憶力難道已喪失到如此地步？此時才想起 導師的警語：「**想靠記憶破參，是不可能的。**」感覺有些失落，又有些沮喪（平常用功不足，怨不得別人啊），回到座位上，先把心情放鬆，接著澄靜心慮，靜靜尋思，此時 導師的教導內容，才又慢慢浮現。在最後一次與監香老師小參時，已能從容應對舉述。監香許老師非常慈悲，在我回答不夠完足的地方，又加以補充整理，並再次確認，才讓我出了小參室。

通過監香老師的考試之後，接著是 導師的親自勘驗。這個過程，與其說是對於學人悟見的勘驗，不如說是佛法祕藏的直指。其深廣細膩，其精采絕倫，實是世間所無。到了這個階段，愚鈍學子如我，才能真正體會善知識慈悲之深切和智慧的深廣。這些聞所未聞的指導，都是經教上所無的深細無生法與生滅法的和合運行，聽聞當下，其力萬鈞，極為震撼（同桌的周威良師兄在解三時有感而發地說：「**導師傳法之般之誠，令人顫慄。**」旨哉斯言）；可卻又和煦溫婉，毫無壓力之感，有時還頗爲幽默。導師似乎恨不得在最短時間內，把全部的佛法功力全部灌輸給我們。勘驗中之指導充滿驚奇，數度內心澎湃，難以自已，心中的快樂又難以言宣，實不知如何形容。所謂「歡喜踴躍，得未曾有」，庶幾近乎！在爲時甚長的指導過程中，我等學子無不大開眼界，親見善知識令人動容的法要傳授，也親炙到善知識的慈心無量。其間除了歡喜，只有說不盡的感恩。

弘法利生盡未來

某在此次禪三，蒙諸佛菩薩及 導師慈悲攝受，得以明心破參，自知自證此後安穩有分，感恩、喜樂之心，是無法以言詞形容的。以下幾點是禪三之後的心得一部分，茲錄於下，用以供養有緣同修道友。

如來藏的了別行相微細至極，與識、想、受、行各陰密切和合運作，非常難以區別，特別易與○○混淆，若非善知識細心引導，極難辨別。個人以爲，全然依靠己力參破，殆無可能，唯除大菩薩再來。更何況，意根與如來藏二者，俱皆起於無始，二者性相雖然大有差異，然其差異所在，卻極幽微難知。我在第四次禪三之前，依著 導師著作及親教師平時的教導，以意識在存續及功能上的限制，辨別某些意識所無能爲之事，自認應與眞心如來藏的功能德用有關；但因不知不解意根所在及其性用，以此仍然迷昧眞心所在。

對今世有志修學佛法的知識分子而言，慢疑之障道，恐有甚於貪瞋者。粗重的貪慾與瞋恚，固然與道不相應，惟貪、瞋之起，有其特定因緣與場合，是以悟道的前提，並非完全消除所有貪念與瞋習，而是降伏無時不在的慢心與狐疑。所謂的慢心，不但指對善知識甚或佛菩薩的微細我慢，也兼指日常對他有情眾生的粗重驕慢，俱應在遣除之列。疑則泛指對佛法或善知識所傳之法，欠缺淨信而言（編案：如是之言，好似預言日後琅琊閣、張志成等人的退轉原因）。務應日日在佛前懺悔業障，庶可逐漸消除此等慢心與疑見。

修學了義正法，德行之重要性遠遠重於知見。個人以爲，佛菩薩傳法之對象，必是或多分或少分具有大悲無我根器之人。蓋大乘佛法修學的目的，乃在引導眾生離諸苦迫，得諸安樂。破參明心之後，了悟心苦本空，自知安穩有分，此一體悟何其可貴！菩薩學人得此總相智以後，進而追隨善知識修學種種別相智，乃至道種智，而在菩薩之道上不斷輾轉增上，固非無自身受用之處，然其根本用意，則在求得更深細之智慧與更多善巧方便，以救眾生於沉溺。所謂「但願眾生得離苦，不爲自身求安樂」，原是一切菩薩的悲願（實則，不爲自身求諸安樂，而其無生法之快樂自然至焉）。某以爲，這是正覺不斷強調學子應有菩薩種性的原由所在。學人欲求破參明心，唯於慢心調伏，加以利樂有情，菩薩性具足發起，護持正法之福德積累到一定程度，並發永世荷擔如來家業之大願後，始可能有悟道因緣。

自忖以某德行、知見之微薄，煩惱性障之深，本來或無明心因緣。先前破參一事，殆係諸佛菩薩念某不爲己利、求法之誠，慈悲加持所致。感恩之餘，唯有加倍努力，緊緊追隨善知識，全力修學正法，培福除障，逐步實踐悟前所發護持正法、救護眾生之誓願，永不止息，以報佛菩薩恩德於萬一。

南無　本師釋迦牟尼佛

南無　大悲觀世音菩薩摩訶薩

南無　平實菩薩摩訶薩

弟子　蔡秋明頂禮敬呈

二〇一六年秋季禪三

見道報告

——黃敏華

弟子敏華出生於中部的一戶經商人家。祖父跟父親經營一個當時規模還不算小的飲料工廠。生活出入都有傭人及車子代勞，當時經濟寬裕而生活舒適。只知曾祖母在中年時就開始茹素，這後來影響祖母也在中年時茹素，並開始勤於在中部蓮社聽李炳南老居士講經說法的歲月。聽聞父親說過，在他接送祖母往來蓮社聽經聞法的日子，他也開始了佛法熏習的啓蒙時期。因此，小時候末學的家裡就充滿了各式各樣的經典跟書籍，隨時隨處都能就近親近佛法。

好景不常，工廠的經營每況愈下，家族親人間的爭執也愈演愈烈，彼此間的嫌隙也日益擴大。祖父在我大約國小六年級時用他自己的方式結束了生命（我想當時他一定活得很辛苦。有時我想起每次我們回去看他時，他都很慈藹的摸摸口袋並拿出零用錢來塞給我，我知道這是他對孫女的一種善意表示），當時一聽到祖父去世的消息，一陣悲傷襲上心頭，趕忙跟著家人趕回去祖父家送別祖父。

跪在祖父大體前幫祖父助念的時候，一面持誦著 阿彌陀佛聖號，一面好奇觀察祖父往生的大體。我當時雖然害怕(大概是一切人對往生者都有的無名恐懼吧)，一面卻在心裡等待，想看著祖父的神識何時會離開大體(應該是父親把他從經上所瞭解到人死亡的情形而告知過我)，但是我一直等待不到，直到唸得很累，於是家人要我上樓去休息。當時我趴在桌上，但還是頻頻抬頭看看是不是祖父神識已經出來找我，而我能瞧見(現在想來也覺得很好笑)。這是我第一次感受到生命的無常。

從那次以後：「**人死後要到哪裡去？我是從哪裡來的？氣不來時我要怎麼辦？**」這樣的疑問就開始縈繞在我心中。每每這個念頭一上來，整個夜晚我都無法成眠。而這樣的情形持續了許多年；當時我還常想，這種困擾是不是因爲我頭腦有問題，一般小孩哪會去關心這樣的事？小孩子遊玩都來不及了，自己是不是愛鑽牛角尖而無病呻吟？然而這種壓力不是用注意力移轉就能解決的，因爲每個眾生在每段的旅程中都在爲自己找一個生命的出口。

直到有一天我開始翻閱家中架上的佛經，我試著開始唸起了佛經。當我隨著經文所鋪陳的義理（當時認爲是故事情節）一一誦唸時，我發現自己竟然益發歡喜，好像知道經典可以解決我的困擾，而此時我也對 佛生起了無上的恭敬與渴仰。就這樣我開始了課誦佛經的生涯。學生時期只要功課作完了就順便唸一遍這部經、唸一遍那部經，到最後就誦了多年《金剛經》。只要我一發現心裡的困擾又再度生起，唸經變成了我的良藥祕方，我好像知道經典可以作爲我的心靈依靠，解決別人無法理解生命複雜的困惑。

大學畢業後的某一天，我突然想起我應該要去依止一個道場開始修行。當時盧勝彥的法正在臺中盛行，左鄰右舍好像中毒般把他的書一本本的研讀跟傳頌。雖然我看他的書並不多，只知內容大多以示現神異者多，但說到佛法義理則是乏善可陳。但當時我也不排斥去理解看看，於是找了一個離家近的道場開始去共修。第一次去就修了上師相應法（其實我覺得這個好像是在作置入性行銷，把盧勝彥這個上師放進學員心中），等到共修完了，我心裡馬上起個念：「**這個是佛法嗎？如果是，未免也太淺了吧。**」後來同修們建議要去神岡附近盧勝彥一位弟子開設的金極堂去求甘露；我好奇，於是依著所約定的時間前往。

末學基本上算是方向感良好的人，可是當天晚上，我開車竟然迷路了。我在附近一直繞、一直繞，就是找不到路。可是末學也鐵齒，心想：「不可能！我一定要找到路去瞧一瞧。」（現在才知道一定是佛菩薩或護法神不讓末學去。）到了以後，開始求甘露的精采過程。求甘露者要一個一個跪在瑤池金母面前跟她許願（大多是唸經或者是作一些布施之類的吧，末學也忘了）並取得三杯允杯，才能得到堂主給的甘露。

末學前面一位位同修都順利取得三杯允杯，輪到末學開口求時，末學想：「這個簡單，我就發願來唸《金剛經》迴向。」末學從幾十遍，一直加碼到最後好像是兩千遍（當時心想，念一遍二十多分鐘，每天念個三次，一兩年就念完了），可是不論如何求、如何擲杯，就是等不到三杯允杯。因爲末學耽擱後面別人太久了，堂主可能看不下去了，馬上出來解圍說：「我幫妳問一下，看是甚麼原因求不到。」只見他掐指念有詞，就說了一句「妳的佛緣很深」就沒了。末後還問了一句：「妳還要求嗎？」末學爲了不想耽擱別的同修，就回答說：「那就下次再說好了。」可是一直心裡面想著既然佛緣深，爲什麼不能得到甘露？

第二次來到金極堂（也是最後一次）是同修們說要作火供。當天中午大夥們把食物丟進火中完畢後，末學開始臉色發白想要嘔吐。一位師姊看到趕緊去請堂主來看末學，並在末學頂上按了一下，當時覺得有股涼意從頭頂往下流動，想嘔吐的感覺頓時舒緩不少，一下子末學也恢復了正常。後來末學想想，這裡可能不是我可以安身修行的場所，索性就不去共修了。殊不知，沒去一次（還是二次）後，道場竟然有位年輕男學員還打電話到家裡來問末學為何不要再去共修了？末學當時心想，這也太怪異了，末學的電話怎麼會被外人知道？這更堅定末學不要再去的決心（還好當時沒有誤入狼窟）。

在與同修結婚前，末學一直作著日常課誦的功課。有一天忽然想到應該要求 佛菩薩安排善知識給末學，末學才能跟著學習，不可能一直都在誦經，到底經典的眞實道理是什麼？也應該要去嘗試、去理解才對啊。於是找尋善知識的心願就被當作課後祈求 佛菩薩加被的目標。婚後不久，公公說有位善知識要來臺中上課，問大家要不要一起去修學，大家異口同聲贊同，於是就在開課當天一同前往忠勤街地下室上課處。

第一次見到 導師時，導師親切的跟學員們問候，當時末學心想這個長輩好親切隨和。雖然有幸在 導師座下熏修三年，但是當時末學兩個女兒陸續報到，每日生活忙碌；再加上娘家也陸續出現一些問題，末學也無法用心在學習上，所以算是浪費了三年，現在想來覺得懊惱。待三年課程結束後，公公上山破參了，陸續表哥、同修、大姑、表嫂也都破參了，我開始緊張起來了。心想大家都能實證佛法，那末學也不能再這樣繼續混下去了。

記得末學第一次上山與同修一起，當時是什麼書都沒讀，也可說是知見缺乏就勇敢上山了。後來才發現是慘案的開始。末學沒在家練習過拜佛，當時不是參究就是拜佛的時間，讓末學拜得腰痠背痛，也不敢一直坐著參究（因為完全不知道要參什麼），只能一直拜佛看看有沒有入處。過堂時 和尚的機鋒話語，末學完全摸不著頭緒。每次過堂時都食不下嚥、膽顫心驚非常難受。猶記得當時的同班同學、現在已經是親教師回答問題時斬釘截鐵般的霸氣（和尚當時好像有些認可的說了句：「有一點屎臭味了。」）心裡面就祈禱等一下千萬可不要點到我、要我回答問題。於是，第一次上山就在與痠痛持續對抗、心驚肉跳中慘烈的結束。解三後下山，末學倒是釋放了身體跟心理的壓力，有沒有過關好像也沒有那麼在意。

第二次上山是在半年後，末學依然沒有入處。第一次與監香老師小參時（當時是正光老師，與正光老師的緣後面再述），我跟老師報告說我都不知要參什麼，老師教我洗碗練習。我當時很認眞看著他的臉聽他說話，他馬上糾正我說：「**是叫妳○○，妳在看哪裡啊？**」當時末學有點嚇到。然而碗洗了三天依舊沒洗出甚麼名堂，只是當時專心洗碗時似乎有點體會。當正圜老師來問時，末學懵懵懂懂地說好像有個東西，但究竟是什麼，末學說不上來（因爲還是沒看書也沒定力），於是第二次上山又敗下陣來，鎩羽而歸。

後來末學痛定思痛下定決心，要把 導師的書重新研讀（其實是開始研讀），於是書一本一本的看，一方面公案拈提也對照著讀，這三四年間末學沒再報名禪三，末學心想一定要有個方向才好再報名，不然去了也是浪費時間。末學在書中的字裡行間尋覓可能的入處，在研讀了一陣子之後就開始整理歸納到底如來藏是個甚麼。當時末學從如來藏也是種子識，種子又叫作「界、功能差別」開始思索。既然書中說祂無形無相，只能以作用顯示之，當時心想那身中的所有作用不就是如來藏的所在？這種意識思惟自以爲知的想像（當時心想總算是方向對了）跟後來觸證看到的又是不同的體驗。

有一次正作完家事進房前正在思索，在踏入房間的那一剎那，忽然間我看到我左邊○○的○○，一念間我看到了祂，下一秒心中馬上出現：是不是境界法？有沒有離見聞覺知？（還好這次有乖，把正光老師說的這兩個檢驗口訣熏入心中）發現祂都沒有落在這上面，心裡面好高興。

正光老師是禪淨班結束後來臺中上課的第四位老師。前兩位楊老師跟李老師（後來才知道都是退轉離開了），先後上了三或四堂課吧。末學當時上課時，一直意興闌珊無法相應，也不想知道他們在教甚麼。後來發現了怎麼這個班一直在換老師，直到正光老師出現。當他開始上課時，一聽到他說法，我突然醒了。我心想這才是我要的法。記得後來正光老師自己提過，他本來都準備好要怎麼說了，但是當他一開口說話，發現自己所說的跟準備的是完全不同時，他也很訝異。顯示了　佛菩薩的威神力要來攝受我們這些學子們。

就在兩次禪三很久後的某一天晚上，末學夢到了　導師突然出現在我夢中跟我說話，內容大約是說我上山兩次說得還可以啦（可能是在安慰我），然後就轉身離開，而我緊跟在老師身後一起走。突然我頭腦一閃，我急忙轉身去盛了一碗湯，然後走到老師已坐下的桌前放上前去。然後夢就醒了。醒來後一直不明白這是何道理。接著不久後的一天晚上作夢，正光老師對我喊：「**黃敏華！妳到底是看清楚了沒？**」然後夢醒了。夢醒後我一直在想到底是要我看什麼？第二天晚上，正光老師又出現了，他對我說：「**妳看〇〇〇。**」然後就在空中〇〇〇，之後夢又醒了。後來才知道老師是在警醒我，而他在跟我指示如來藏的所在。

之後我陸陸續續有些奇異的夢說不出何道理（也許是胡思亂想），一次夢中看到正光老師正在吃飯高興的看向我，另外還有一次看見有個人（不確定是誰）在大殿中突然開口說：「**其實寬道法師也很關心妳。**」（眞奇怪，因爲末學從沒在寬道法師座下上過課，只有一次他來臺中主持法會，跟著大家一起頂禮奉上供養，其餘是沒交涉的。）還有一次 導師來問我會了沒？我沒說話，馬上搬起一塊石頭繞了一圈，導師馬上在胸前用手好像在攪拌東西一樣用力轉動手臂還說了一句：「**這樣更好喔。**」

後來末學還夢到末學跟大家說「**這裡快倒了，大家趕快逃出去**」的場景。之後我看到自己在中國式的建築迴廊裡，一直跳來跳去然後打開其中一扇門，一進來我瞥見身旁地下好像躺了一個人（也許是看錯），一位清臞面容的出家師父正坐在椅上。我馬上走向前雙膝一跪跟師父說：「**師父！您收我作徒弟，我跟您一起度眾生。**」後來想想當時自己還不笨，懂得要跟師父這樣說話巴結、巴結。

還有一次我還夢見 導師在跟我考試，我也聽不清楚我回答了什麼，然後 導師要我去看花。我還看見一位以前教學組的師姊（其實根本不認識，是上山看過的），陪著我一起去看花。

第三次上山本來信心滿滿，想到自己上山前已有觸證，也檢驗過了應該不會錯了。哪知因緣不具足，那次並沒有更進一步的進展。解三回來的第三天還是第四天晚上，我又夢到自己在大殿上，眼前是 世尊金色的慈顏，正彎腰準備拜下時，突然聽見 導師開口罵了起來：「**這麼笨！這個也不會！**」我馬上從夢中驚醒。

後來幾次上山，可能因爲體驗不深，始終在第一、二、三題中卡關或是中間又被打回票，重新再參。直到後來 導師出手相助。

這次上山前因爲公司事務繁忙，連該作足的拜佛功課也沒作完。不過起三前的懺悔，末學很認眞專心的好好把自己無始劫來的無明跟性障徹底的悔過發露。在起三後，心中專心憶念著佛，也同時練習體驗著境界現前時眞心跟妄心是要如何次第的現起，雖然還是臨時抱佛腳。

第二天跟　和尚小參時，和尚重新複習上次所提的問題。其中　和尚問的跟弟子想的有些出入；還好回答時，重點有說到，和尚就順勢接下去讓弟子順利的回答完三個問題。末後時間已到，還慈悲的把監香老師會問的另外三個考題快速的提醒了一次。末學一聽，這些問題剛好上次上山時都有答過了，心裡就覺得踏實不少。

第三天開始小參時，末學遇到了正禮老師。一坐定，老師就問：「妳很面熟，是不是小參過？」末學回答：「沒有欸！」老師忽然想起接著說：「妳是不是那個學梵文的？」末學說：「對啊！」他突然笑笑說：「妳怎麼到現在還在這裡啊！」之後就開始給我震撼教育。老師就開始類似說大家都說他很嚴苛，又說　導師說「只要小參繞過他（正禮老師）學員就容易會過關」之類的話。這時我心裡開始覺得有點忐忑不安起來。

後來他拿出一個杯子說「杯子能裝水」，然後說了一些話，我忘了，問我說：「妳知道如來藏是有量、還是無量？」（還是有邊無邊，我忘了）我說：

「無量啊！因爲祂功德無量。」然後好像還問，如來藏在哪？我回答：「祂○○當然是遍身啊！」老師顯然不滿意這種回答就開始談到《成唯識論》怎麼怎麼說，玄奘菩薩怎樣破斥外道的遍身論之類（好像是諸如此類）的話。我趕緊插話說我都還沒入門，《成唯識論》的道理我哪裡可能現在理解，希望趕快轉移話題。

那老師就好像一直在引導我，就說：「不是說遍身不對啦！」又問：「妄心在哪？」我說：「在○○啊！」忽然間我體會到老師要我回答的問題，原來我老是在○○○看到祂，都沒從本體上仔細瞧過祂。於是我就回答：「那就是○○、○○、○○……」老師終於鬆了一口氣並補了一句：「還說無量哩！」然後說解決這一題，那下面三題就好辦，因爲時間超過了，我就退出小參室。

出了小參室，我到 佛前去稟白，本來只是平常心例行謝謝 世尊幫忙，但是突然發現我的雙眼竟在不知不覺就流下了眼淚（跟情緒波動時流淚的情形不同），我感受到 世尊對我的護念。記得上次上山時，末學禮佛時，本來弟子一直以來都以 觀世音菩薩作爲憶念的對象，但是就在那次禮佛時，憶

念的對象忽然就從 觀世音菩薩直接轉換成 世尊，當下弟子知道這是 世尊在攝受護念末學，此後弟子就以 世尊作爲憶念的對象。後來的三題跟正源老師小參後也順利通過，正源老師再出的一道題，末學也順利答完了，看到正源老師正在開單，我的心總算放下。

晚上普說完回寮房休息，躺在床上，我都沒有感覺到特別的高興或興奮。睡到快二點醒了過來，忽然想到早上正禮老師問的問題。記得外道前來問 世尊有邊無邊的問題(好像是這樣)，末學想起來正答應該是說如來藏依祂○○○○○○來作爲祂的邊際，所以佛身無量無邊，螞蟻的身量依○○○○○作爲牠如來藏的邊際。

第四天早上，本來以爲面見完 和尚以後，寫完問題就要開始喝水。殊不知第四天一整天的功課比起前三天加起來更累。和尚考的兩個書寫考題並不特別難，一面書寫時一面在書中或經典曾經讀過有相關的陸續地就從腦袋中浮現，稍加整理，就進去報告了。接下來開始喝水體驗，我開始漸漸覺得體力不支，精神開始恍惚。

和尚指導喝水體驗應注意的地方，雖然末學有注意，但因爲晚上快二點醒來後就不再入睡而到喝水體驗時已經開始體力不支。再加上慢動作讓末學益發疲倦，喝水體驗時幾乎都在跟瞌睡蟲對抗，何況體驗一直是末學的弱項，於是乎報告時頭腦當機好不尷尬。經行時，體驗睜眼與閉眼眞妄和合，末學因爲有喝水的經驗，大概知道要報告什麼跟方向，這時精神也開始振作起來知道該努力走完這次的最後一哩路。

待　和尚正式印證我們所悟，交代我們前去　佛菩薩前、韋陀菩薩及　圓悟菩薩尊前謝恩時，末學終於開心起來了。高興的是終於可以開始內門廣修六度萬行，更高興的是末學今生能有這個福報可以依止大善知識不只熏修妙法，還可以一起行摧邪顯正、救護眾生之佛事——不違末學當年拜師之誓願。行筆至此，末學心懷感恩，感謝　導師慈悲樹大法幢、擊大法鼓、吹大法螺、轉正法輪，摧邪顯正救護佛子。末學願意世世常相追隨，行菩薩正行，並護持　導師直至成佛。

一心頂禮　本師釋迦牟尼佛

一心頂禮　西方極樂世界阿彌陀佛

一心頂禮 當來下生彌勒尊佛
一心頂禮 大慈大悲觀世音菩薩
一心頂禮 護法韋陀尊天菩薩
一心頂禮 克勤圜悟菩薩摩訶薩
一心頂禮 平實導師菩薩摩訶薩
一心頂禮 正覺親教師菩薩摩訶薩
一心頂禮 正覺海會菩薩摩訶薩

弟子 **黃敏華** 再拜 2016年4月18日
禪三時間 2016 4/8-4/11

見道報告

——丁正宇

一心頂禮本師 釋迦牟尼佛
一心頂禮禪三期間諸佛、菩薩、護法龍天
一心頂禮法身慧命父母 平實導師、親教師楊老師
一心頂禮禪三期間諸護三菩薩

上篇：學佛因緣

弟子從小喜好自然科學，卻又對佛菩薩充滿敬畏和好感。從初中開始，受母親影響，開始偶爾燒香拜佛，祈求學業順利，家庭和睦等。

小時候性格上有一個特點，就是不論遇到多麼開心的事情、身處多麼歡樂的場合，內心總是無法完全投入當下的歡樂，似乎總在掛念某件重要的事情，有種鬱鬱寡歡的味道，可要細說是什麼重要的事情，又說不清楚。朋友和家人經常說看到弟子心事重重，好像總有心事似的；也經常爲此受到父親

的批評，說：「從小衣食無憂，為何看你還是悶悶不樂，是誰虧欠你什麼嗎？」弟子其實真的不是故意惹父母不高興，只是不太知道為何就是有憂鬱的情愫……。

大約從十歲左右開始，弟子經常會作一個夢。夢裡面弟子站在家裡的陽臺上眺望遠方的天空，漆黑的天空中有一抹微亮，弟子就像期盼離家很久的母親回家一樣，心心念念盼著天空中是不是會出現什麼勝境；可是從來也沒有任何東西出現過，只是在期盼的當下，心裡面暖暖的，有很感動、親切有依靠的感覺……，每過半年到一年左右，就會作這個夢，這個夢醒來，都特別希望能再回到這個夢裡，繼續感受那個暖暖而親切的感覺……。

二十二歲從大學裡生命科學相關專業畢業前，弟子的生活都蠻平順。二十三歲那年，經歷了當時感覺刻骨銘心的失戀，就是被快結婚的女朋友劈腿那種，初嘗愛別離苦……。

二十五歲開始，以自命不凡的心態開始創業，先後從事過IT、化工、直銷、金融、服裝、教育、礦產、文化產業等多個行業。多數以失敗告終，深深體會求不得苦……，反思失敗的若干原因，當中有一個重要原因，可能是心智不堅定的緣故。某個行業剛熟悉了，就感覺到厭逆，想說是不是一輩子就要幹這個事情，那有什麼意義呢？一輩子就這樣了嗎？……

二十六歲那年，一位朝夕相處、才華橫溢、英俊瀟灑的知己好友突然因與陌生人一言不合，被一刀殺害。再次體會愛別離苦的時候，開始引發深刻的思索：人爲什麼要死？人爲什麼要活著？人爲什麼是活在被這樣設定的自然規則下？什麼樣的力量主宰設定了這些自然規則？人活著的意義到底是什麼？有沒有可以消除煩惱的終極解決方案？爲什麼打卦算命會算準殺人兇手三年後才被抓捕審判的事實？其中的運作原理和控制機制是什麼？……

二十七歲左右，由於從事了一個少兒教育的專案，經常在思考：到底什麼樣的教育理念是眞正的對孩子好？是教孩子從小競爭嗎？但第一名只有一個，那剩下的孩子豈不是都要經受心靈的失落，況且第一名可以永遠第一名嗎？

是教孩子從小以掙錢爲生活的目的嗎？可是親身接觸的很多非常有錢的人，他們的生活也充滿了不快樂啊？！是教孩子從小立志成爲一個成功的人嗎？那成功的標準是什麼？被別人說爲成功就是成功嗎？評價別人的人如果沒有比被評價的人成功，就好比說小學生給大學老師頒發獎狀，那這樣的評價又有何意義可言？……

結合早先已有的諸多困惑，就想剛好借著整理教學理念的機會，耐心下來，系統地梳理一系列形而上的深層次問題……，在遍讀東西方教育理念的時候，一位學校的校長無意間給弟子推薦了某位佛門「老法師」的學習材料——《和諧拯救危機》。弟子看完後，深深被中國傳統文化高遠的立足點吸引，以至於當時買了一百套《和諧拯救危機》送給學生家長。看到《和諧拯救危機2》的時候，在裡面聽到「老法師」說，學佛就是要「不分別，不執著，不妄想」。弟子當時深以爲然，就用力地去實踐。可就是因爲這個「不分別，不執著，不妄想」的法義，幾乎讓弟子成爲神經病——一方面要求學佛人要從善棄惡，另外一方面卻不能去分別。可是「不分別」又如何去了知什麼是善，什麼是惡呢？

另外，學習材料裡面經常勸人要精進地學佛、念佛。可是在精進的當下，難道不是對佛法的執著嗎？之後才知道，那位「大師」是六識和八識沒有搞清楚，落入「蒸沙成飯」的錯謬說法，是「名師」而非「明師」。在此也要殷重懺悔買《和諧拯救危機》送人可能誤導他人的過失。

後來，感覺這樣渾渾噩噩「修行」下去不行，就開始從網路上和書店裡廣泛涉獵其他「大師」的學佛的材料。包括淨空法師、宣化上人、星雲法師、證嚴法師、聖嚴法師、海濤法師、慧律法師、洪啓嵩、南懷瑾、智勝法師等。

但每門學習一段時間之後，都感覺深入不下去，普遍缺乏可操作性——「大師」水準可能很高，證量可能很高，可是從自己當下的凡夫境地，怎麼樣也能成爲大師的智慧？卻始終沒有一條清晰可見的路徑，都沒有教學體系的系統性和完整性。

有一天在網路上面到處逛，在「百度知道」裡面看別人的佛法問答。忽然看到一個師兄的諸多回答，全部都充滿了清晰的邏輯和推理，也處處引經據典，合情合理。就連別人「打破砂鍋問到底」時，也可以再進一步深入，把「砂鍋」底下的事情也說得一清二楚，而不像其他所謂「大師」往往在這種情況就雲裡霧裡說一堆似是而非的話。看完整個問答，簡直叫作酣暢淋漓、如沐春風。弟子按耐不住內心的激動和興奮，馬上和這位師兄取得聯繫，希望能當面拜訪他進行溝通。哪想知，茫茫互聯網大海，這位師兄竟然與弟子的同修是老鄉，就住在四百公里外同省的另一個城市。弟子當即驅車前往。

與這位師兄見面溝通了兩天一夜後，末學深感聽聞到了聞所未聞的勝妙法，遇到千載難逢的學習機遇。師兄懇切地把他檢擇諸方後認定的大善知識恩師介紹給了弟子。弟子此世第一次聽到了「蕭平實」導師的名字。

之後，弟子一口氣讀完了《無相念佛》一書，第一次感覺到佛法的修行是那麼親切，那麼有可操作性，可以那麼有次第地步步深入。更意想不到的是：當弟子開始領會無相念佛的憶念時，猛然想起兒時眺望遠方期盼勝境的夢，那個期盼憶念的念，竟然與無相念佛的念就是同一個念。當時激蕩在內心的震撼和感動，難以言表。也讓弟子對「過去世的種子可以延續到此世」的佛法觀念有特別而深刻的體會。

看完《無相念佛》一書後，弟子在網路淘寶店，請購了 平實導師和正覺的所有書籍。大約兩、三年的時間裡面，弟子經常每天閱讀五至八個小時，基本把當時 導師的書籍瀏覽了百分之七、八十。說瀏覽，是因爲許多部分看不懂或是理解很粗淺。就能看得懂的部分而言，坦率來說，弟子一直是帶著懷疑、推敲、考校、理性的眼光來看的，因爲弟子深知，意識形態和修行方法的錯謬，有可能帶來比喪生殞命更可怕的後果。二至三年時間學習下來，導師的著作竟然沒有任何一個地方不符合邏輯、不符合推理、不符合經教。這在之前的學習體驗中，是完全沒有過的。

懷著對 平實導師所傳法義的巨大信心，弟子于二〇〇九年、二〇一二年先後在正覺受持了三歸五戒和菩薩戒。

弟子開始隱約體悟到：兒時常年那種隱隱的憂鬱和掛念，就是來源於對究竟正法的追思。這種業力的牽引，絕非是此世憑空而來。弟子認定：此世活著最重大而唯一的意義，就是修學正法；除此之外，沒有其他任何意義。因爲正法是唯一可以讓生命體自身洞悉宇宙人生究竟眞相，並最終眞正掌握命運的唯一路徑。

從二〇一一年開始，弟子每月一至二次到數千公里外的地方去參加學習。由於此世最怕體驗的事情就是坐飛機，爲了節約時間不耽誤工作、不引起家人煩惱不得不坐飛機。弟子經常在飛機上面暈得死去活來。可是每每一想到 玄奘菩薩萬里求法的堅韌精神，就告訴自己：只要不眞的暈死，哪怕是爬，也要爬到可以上課的地方去。

隨著學習的深入，自己在世間三十餘年積累的一點點小智慧和小心得，完全被 平實導師和楊老師的智慧大海容納和貫通。平實導師宣說的法義，於事證、理證、教證完全找不出任何破綻；於現量、比量、聖教量，于宗門和教門形成的一個完整無漏的修學系統，讓任何想要修行提升的人都可以找到自己在系統內的座標點，因材施教、量體裁衣制定適合自己的修學計畫。也知道了提升證量和生命層次，要依託於福德、智慧、定力、性障消除四個支點。福德的提升要靠布施行，爲眾生、爲正法付出而獲得；智慧的提升要靠正知見的熏習獲得；定力的提升可以透過現代社會絕佳修行定力的方法《無相念佛》獲得；性障的消除需要在不斷爲眾生、爲正法付出的時候歷緣對境中去獲得……。

同時，弟子也看到正覺同修會從 平實導師到每一位親教師，沒有任何人領取任何酬勞和供養，都是靠他們自己的積蓄爲佛法、爲眾生在付出。從來不搞勸募，所有善款均來自於學人明白了布施之因果道理後自行發心捐贈。小至一分錢的善款，也開設三聯收據，作到有據可查……。

與正覺同修會相處時間越長，弟子越來越深深被上位菩薩的智慧、福德和奉獻精神折服，曾經一系列重大的人生困惑都逐步得到圓滿化解。應該說，弟子對正覺同修會、對 平實導師的認定和歸命，是建立在長期檢驗、比對、分析、實踐基礎上的，而不是來自於媒體的宣傳引導或者是內心割捨不掉的偶像崇拜。

既然對正覺的正法已經有了堅定的信心，就告訴自己應該按照 平實導師爲學人規劃的成長路徑去進步。爲了能更好地利益自己和他人，明心開悟是一個重要的里程碑。可是要如何才能獲得明心開悟的證量和被印證的機緣呢？開悟是用意識心找到父母未生前的本來面目如來藏，現觀祂的眞如法性。弟子曾經一度錯誤地認爲：既然開悟是一個亙古不變的事實，就在提升正知見後天天去參究好了，不用去參與什麼義工的工作，還可以避免惹上我是人非的糾結。

後來有一次上課楊老師分享到，有人問他培養開悟弟子最重要的祕訣是什麼？楊老師說道：「如果說有祕訣，那就是我教學的導向不是想要培養一名開悟者，而是想要培養一位菩薩。而菩薩是發起菩薩心且具足六度萬行的，而不是只有第六度般若的明心而已。如果只有第六度般若，好比要蓋第六層樓而沒有前五層樓的基礎一樣無法支撐……。」

眞是聽師一席話，勝讀萬卷書！弟子曾經一度陷入對意識心獲得明心證境的追逐，而忽略了眞正佛法實證的系統性除了探究明心開悟本身的證境外，更強調可以用來承載明心證境的心性基礎是什麼。如果忽略了心性的基礎只談明心的證境，即便能僥倖知道答案，也必將面臨退轉乃至誹謗正法的局面。

也想到曾經在沒有機緣參加正覺正式的學習之前，弟子曾經在網路上面跟隨一名叫呂眞觀的向正覺告長假的菩薩學習。現在可以清楚地看到，他傳的法義，的確就是沒有前五度，只談第六度，置佛法體系的完整性於不顧的片段式佛法。他還時常告訴學人：「**禪宗祖師有呵斥弟子代表印可的傳統，我的傳法，是受到平實導師默許的。**」後來才知道，那都是他的臆想。數年後，弟子才看到了正覺同修會公開開除呂眞觀會員資格的通告……。

敬愛楊老師的此番教導和提醒，眞是令弟子醍醐灌頂啊！！！

此後，弟子開始重新設計整個修學的路徑：弟子逐步減少了閱讀書籍和放逸娛樂時間，在儘量保證上課出勤的基礎上，把更多時間投入到義工工作中；在義工工作中，儘量多去幫助其他師兄獲得培植福德的機會，以及歷緣對境改變心性的過程；儘量不去在意是否會由於某次義工活動建立自己在彙報記錄表上面的功勳；可以快速見到成效的義工工作，儘量請其他師兄幫忙完成，自己儘量多地去規劃整體運營規則，並處理短期看不到效果的長週期事務。

弟子不斷用理性告誡自己，不能由於義工工作去長養對於五陰的熱愛和滿足，因爲五陰是如來藏的所生法，是功能極爲有限的法。不論如何覺得自己了不起，五陰的功能或五陰創造的成果在如來藏面前都是小兒科，是菜鳥。即便就五陰的水準進行類比，自己又如何與地上菩薩相提並論，更何況乎意生身到他方世界說法，乃至**於土於相得自在**的諸地菩薩；就更不用說，境界更加高廣深遠的諸佛了。儘管理性告誡自己不能去長養對五陰的熱愛和滿足，可是所謂「**理則頓悟，事則漸修**」，自己經常還是會出現慢心、貪心、瞋心等不如理的身口意行。在此，想要向所有由於自己貪愛五陰而惹惱過的一切眾生和師兄懺悔。

在世間法或義工工作中遇到困難的時候，弟子曾經經常會想：「**這個工作這麼難作，諸佛菩薩既然神通廣大，祂們來作豈不是很輕鬆快速嗎？為何讓我們來吃苦？**」後來才逐漸明白：正因為有諸多的困難和逆緣，才可以幫助自己去成就對於諸法的領會，才可以有歷緣對境的機緣讓如來藏有更多的種子現行，以便讓意識心去觀行。而意識心一次一次觀行後心得決定的成果，才轉化為末那識新的好習氣和所謂證量的提升。

正像小孩子做作業是為了讓自己對知識的領悟更加全面深刻，而不是為了幫老師完成作業本身。小孩子如果抱怨：「**既然老師會做作業，為何還要我們自己做？**」如果覺得這種想法可愛而愚癡，當自己抱怨佛菩薩為何不親自用大神力來度眾時，自己也應該認定為自己是可愛而愚癡的。畢竟，是自己想要提升，而不是讓已經福慧圓滿具足的諸佛或菩薩們再去提升。如果那樣，自己又何年何月能有歷練進步的機緣呢？

明白了這個道理以後，弟子在理性層面就告訴自己，只要心態上出現任何抱怨、急躁、無奈、煩惱、懈怠等心行的時候，都一定是五陰證量不足導致的，這恰恰反應了自身的瓶頸所在。這樣就相對比較能快速去調整心態回復工作狀態……。

也許是所思、所行逐步符合了成爲六住菩薩的標準，在諸佛、菩薩、平實導師、親教師楊老師、監香老師、護三菩薩的幫忙下，弟子于二〇一六年錄取了禪三，並通過了明心開悟的勘驗。在走路、洗碗、彎腰、吃飯、說話、拜佛、眨眼間，現量識得了父母未生前的本來面目如來藏是眞實存在，並且其體性清淨、不垢不淨、不增不減、能生萬法，確實證眞如了。也明白了修佛之路就是要不斷實證了知，乃至運用自如於如來藏中數量極大而有限的種子，且需要攝受廣大有緣眾生共同成就佛國淨土；然而可以讓這條路順利走下去的支撐力量，還是布施、持戒、忍辱、精進、禪定、般若等菩薩六度萬行……。

路漫漫其修遠兮，吾將上下而求索。大幸有 平實導師辛勞引路，有諸菩薩道侶爲伴，相互扶持，相互勉勵。弟子殷重懺悔無量世來對待諸冤親債主的所有不如理身口意行，願將修學佛法、護持佛法及見道之功德，迴向弟子的所有冤親債主及有緣眾生，希望我們解怨釋結，希望他們福慧增長，離苦得樂，往生善處，早證菩提。

下篇：見道過程及內容

從二〇〇九年底開始，通過閱讀 平實導師的書籍，弟子對正覺的法產生了堅定的信心和巨大的興趣。每天心心念念想的都是怎麼能上正覺的禪淨班，怎麼能見到 平實導師。經常在夢裡面都在想 導師，不知道多少次在夢裡面想哭了，醒過來又接著流淚。

大約是二〇一〇年，得知正覺的親教師要到某地上幾天的公開課，弟子欣然前往。在上課的前一天晚上，弟子作了一個夢，夢見自己是一隻大海龜在溫暖的水裡面游泳，還能看見自己的手是那種沒有手指頭、像是船槳一樣的手。手和腳往身體兩邊划水的時候身體就往前移動了。當時也沒有感覺到這個夢有什麼特別之處，只認爲是一個普普通通的夢吧……。

之後，有一次在公園裡散步，當時心裡面沒有什麼事情掛礙，心情很好，很放鬆。走到一條很長的沒有人的路的時候，弟子就想試著參悟一下如來藏是什麼呢？看 導師的書上說，要找如來藏要在自己身體裡面找，不要到虛空裡面找。弟子就想，乾脆就把眼睛閉起來好了，找找身體裡面有什麼特別的東西嗎？才閉起眼睛來，就覺得很好玩，身體空空的，很空靈，很空曠，又很神祕的感覺。可是，由於當時無相拜佛的功夫很差，又加上走路的時候閉眼睛會有點擔心撞到人，大約才五至十秒鐘就不敢再閉眼走路了；睜開眼睛走路的時候，要想再回觀身體，又幾乎很難作到持續較長時間，往往會被眼睛看到的東西牽引。

這個事情也就這麼過去了……。

有一次坐公車，人很擁擠，弟子站著，前面正坐著一個金色頭髮的歐洲人。她的頭髮是全金黃色那種，弟子就好奇，仔細看她的頭髮，感覺到非常奇妙——爲什麼她的頭髮從髮根長出來的時候就是金黃色的，而完全沒有一根是黑色的？爲什麼我們的頭髮卻是黑色的呢？是什麼樣的控制主體使得她的髮根只聚集顯示金黃色的物質，而我們的卻只是黑色？

現代「科學」會把這類幾乎所有解釋不了的問題都全部賴到「基因」頭上。可是，基因是一種靜態的、極小物質呈現出的、固定的序列狀態；死人的基因和他活著的時候是一樣的，那爲什麼死人頭髮不會長呢？那又是哪一個主體在「閱讀」基因的代碼以便呈現對應的現象呢？還有指甲的生長、傷口的癒合、心臟的跳動等一系列問題，從推理上來說，都必定要有一個具備極爲勝妙功能的主體控制這一切，才能讓這些現象順理成章的出現。弟子打心眼裡面確定，正法中所說的如來藏一定存在……。

二○一二年初，陪家人到埃及旅遊，到了美麗清澈的紅海。看到海邊有許多被海浪沖到岸邊缺水死掉的水母，還有的在半死不活的掙扎。弟子就盡力把能拿到的、還沒有死的水母扔到水深的地方。由於水很清，水母到了水裡面還可以看到牠們身子一縮、一縮地遊到更深的水裡面。

弟子從埃及回家後經常回憶起水母游泳的那一幕，然後就想：水母也是眾生，也有如來藏。那麼水母的如來藏是什麼呢？爲什麼水母完全透明、非常薄、又沒有骨頭的身體，○○○○○……？

由於弟子從小喜歡自然科學，對機械運動原理有一些基礎的認識——人類製造的智慧型機器人最複雜的問題之一，就是運動機能的設計。要讓一個機器人可以運動，要解決的是：動能原理的問題、機械結構的問題、能源轉換的問題、平衡的問題等一系列極爲複雜的問題。

一個小小的水母，智慧水準一定不會高於一個普通人類吧？可是爲什麼連人類最頂級科學家都難以充分解決的問題，一個小小的水母，竟然可以遊刃有餘地直接駕馭呢？可是，水母在實施運動的當下，牠的意識心有在考慮動能、結構性、能源、平衡等問題嗎？一定沒有！

爲什麼沒有呢？因爲弟子自己〇〇〇，也沒有在考慮這些問題。換句話說，現前觀察自己的意識心是完全不具備能力去解決——「〇〇」這樣一個極其複雜的問題的？那麼，是哪個心體在解決這個問題呢？

從推論來看，答案可能只有一個：如來藏！

在得到這個推論後，弟子當即用自己的手掌，模擬水母游泳，也那樣一縮、一縮的，然後就去觀察〇〇〇。發現原理的確不簡單……

也在想：所謂的現代科學原理可以解釋手的運動嗎？似乎是不能的。所謂科學的解釋，無非是說神經信號〇〇〇〇〇〇〇〇〇〇〇等。這樣的答案一定是不夠究竟。因爲，那又是什麼在控制神經呢？如果說是意識心可以控制神經，就說明意識心可以控制物質，因爲神經是物質。如果意識心可以控制物質，那爲什麼現實中觀察的結果是包括自己在內，沒有人的意識心可以讓一本書或一個蘋果〇〇〇，同時他們的意識心卻認爲自己可以〇〇〇〇〇〇〇〇，這很矛盾，也說明介於意識心〇〇〇〇〇〇〇〇還有一個眞正〇〇

○○○○○主體存在。如果說是○○○○○○○○○○，那麼爲何死屍和菜市場的肉○○○○○○呢……？

弟子初步推斷：○○○○○○○○○○○那個「空空的主體」就是如來藏。

隨著禪淨班課程的持續，親教師慈悲地不斷強調無相拜佛的重要，弟子盡力堅持早晚無相拜佛。

在憶佛的功夫加強後，弟子經常在散步的時候去體驗前些年覺得好玩的閉眼散步——終於可以在反觀憶佛念的當下把憶佛的念捨掉，反觀的能力就可以持續的照見身體的全部，這個被照見的身體就是如來藏的總相吧。因爲，只有如來藏，才能○○○○○○○○○○○。這個非物質的身體，和曾經夢裡當大海龜時候的身體，也是一個。沒有變的部分只可能是體性恆常的如來藏，而可以改變的色身和意識心，一定不是恆常不會壞滅的如來藏。

抱著這樣的認知，弟子開始閱讀禪宗公案和 導師寫的現代公案，發現以前落入意識心去思惟而根本解不通的禪宗公案，是那麼親切、體貼、單純。至今記憶最深的一個現代公案是 導師在禪三期間，對一位老菩薩說：「**您老**

請坐。」

至於一個○○○○○中，包含的大量「高科技」問題，如：動能來源、結構、肌肉和骨骼的控制、力度的控制、組織修復等高深美妙的學問，就留到今後和無量未來世的修學吧……。

不論有什麼樣的修學心得，弟子秉持一條 導師的教誨：**只要沒有去禪三，沒有通過 導師的印證，都不算是開悟……。**

禪三期間，導師和監香老師給予了弟子大量極爲有價值的引導和開示，讓之前的見地更加清澈和增益。

也看到以 平實導師爲首的親教師僧團和護三菩薩，身爲勝義僧而無私奉獻到那樣的程度，令弟子生生世世都有了學習的標竿。

回頭總結過往學佛的歷程，從茫茫互聯網資訊海洋尋尋覓覓到值遇 平實導師的正法、從兒時期盼遠方的夢境到當大海龜的夢境，也從不知道此世能不能見 導師一面，到在 導師座下受持菩薩戒及如今禪三勘驗通過，類比全人類數十億人，這樁樁件件的事情發生在末學身上都是極小的概率啊！如果沒有諸佛菩薩的眷顧惦念，僅憑自己意識心那淺薄的功能，有何能力如此

「湊巧地」經歷這些勝妙的事情。

感恩諸佛菩薩不棄，如此加持護念弟子，讓弟子有了一生一世、生生世世都可以永遠依靠的智慧靠山和永恆事業。

弟子願生生世世護持正法、修學正法、報答佛恩、師恩，捨生忘死，鞠躬盡瘁，至死不渝……。

南無　本師釋迦牟尼佛！

南無　大悲觀世音菩薩摩訶薩！

南無　當來下生彌勒菩薩摩訶薩！

南無　聖克勤圜悟菩薩摩訶薩！

南無　聖平實導師菩薩摩訶薩！

南無　諸佛菩薩摩訶薩！

弟子　**正宇**

二〇一六年農曆九月十九日（初稿）

二〇一六年農曆十月三日（增補）

見道報告

——陳凱倫

南無　本師釋迦牟尼佛
南無　阿彌陀佛
南無　觀世音菩薩
南無　韋陀尊天菩薩摩訶薩
南無　平實菩薩摩訶薩
禮謝　親教師正隆菩薩摩訶薩

壹、個人成長背景

弟子小時候在臺南一個小農村長大，家裡是臺灣傳統佛道不分拿香拜拜的家庭。祖父是老實的農夫，也有一陣子當過村裡供奉的神明(好像是保生大帝)的乩童，小時候有些晚上村民會到家中大廳問事，弟子會幫忙用黃色的符紙捲成一長條，在辦事時用來燒；有時神明是上乩身，有時是手轎；只是弟子那時一點也不懂大人們在作什麼，但也讓弟子對道教和神明有親切感。

弟子的父親是一位小學老師，母親識字不多。本來日子也平靜，但在父親學會打牌以後就變了，經常晚歸，與母親的爭吵已經是家常便飯；在這種氛圍長大的我受到很深的影響，心裡有些同情父親（因爲父親比較少對我開罵），後來跟父親一樣學會了打牌，過了一段蠻長的荒唐歲月（後來花了一段時日才戒掉）。

後來弟子考上臺大，心裡也沒什麼想法，渾渾噩噩地去就讀。由於父親並沒有給弟子任何目標，自己也沒有任何理想，大部分的大學生涯是混過去的，讀過的武俠小說和哲學相關的書倒比課本多。到了大四，看著同學報考研究所也跟著報了，很幸運地也考上了。畢業服役後回到臺北進入一家事務所工作，也交了女友，一切還算順利；直到與女友分手，痛苦頹廢了一陣子。

後來因緣際會遇到了一位教奧修（那時奧修已捨報）的法門的人，弟子學了之後，那時覺得眞是好法門，因爲不用守戒，隨心所欲（follow your heart），又有教一些發洩情緒和憤怒的一些技巧，買了很多奧修的書來看（很多是教人接受和放下以及類似活在當下的概念）；又另外照書上的一些法門練一些靜心技巧，那時眞是狀況很好，充滿能量和喜樂，眼睛練到可以很久都不眨一下（那時不知道這只是巨石壓草，強把煩惱壓下而已，沒有正知見的支撐，業力現前時，一點用都沒有）。弟子當時也向人推薦，現在回想眞是愚癡，也在此懺悔。以下簡單列舉奧修的一些教導及其容易讓學人錯解之處（括弧內文字），願學人不再落入錯誤知見：

1．不持戒，隨心所欲地生活。（雖然自我感覺良好，但會造作惡業。）

2．講「愛」，讓人覺得被接受。（但「愛」其實容易令人落入貪愛。）

3．「全然的欲望，到達無欲之路」，利用全然的欲望來知道欲望的無用，接受自己的欲望，不譴責，讓人進行欲望時心安理得。（但很容易落入欲望當中，而且欲望越來越重，因爲串習的緣故。）

4．「一個不成熟的自我無法被拋棄，無法被摧毀」，「唯有一個完美的自我才有能力消失，一個不完美的自我是無法消失的」，「以果實爲例，當果實成熟的時候，它會掉下來；當果實不成熟，它會黏在樹上。」（但這種接受自我的方式容易增長我見、我執。）

5．經歷、經歷、再經歷！一切都只是經歷。（與之相比，我們來正覺是要學習成佛之道。）

6．成爲自己的光：經由經歷、經歷、再經歷而得到自己的智慧。（但容易增長我見、我執，造惡業而不自知，得罪很多人，不會用四攝法攝受眾生。）

7．主張意識不滅：他說了蘇格拉底被希臘人判處死刑喝下毒藥的故事，蘇格拉底說：「**我要警覺和清醒，那麼死亡就不會發現我睡著了。我的意識沒有被碰到，沒有擦傷，看來死亡殺不了我。**」（但其實意識在五位會斷滅：眠熟位、悶絕位、正死位、無想定、滅盡定。）

8．No Mind（沒有頭腦）：頭腦的整個作用就是製造困惑。它在疑問不存在的地方製造疑問。（其實就是離念靈知。）

雖然弟子的家庭不美滿，但內心深處還是很想回去找回（或是彌補）這一塊，尤其是對弟子的母親，所以提出調職到公司的臺南分所的申請。剛回到老家的前幾個月可能是我最快樂的時光，工作穩定，與家人的相處也還融洽，只不過父母親之間的問題仍未解決。後來業力現前，發生了非常多的事，結婚（同事介紹，但母親不喜）、辭職、到印度普那（想要在奧修靈修社區待個半年）、父親第一次進加護病房（距離我到達印度還不到一個星期）、離婚、無業、創業、事業不順、買房地產套牢欠下債務及其他逆境；雖然逆境過去了，但大部分的時間是在很負面的狀態下度過。

末學那時不知道個人的脾氣習性不好的部分（貪愛、瞋恚、無明、沒耐性、自我、慢心重、甚至憤世嫉俗，因爲自己有時會有烏托邦理想），正是自己流轉生死及不可樂果報的原因，而且是自己該改變的地方。還好後來有遇到正法，慢慢地修改了習氣。若不是遇到正法，弟子必定三塗有分；弟子在此也爲此世所作的種種惡業懺悔，並將明心功德迴向諸冤親債主與其解冤釋結，色身康泰，修學佛法，早證菩提。

在這段期間學了一些紫微斗數，後來覺得無法百分之百正確，而且每天煩惱惡運來臨也沒意義，就不再學了。也有學其他算命法門的朋友，但預測也不準。也曾跟一位乩童混過一段時間（因爲弟子的父親第二次進加護病房，想要尋求神明力量；後來父親出院了，又活了幾年才捨報），甚至客串過「桌頭」，後來也都散了。以前所學的奧修法門也都派不上用場，而且坊間翻譯他的書，內容看來看去也沒什麼是我想學的，就不再學他的法了。其實即使接受他的其他教導，例如接受、放下、不執著，繼續修學上面列舉的法也不對，因爲知見不夠，智慧不夠。那時心裡有個想學東西的感覺，但說不上來是什麼，後來才漸漸清楚是開始想學佛法了。

這段期間弟子也再婚了，對象是現在的同修；她是弟子當年在臺北的同事，曾交往一段時間，也一起學過一些奧修的靜心法門和看過奧修的書。當年弟子回到臺南也離開她，是因爲弟子內在感到一些恐懼；但她卻對弟子不離不棄，陪伴末學至今，不勝感激(在此也將明心功德迴向弟子同修早證菩提，永不退轉)。另外，弟子的母親是末學的逆增上緣，若不是母親的緣故，弟子此世應該不會想學佛法；末學也在此懺悔(因爲以前與母親爭吵)與其解冤釋結，並將明心功德迴向弟子母親，願她歸依三寶，修學佛法，早證菩提。

貳、 進正覺的緣

約在六、七年前的一個下午，弟子陪同修到附近市場買東西，回家的時候看到一個發結緣書的攤位，原來是正覺的師兄來擺攤。弟子與同修一時好奇看了一下到底有哪些書，並分別請了一本。擺攤的師兄還跟我們講密宗的一些不好的地方，只是那時我們的知見不足，與一般眾生一樣，以爲不要作壞事就好，不知道密宗的破壞正法的本質，甚至覺得師兄們不應批評密宗，心裡有點嘀咕（弟子在此懺悔，並迴向給這些師兄，願他們早成佛道）。後來才知道師兄們在那邊擺攤是要自己掏腰包的，弟子與同修請的結緣書有些也是師兄們發心自己掏腰包請購來發，眞是令人讚歎。後來師兄們去別的地方了，就沒再見到。

弟子請回家的書是 平實導師的《楞嚴經講記》第一輯，打開來看，看不懂，就先束之高閣。過了約一年以後，在書架上看到這本書，想說好歹再看一看吧，不會有什麼損失。就這樣耐著性子，慢慢地把這本講記看完了，第一個感想是「**怎麼可能一本書裡面都沒有漏洞？**」於是請同修到圖書館請閱 導師的其他書，同修請了一套 導師的《起信論講記》，弟子利用二〇一二年農曆過年期間將整套講記看了一遍（其實是囫圇吞棗），越讀越佩服 導師，眞的一點邏輯上的漏洞和破綻都沒有，首尾連貫，互相呼應；指出他人錯誤見解及說法之時條理分明，理路清晰，邏輯推論絲毫無誤。本來這輩子打算就這麼過了，現在又生起了想要去聽課的心，於是上網查了一下同修會的上課公告和講經日期，決定先上週二聽　導師講經，四月禪淨班開課去報名。中間還有一點小插曲，因為上網一搜尋　導師大名和正覺同修會，負評甚至謾罵者一大堆，若非弟子有先讀過　導師著作，絕對會被這些人嚇到而退縮。

於是弟子與同修就先週二至高雄講堂聆聽　導師講《妙法蓮華經》，眞是聞所未聞；只是弟子那時還是菜鳥，領略不多。接著禪淨班開課，弟子與同修就一起報名，在正隆老師座下學習，弟子的大兒子（當時就讀高中）隨後也加入弟子和同修在同一個禪淨班一起上課（大兒子目前在臺北讀大學，繼續上第二次禪淨班），小兒子（當時就讀國中）也在半年後也報名禪淨班上課，剛好也是正隆老師帶的，全家都是老師的學生，眞是善緣；也是佛菩薩保佑，以前跟孩子們總是有些溝通不良，一起學佛後變得融洽多了，孩子們也比較願意聽弟子與同修講道理；若是用佛法來講，更容易信受。這都要感謝　平實導師和親教師，更要感謝佛菩薩慈悲。

正隆老師非常慈悲，除了在課堂上教授應有的無相拜佛、佛法知見及智慧之外，也會講一些例子讓弟子們在日常生活中能夠應用。如果弟子們還不會，老師會不厭其煩地再三講解，弟子有生活上和佛法上不懂的地方會向老師小參，老師也都會慈悲地開示。在禪淨班結束後，弟子與同修參加進階班，繼續在老師座下進修。

就這樣，弟子慢慢安住在正覺這個正法道場，受三歸五戒，也受了菩薩戒。另外弟子也深感到自己的佛法知見及智慧不足，到書局將　平實導師的書請購回家，有空就閱讀。越讀就越感佩　導師的智慧與慈悲，尤其是提點諸方大師錯誤的見解，救護眾生不被這些邪說所害；也讓這些大師知道自己的錯誤，能夠有機會懺悔而不墮三惡道，只是這些大師面子拉不下來而已。弟子非常感謝　導師將所有大師錯誤的地方一一指出，尤其是說明眞心的一些體性（例如法離見聞覺知，法界不減不增等等），讓弟子在尙未開悟之前也有能力多分少分看出諸方大師們的開示是否有問題，不再受其籠罩。

可惜的是大部分的眾生不解此理並且不知　導師悲心，弟子遇到的眾生也大多覺得不需評論他人，弘揚自己的法即可，殊屬可憫；弟子也只能盡力說明，讓這些眾生瞭解　導師是想救這些人，是法義辨正，不是人身攻擊。而且兩千五百多年前　世尊也是破外道的法，讓他們回到正法。弟子也慢慢地修正自己不好的身口意行及習氣，並常常懺悔過去所造作罪業，與諸冤親債主解冤釋結，並祝願諸冤親債主能歸依三寶早證菩提。經過幾年下來，弟子的脾氣終於有大幅的改進，不再像以前一樣，像個汽油桶，只需一根火柴就爆了。

另外，弟子全家本來尚未茹素，後來弟子與同修聽從親教師的建議，開始吃素，但不強迫孩子們；沒想到他們也都自動表示願意一起吃素，省卻了同修準備三餐的麻煩。在弟子下定決心要吃素之前（那時尚未受戒），有次與孩子們食用大賣場買來的一大包雞腿，第一支下肚好像沒什麼，沒想到第二支下肚，馬上感到變化，本來弟子的小腹有時還稍有一些氣感，這兩支雞腿下肚馬上全部變了，感覺很不舒服，至此弟子知道眞的不能鐵齒（在此也懺悔以前因爲吃所造作的罪業，阿彌陀佛！）。

參、禪三

禪淨班快畢業時第一次報名禪三，因爲緣尚不足，自是未獲錄取，半年後雖然老師鼓勵弟子報名，但弟子自覺尚有許多性障未除，無相憶佛功夫也還不好，不敢報名。一年前又到了報名的時候，弟子還是不敢主動報名，但老師再一次鼓勵弟子，要弟子拿報名表，弟子覺得慚愧，居然要老師這麼敦促，就向老師請了報名表回去塡。沒想到居然被錄取了（這是佛菩薩加佑及導師慈悲），就這樣懷著忐忑的心情上祖師堂參加禪三。雖然老師慈悲，在課堂上作了一些開示，弟子好像有一些體會，又不太確定，所以在 導師垂詢弟子「找到了沒」的時候，弟子還是老實地回答還沒找到。導師就叫弟子把十八界的功能〇〇〇，看看是什麼，而且稍後也讓弟子體會洗碗。弟子下去之後依此參究有了一些體會，但是與監香余老師小參時的回答又落到意識變相境界（也把眞心的「如」性誤以為是眞心），自是馬上被監香老師指出錯誤。

弟子回到佛堂再一次參究，終於瞭解其實把〇〇〇〇〇一一去除之後，只有〇〇是不在其中，前七識的功能只有了別，而且如來藏〇〇〇意根與意識的心行之後，就〇〇〇〇。第二次小參時向另一位監香老師報告所得，但還是過不了關，因爲對五陰的思惟整理不夠，也不會講重點。弟子甚至懷疑是不是錯了，晚上躺在榻上一直反覆思惟，所體會到的祂無形無色，只會〇〇〇〇〇，卻又不為所動，與六塵無涉，就只有這樣子嗎？經過多次檢驗，覺得如果不是這個的話，眞的找不到其他東西了，因爲五陰十八界翻來覆去找過很多遍了。

第三次的小參有些進步，但還不是很能夠馬上答到精要處，因爲智慧還不好。弟子在大殿參究時因爲好奇偶爾會轉頭去看看別人在作什麼，導師經過了，提醒弟子不夠用心，讓弟子眞是慚愧（也在此懺悔），趕快攝心參究。

最後一天在大殿的時候，看到監香余老師的身影，弟子心裡竟起了輕嫌余老師身材的念頭，弟子馬上覺得心裡不舒服，就到佛前懺悔；並且在等待小參的時候心裡默禱可以跟余老師小參，親自向他懺悔。結果果眞弟子是到余老師那邊小參（感謝佛菩薩保佑），進了小參室，弟子馬上向余老師表達弟子之前不好的心念並向其懺悔，余老師非常慈悲地接受，說明弟子過去世可能謗過他，並教導弟子這是「惡作」。接下來余老師考驗○○○○，弟子答得不是很好，但余老師很慈悲地提點弟子。最後余老師看看時間，跟弟子說可能沒有時間與 導師小參了，但還是稱讚弟子第一次禪三這種成績算是不錯了，但是弟子內心還是覺得很慚愧，答題答得零零落落，不過總算找到相近的答案了。

四個月後又到了禪三報名的時候，弟子心裡雖然已經有底，但是覺得性障還是除得不夠，想要再努力多除一些再去上禪三，但又覺得不報名好像又對不起老師，所以就還是報名了；結果 導師還是慈悲地錄取了弟子，而且還讓弟子作其中一名請師代表，眞是師恩難報。小參時 導師問我「在哪裡」，要弟子手呈，弟子就○○○○○○○○，導師叫我○○○○，弟子用○○○○○○○○○，導師說「手呈過了」，命弟子口說，弟子回答眞心如何○○○○○○○○。導師說可以，並給了弟子兩個題目去整理一下，一題是「離念靈知爲何○○○○」（至少要五個），另一題是「睡覺時○○○○○○」。弟子下去整理了一下，第二個問題還好，但第一個問題就比較差，而且找到的一些理由其實最後的重點是同一個，但監香老師還是在小參時慈悲地提點弟子。

另外，監香老師又突發奇兵，再考了弟子眞心所在，但不許○○，弟子○○○○○○，○○○○，○○○了。監香老師又問了○○是什麼，與○○○○○○之差異，讓弟子在回答過程中進一步自己思惟瞭解到眞心如來藏不會像五陰在死亡時斷滅，而是會生出中陰身，讓智慧提升。另一位監香老師也是一再地考弟子，讓弟子能夠整個理路清楚通達。可惜弟子由於長期工作壓力而導致睡眠品質不是很好（但工作時間有彈性，平常日子都是睡到自然醒），所以在禪三期間（上次禪三也是）會打瞌睡（在此懺悔），所以整個小參過程就不如弟子想像般順利，當然也無法過關了。

導師偶爾會坐在大殿座位後面看弟子們用功（先前也很慈悲地特地叫弟子和其他幾位弟子小參，期望弟子們能早點過關），弟子想到弟子的同修也來上了兩次禪三，卻一點進展都沒有，有點沮喪（弟子的同修後來也知道這是不對的想法，也有懺悔），就向前胡跪請問 導師有關弟子的同修是否可以讀一些公案拈提，以及讀《楞伽經詳解》有關七種性自性的部分，導師也慈悲答覆可以，並告知讀〇〇〇〇就可以了。回家之後，弟子與同修就遵從 導師指示讀七種性自性，自是獲益良多（弟子以前雖然將《楞伽經詳解》略讀了一遍，但所領略的只是皮毛，此次復習，體會大不相同）。

最後一天下午，弟子在整理過監香老師的題目之後，剛好 導師也坐在大殿看弟子們的狀況。弟子突然有個念頭想要請教 導師有關弟子公司稅務是否有不如法及如何處置（因爲從導師講經言談之中談及法律甚有見地，導師又是法主，而且禪三宣誓文中有不可行違法之事，弟子也被這些問題困擾了很久，但由於是合夥生意，弟子作不了主），所以就上前胡跪請問 導師是否可以回答弟子問題。但 導師要弟子好好參究，不要老是想和他聊天，有任何問題回去向親教師小參就好（回去後弟子有請教親教師，也決定了解決方式）。弟子那時眞是羞愧，趕快去佛菩薩前懺悔（在此也向導師懺悔）。導師心心念念就是要弟子能夠開悟，弟子卻落在世間法中，辜負 導師厚望。

最後一次小參，監香老師問弟子「**到底○○○什麼？**」弟子回答「**二空所顯眞如**」，監香老師說這答案雖然不能說是錯，但不是他要的答案（後來解三回家之後，弟子想到應該要回答「本來自性清淨涅槃」比較好）。最後監香老師還是安慰弟子這種成績已經非常好，但弟子總覺得有點卡卡的感覺。

這次解三回家後，再次思惟自己到底那裡不足，終於發現自己內在還是有慢心，而且不少，弟子就在家中的小佛桌前好好地懺悔（哭了不止一個小時吧），懺悔過了以後，就覺得好多了；當然，禪三時想要問 導師世間法的事也是好好地再次懺悔了（眞羨慕臺北的師兄師姊能夠常常看到導師，親聆開示）。另外，弟子從第一次禪三回來有一陣子想要好好除性障（雖然一直有在除，但總覺得還不夠），但用功的方法好像不太對；第二次禪三回來用的時間比較少，成效也是不彰。弟子用的方法是利用電腦網路面對類似的情境（因爲弟子想達到「相應離」，不只是「境界離」），結果眞的是較深層的煩惱浮現了，但是沒辦法降伏。弟子的大兒子放暑假回來，看到弟子的狀況，跟弟子說他目前沒玩電腦了；弟子一聽，立即放下目前所用方法，完全採用戒的方式；雖然無法馬上斷除煩惱，至少不用這麼頻繁地現起而引起更多的煩惱。之後弟子採用靜坐思惟方式，加上不配合煩惱運作（憶佛念還是帶著），終於有了進步。

另外，弟子有感於向監香老師小參時回答問題好像不能通達，重新好好地恭讀 導師的著作，包括 導師開示明心後可讀的經書講記。弟子在重點式閱讀完《金剛經宗通》之後，發現書架上尚有一套《實相經宗通》尚未讀過，也接著讀，發現到 導師講了很多悟後起修的道理，眞是受用。另外弟子又重新閱讀 導師的《公案拈提》的其中幾冊，發現 導師眞是慈悲，在拈提完諸方大師之後，其實在最後都已經給了很明白的指引了，可惜這些大師還是不會（其實自己以前讀了也是不會）。

禪三報名的時候很快地又來臨了，弟子再次猶豫是否要報名，因爲煩惱障尚未除到弟子心目中的標準；但又思及依照前兩次的經驗，覺得這一次要過關的機率實在不高，就再次鼓起勇氣報名；反正都已經到這個地步了，頂多禪三再上個幾次，煩惱慢慢除沒關係。導師這次又慈悲錄取了，接到錄取通知時，弟子不禁心中一酸（是心裡感激），心裡只有一個念頭：師恩難報。

第三次禪三的第一天，有些一同參加這梯次禪三的師兄師姊在開始拜懺的時候就哭了，弟子心裡沒什麼感覺，只是隨著拜佛而已，忽然有位護三的師姊拿著衛生紙就停在弟子身旁，弟子想說好吧，拿個兩張吧。拿了之後，弟子不知如何突然悲從中來，想到師恩難報，想到弟子以前福報不足以好好孝順這一世的母親，也沒有智慧與她好好相處，終於哭了（哭得有點慘）。但哭完之後神清氣爽多了，眞是神奇（感謝佛菩薩的加持）。本來這次禪三以爲會像前兩次一樣有點昏沉地過完的（因爲前幾天又得趕案子，前一晚又沒睡好）。

終於又與 導師小參了，導師再次提問，確認弟子了知（且可答出）眞心是○○○○，是○○○，又名○○○○識，但 導師又再提問了上次禪三的其中一個問題（「離念靈知○○○○○○」），弟子回答了，但有些答案 導師說不夠直接。雖答得不完整，但 導師還是慈悲地提點，讓弟子再複習一下（弟子回到大殿後還想了個口訣「依附頭腦○○○○○○○○」來記，自己也奇怪爲何以前都不會想要這樣作）。最後 導師說我這題過了，但要監香老師要把上一次的題目「○○時○○在作什麼」再考一次，以及新的一道題目（以○○○○○○何爲「證眞如」）。

弟子回到佛堂把題目整理完之後，不禁想著爲何 導師要再考一遍，一定是弟子之前的答案不夠精確；進一步思惟之後，知道了一定是沒有把眞心○○○精確地說明，只說了那些○○○○○而已。進了小參室，監香老師卻又問了另一個問題：「○○是什麼？」弟子回答是「○○」，監香老師用疑問的口氣問：「○○是○○？」弟子愣了一下，回答「是○○○○○的變化」。監香老師見弟子有些慌了，提點弟子五陰中的○○○○○○○，提醒弟子要通達（後來回到大殿，弟子思惟不只○○○，五十一個心所法和二十四個心不相應行法都顯示○○○，但○○有生滅，○○○眞心從來不斷滅）。還好後來監香老師問的兩個題目都算答得不錯，並要弟子整個另一個題目「爲何

○○的○○○○○○？」

另一位監香老師又再度問了：「○○**時**○○**在作什麼？**」弟子再次回答，監香老師說這一題也過關了（弟子這時才眞的完全瞭解導師和監香老師的用意，就是要考到有智慧，能夠肯定地回答，才能面對外人的問難，而且眞的不會退轉。弟子那時心中眞的非常感激導師和監香老師的用心，花這麼多時間一次又一次地考）。監香老師看了看弟子的資料，說有些問題已經都回答了，「**爲何**○○**的是**○○○○」也有答了，但弟子仍主動地請問監香老師可不可以再答一下？因爲弟子剛才有整理了一下，而監香老師聽了答案之後也肯定了弟子的體會，跟弟子說：「**有機會哦！**」給了新的兩道題目「○○○○○**的順序**」和「**阿賴耶識爲何**○○○○？」

在大殿整理好題目之後，弟子就到佛菩薩前面發願。與前兩次禪三相比，弟子這次禪三期間發的願比較大，除了發願迴向以外，也祝願此梯次的同修們都能早日破參，也感激 導師、監香老師及諸位護三菩薩的慈悲和辛勞，祝願他們早成佛道。另外，在過堂時也都配合 導師所說，○○○○水果來吃（很慚愧地上兩次比較少，而且有時都因睡不好而在昏沉中），看能不能幫同桌的有緣師兄能有個入處。這幾天應是佛菩薩加持，不像前兩次一般地昏沉；在精神不太好的時候，弟子都會到迴廊作一下柔軟操及吐氣，讓腦筋清晰，所以整理題目和答題的情況就好很多了。

發願完之後，正要去登記小參，男眾這邊的一位護三菩薩叫住弟子，讓弟子先去等著，接著又領弟子去小參(原來導師都已經安排好了)。監香老師先問了○○○○○的○○，弟子答了從受精卵到出生的過程並答出○○。監香老師又問那○○○也是如此嗎？弟子也答了○○是○○、定境法塵和○○。監香老師再問○○○○，弟子答道○○○○，○○○○及相關的塵和識。監香老師要弟子慢慢列舉，弟子可能太緊張了，只說到識的部分，還好監香老師慈悲地提點要從○○○說。接著又問了○○，弟子回答「有覺有觀，二禪等至位以上無覺無觀」。監香老師總結地提醒：「**要注意到還是有變化的。**」又問了另一個題目，弟子答道：「**因為**○○○○，○○○○」(這要感謝導師在上次禪三的提點)，也解釋了八識如何運作。最後監香老師突然再考「○○○」的問題，弟子回答其實並○○○，只是○○○○而已，因為如來藏○○○○○○○○○○○五陰身，鬼神無法○○○○○○○如來藏造出來的

○○○○。最後監香老師補充說明因爲乩童貪愛鬼神境界。

回到大殿座位上不久，護三菩薩叫弟子和另一位師兄及一位師姊到 導師的小參室門外等著；弟子知道終於過關了，思及 導師的恩德，不禁有點哽咽。進了小參室頂禮了 導師，導師先恭喜弟子們過關了，並說我們幾位是預計這次會過的（只是弟子與另一位師兄時間可能不太夠），弟子聽了眞是百感交集；因爲自己本身這次根本沒把握的，沒想到佛菩薩和 導師卻是如此加祐。導師教我們下去整理題目（「爲何○○○○○○○○」），隔天又整理另一道題目（○、○○○○的過失）。導師也先提點了一下，讓弟子們好整理，整理完之後再向 導師報告。報告完後，導師又叫我們下去體驗喝水，分別觀察眞心、妄心以及眞心、妄心如何和合運作。體驗時 導師拿著竹如意點了弟子身體幾處地方，要弟子體會。體驗當中，才瞭解到原來○○○的功德竟是如此多，包含了眾多○○、○○○○。後來又有幾位同修破參加入了喝水體驗的行列，欣喜正法又多了幾位菩薩來護持了。在眾弟子報告喝水的體驗之後，導師又補充了弟子們未曾觀察到的地方，還詳細解說眞心的其他○○作用，以及妄心及眞妄和合中許多不曾觀察到的地方，眞是大智大慧。

最後　導師叫弟子們到樓下廣場去體驗閉眼走路，體驗妄心其實是很伶俐的；在弟子們陳述體驗之後再補充細膩的地方，光一個眼識就差別這麼大，並開示爲何把六識的了別功能叫作「見分」是有道理的，因爲一見就分別完成了，所以那些主張「**見聞了了而不分別**」的大師其實是錯的。最後　導師還作了一些實驗（讓弟子們看他〇〇〇〇〇〇〇），證明才一見就已經分別完成了。看到　導師如此用心良苦並勞心勞力地主持每一次禪三，只是爲了弟子們的法身慧命（而且要攝受弟子們不退轉），導師每晚的普說都神頭鬼臉，雖然超過了預計時間，仍繼續開示，只想弟子們有個悟處，完全不計個人色身疲憊（想到這裡不禁又紅了眼眶，在此再度祝願　導師色身康泰、地地增上、早證無上正等正覺）。

肆、結語

解三回到進階班最後一次上課，終於可以向親教師正隆老師頂禮三拜，不負師恩。老師開示的一些唯識法教，讓弟子獲益良多；弟子心中只有一個感想，就是師恩難報，若不是老師推弟子一把，要弟子報名禪三，恐怕到現在弟子還是不敢報名，遑論破參。

回想進入正覺一路走來，要感謝的實在太多了，佛菩薩的加持、導師的慈悲教導及攝受、親教師的教導、護法菩薩的護佑、班上助教老師及義工菩薩的護持，以及正覺同修會所有菩薩的護持（才會有正法道場讓弟子們能學習正法），弟子在此再度祝願 導師及所有菩薩色身康泰、早證無上正等正覺。弟子也願生生世世迴入娑婆，幫忙護持 世尊的正法讓正法久住；也願在當來下生 彌勒尊佛的龍華三會時能夠出一分力，也願幫忙 導師弘傳正法摧邪顯正，並願正法能早日回歸中國，利益更多眾生，讓正法延續更久。

書此　恭呈

平實導師

佛弟子　**陳凱倫**　頂禮

公元 2016 年 11 月 12 日

眼見佛性報告

——謝淑貞

承蒙 主三和尚恩賜弟子證得您的第二個大法

頂禮禮謝 南無本師釋迦牟尼佛

頂禮禮謝 南無諸佛如來

頂禮禮謝 南無十方大乘佛法僧三寶

頂禮禮謝 南無大悲觀世音菩薩

頂禮禮謝 南無大智文殊師利菩薩

頂禮禮謝 南無大乘菩薩勝義僧

頂禮禮謝 南無護法韋陀尊天菩薩

頂禮禮謝 南無克勤圜悟祖師菩薩

頂禮禮謝 南無平實菩薩 師娘菩薩

頂禮禮謝 我累劫累世至今世雙親父母

經歷兩次壽盡關卡（以筊杯請示佛菩薩得知），六年前一次陽壽已盡，至

誠拜別　恩師，恩師說：「**求佛世尊，看能否加持什麼。**」

於佛前發願祈求　佛陀、菩薩、恩師賜弟子完成目標，藉我目前狀況證得眼見佛性，能鼓勵到已明心的增上班同修們提起自信心勇猛求見性，及進階班、禪淨班乃至會外有緣人速進正覺海會菩薩僧團裡，求證明心、見性，效法　平實導師鞏固正法盡未來際。

二〇二三年第二次陽壽已盡，向　導師拜別，師微笑：「**不會啦！**」我說：「**那我還可以求見性嗎？**」導師：「**可以，好好看話頭，有進展再來小參。**」在　導師的指導下，後來因緣果眞改變了，我活下來了。

二〇二四年十月報禪三之前面見　導師小參，師：「**可以報名，這一次妳一定可以完成目標，要『強、勇』。**」我：「**我從現在起的行住坐臥呢？**」師：「**繼續看話頭。**」

末學初中肄業等於國小畢業，等於無學歷，又加上是個年邁的病人。承蒙　佛世尊大慈大悲二度增我壽，也允許　觀世音菩薩賜禪門第二關予我。承蒙　觀世音菩薩指示：「**需要主三和尚引導。**」（以筊杯請示。）

承蒙　導師主三和尚兩度授記，付囑要「強、勇」二字勉勵。

佛前發願：

佛弟子從今身至佛身，於其中間修學千佛大戒。

佛弟子從今身至佛身，於其中間永不信受外道法教、佛門外道、附佛外道、六識論法，不遇聲聞緣覺師。

佛弟子從今身至佛身，於其中間永不退轉無上正等正覺、永不退轉無上正等正覺、永不退轉無上正等正覺。（很重要，所以聲明三遍。）

復作是願：未來世生爲好度眾生的男子身，自在修清淨梵行。

復作是願：早滿三地、職中醫師心臟科爲主科，其他爲副科，幫心臟病等患者苦滅至最輕。

復作是願：未來世 導師出世弘法之前二十年下生人間，青年始續隨 師學了義法。

復作是願：願一切眾生成佛。

二〇〇三年明心後開始想求見佛性：

二〇〇五年在臺北講堂聽 導師講述《維摩詰經》時講：「要見性得要斷

我見之後，還得要心更加清淨，要斷慢心、瞋心、疑心、貪心、癡心。儘量收集福報，話頭準備功夫看得好，就可見佛性，就可見我佛國土清淨。……否則是看不到佛性的。」只要聽見 導師一提到求見佛性的知見，我的耳朵就豎立起來了。

二〇〇六年參加第一回求見性上禪三，第二回上山日期不記得了，兩回見性的條件都不具足。

二〇一六年第三回求見性上禪三條件也不具足，有引導，沒看見佛性。

這回禪三第四天，主三和尚問：「要不要引導，自己作決定，引導了有看見就有看見，沒看見就沒看見。」當時心想，今已第三回了，好不容易上山。故我答：「好，引導！」

主三和尚引導：〇〇〇、〇〇、〇〇〇〇。但我沒看到佛性，愣住了。和尚說：「引導沒看見佛性，這一世就沒機會見性了，未來世也不一定會證見性。」我雙眼直望樹葉，腦袋一片空白，都不會禮謝 主三和尚，眼淚滴不出。

當解三法會，看到 主三和尚，很抱歉，哽咽著，涕淚許久：導師！對不起，實在太對不起 導師、佛菩薩，滿懷歉言。

於家中佛像前，請示 南無觀世音菩薩：佛弟子今世已沒機會證見性了？來世也不一定能看見佛性？（都是聖筊：對！）

我心如青天霹靂般……嚎啕痛哭。

幾天後，於家中佛前再度至誠祈求 導師大慈大悲賜給弟子我第二個大法——眼見佛性，能令弟子成願；祈求 南無本師釋迦牟尼佛允許；祈求 南無觀世音菩薩大慈大悲願賜給佛弟子證禪門第二關見性，這回 觀世音菩薩（聖筊）答應，眞的有答應！佛弟子頂禮歸命禮謝 世尊、觀世音菩薩、導師。

面見 導師小參報告此事，恩師說：「**既然菩薩要給，妳就好好作功夫，單純看話頭，不要參，看話頭有任何進展再來小參。**」我將曾引導的○○○○○打包起來。

不知何時開始，胸悶不適，醫院急診、住院檢查，無大問題。可是，幾年來急診室進出多回，西醫心臟科看過六位，其中一位說心瓣膜退化，一位抓到七次心房顫動。其他胸腔等科檢驗，唯膽固醇、血壓偏高外，五臟六腑都正常；中醫看過四位，都說心臟還好，循環很差。爲何這樣就能使我這樣不適？？？講堂所有義工執事就先請假；後不得已，全部請辭。

請示 佛世尊，原來我壽已盡，由兒女陪同北上，向我的恩師拜別。

導師攝受又叫我祈求 佛世尊，看能否加持什麼！（那年的疫情正蔓延著，講堂也隨政府機關停止上課）。蒙 佛釋迦世尊大慈大悲增我壽。

二〇二三年再請示 佛陀世尊：佛弟子心臟常抗議著，常很不舒服，是否又壽已盡？（聖筊：對！）

第二次北上拜別 導師！兒子說若有見到 導師，因緣就會變更了。果眞，面見 恩師，恩師微笑著說：「不會啦！還能活很久。」那弟子還能求見性嗎？恩師說：「可以，好好看話頭。」

於家中跟講堂禮謝 佛、菩薩、導師攝受，二度蒙 佛世尊再增我壽命。

因緣來得正是時候，導師於課堂上開示保健篇：七十歲以上，血液易濃稠，吃保栓通以免阻塞等。請示 觀世音菩薩，每幾天服一顆保栓通，照著吃。服用兩個月後，病況逐漸舒緩，已可維持兩三天無病一身輕的舒暢。發奮生起求證見性毅力，不可繼續作四等公民，等吃飯、等吃藥、等睡覺、等死。不可愧對 佛、菩薩、恩師，及家人。只要舒服一天，就拜佛、看話頭。

一天能拜一小時，或只能拜四十分鐘，或二十五分都行。要在拜佛時將憶佛念收入覺知心中成片，於是攝心、舒服、法喜。

沒學過打坐，偶爾隨意坐憶佛、思惟，漸漸有體力能連續舒服五天、八天，一天能拜佛兩三次，可慢行出去看話頭，常走到後面的校園，雖離家很近，也得半路停下休息原地站立，或找坐處讓身體充電一下再往前走。女兒提醒藥品隨身攜帶，若不舒服隨地坐下休息，馬路邊也無妨。

開始看話頭，話頭看在樹葉尾端隨風擺動三分鐘。一小群鴨子走過來，話頭鎖住其中一隻，如果同時將話頭看在一整群，就會像走馬看花，話頭易掉，定力易散。

看乾枯落葉飄呀飄，落地之聲、鳥叫聲、人語聲亦是話頭，全身融入話頭之中，制心一處；話頭看得很輕鬆，很直心。導師曾於課堂開示：「**求見性的看話頭要直心，比明心更直心，疑蓋要除。**」

五棵高大的桂花樹，花香隨微風飄來，好香！皆是話頭。鼻聞香，同時舌、身、眼、耳、意根，身心很親切，自心流注出喜悅，領受片刻。

二〇二四年十月八日面見　導師小參說看話頭的進展，有時話頭看在人、狗，如來藏運作中。導師說：「不要看有情的如來藏運作。」問：「有時以總相看話頭？」師：「不要越看越模糊。」並說：「這一次妳一定會完成目標，可以報名禪三。」並付囑弟子兩個字：要「強、勇！」還提醒弟子要服吉林參與六味地黃丸。

很高興得蒙 導師授記，告訴自己不因爲 師授記而將心待見佛性，要更加努力作功夫，好好拼！

拜佛，出去看話頭，常在附近公園看好幾個孩童溜滑梯，嘻戲笑聲皆是話頭，猶如自己隨著他（她）們一起溜滑梯嘻戲，而其實自己坐在原座位上。又一會兒一堆乾葉隨風螺旋推動「莎～莎～莎～」，此時自心流注出喜悅，全身毛孔擴張。身心輕利，這麼的親切。

很舒服，很輕安、很自在領受。只因健康崩盤至今，每次出門前必先祈求 佛菩薩、恩師加持護佑指導，常提起強、勇，這二字是我的強心劑！我自解讀「強」——對自己要有強大的信心，這一次一定不違 恩師授記。「勇」——要勇猛精進用功，感動及攝受我的怨親債主。堅強完成目標、成就任務。無論如何，拼啊！常鍛鍊自己走一到三樓樓梯，慢慢練體力運動。

佛、菩薩看到了，導師看到了，弟子眞的有在拼，眞的是用生命在拼。我的所有怨親債主也都看見了，我是眞的有用生命在拼。

當定力增強時，晚上就睡不著，有時眼睛閉上，話頭之影相浮在眼前，其實這種定力的睡不著不會有事，不會不舒服，反而會有喜樂——法喜。只是末學自己年老，身有不適，沒睡好，擔心血壓飆高。

剩一個月就要上山了，行住坐臥遍全身是話頭，在制心一處中，是否能自己先看到佛性，這樣上山才放心，否則四天三夜要看見佛性很難，眞的很難。導師說：**「不可能！還有一個月，努力作功夫。」**於是咬著牙根，並常拿強、勇二字強心劑來施打著。

上山前約一週，定力更加強，睡前服一顆助眠藥。上山前一天不出門好好休息一整天，爲四天三夜精進禪三備戰，對我目前而言，眞的是備戰。

祈求 南無大悲觀世音菩薩加持，講堂舉辦大悲懺法會請的這一瓶大悲水分成四天份，帶到山上喝。

二〇二五年第四回求見性上禪三，第一天參與請師時，滿心歡喜。

第二天話頭融入全身身心內外，去禪堂外看話頭時，不但眼睛看到哪裡，話頭就看到哪裡，連自個兒一舉一動、一呼一吸，色聲香味觸都鎖住話頭不讓它掉。禪子們早上經行時，話頭看在經行禪子，猶如自己隨其擺手高低、跑步快慢，而其實自己是站在原地沒動。小參報告看話頭情況，主三和尚：「這一次妳一定會成就任務（我心想：我在佛前發願今生想要完成的目標以及該成就的任務，導師居然都知道耶）。就拜佛一小時、出去看話頭，不要參，若有下雨向常住借雨傘，繼續在戶外看話頭。到第四天看進展如何，看要我引導與否，由妳自己作決定；一翻兩瞪眼，有看見就有看見，沒看見就沒看見。」我報告 師：「觀世音菩薩指示，要主三和尚引導。可我體力很差，常無力，全身肌肉常會抖。」和尚：「妳是佛增壽，不是本命，是會這樣。」恩師自己也……，全為護佑諸弟子、救度諸有情。我心想，恩師很辛苦，卻從未顯弱。只能感激於內心。

和尚知我體虛，和尚：「那就等下一回上禪三再來，才作引導。」我：「可我的心臟可能不太讓我用到下回禪三。」和尚即說：「那就拜佛半小時，坐著憶佛半小時，若有需要就靠著牆壁，出去外面看時就向常住借椅子，坐著看話頭。」導師眞的很護佑弟子我。當晚太慢服心律錠藥，待放香後才服一顆，已全身無力；正好隔床師姊上來，看到我已有氣無力，她問「怎麼了」？我手比心臟，她說心臟危險！便飛速去告知糾察吳老師，吳老師帶著陳中醫師來幫我心穴埋針、把脈，然後說心跳漸漸恢復，沒生命危險了。很感謝隔床師姊（忘了看她的名牌）及吳老師、陳中醫師急救之恩。有將功德迴向已。

第三天看話頭很純熟，每一餐過堂，和尚吃很少，很快就吃飽，我目不轉移的看著 和尚遍身每一舉止禪意都是話頭，看能否看到 和尚的佛性（後來知道此時不可能）。

進禪堂裡，制心一處憶佛相續不斷，一出禪堂，話頭不掉。鎖住話頭看白鷺鷥飛翔，有一隻在青草上覓食，腳步很緩慢，很清楚。噴泉、植物、動物的變動融入全身心，這麼樣的貼切，此性相是祂的佛性嗎？到了下午 和尚說：「這兩天進步很多，可以改為一面看話頭一面參。」我答：「這是導師的攝受。」

第四天早上，報告 和尚：「參出〇〇〇〇〇〇〇佛性——〇〇。」和尚：「只對一半。繼續看、參，若參出來就看見佛性了。」

最後一天中午過堂前，和尚問：「要不要引導？」我答：「要。」

進禪堂再祈求　佛、菩薩、主三和尚加持幫忙參著。走近佛前看見　佛陀世尊微笑，看　彌勒菩薩沒微笑。會是我看錯了？再詳看，世尊是微笑。再祈求　韋陀菩薩護佑、克勤祖師菩薩協助，回坐位休息憶佛，讓體力恢復；仰視　佛菩薩像參著參著，得蒙佛力加持，參出〇〇〇〇——佛性——〇〇，當下看到佛龕燈色明？不知是祂性？或燈所照的明？下午時，和尚說等他忙一個階段後會來作引導。

到外面繼續參這〇〇〇〇——佛性——〇〇。看周圍山丘、樹枝，眼前見祂？？（不可妄語），（末那怎未接受？？）

主三和尚走過來，我得快步走近免勞師走遠了。我向　導師報告參出〇〇〇——佛性——〇〇，可沒看見佛性。和尚說：「參出來，應該看見了，很〇〇。」剛一瞬間落於覺知心上，即時拉回，和尚一引導〇〇〇，我看見了〇〇〇，這就是見到佛性！臉、〇〇〇〇〇一根見，六根俱見，是眞實。馬上禮謝　主三和尚，和尚叫我去沐浴，看能不能佛性湧發，更分明。頂禮禮拜　和尚後去沐浴，從頭淋下，頭〇豎〇、臉、全身〇〇〇〇〇到足，佛性遍滿全身，眞的是佛性湧發。進禪堂，感動、欣喜，頂禮歸命禮謝賜與過關，頂禮 南無本師釋迦牟尼佛、南無大悲觀世音菩薩、南無彌勒菩薩、南無護法韋陀尊天菩薩、南無克勤祖師菩薩，頂禮歸命禮謝 南無平實菩薩主三和尚導師。

解三法會時，主三和尚當眾問：「淑貞，叫妳去沐浴，有沒有佛性湧發？」答：「有。」回想剛答得太小聲（太小氣），應當大聲答「有！」能激發大眾求證明心見性增強自信才對。

法眞 法妙 法喜 法實

回到家裡，很累很累，五陰身心像虛脫般，想好好睡一大覺。閉上雙眼，也看見佛性，祂遍滿全身心到腳底，佛性湧顯，一切都是 佛菩薩給的、導師給的，唯有祂才是眞實，無累無病，眞喜悅，更難入眠。

週二晚上，上 導師每週二演述《菩薩瓔珞本業經》之前，至佛前先瞻仰佛菩薩，頂禮禮謝 南無本師釋迦牟尼佛、南無諸佛如來、南無觀世音菩薩、南無文殊菩薩、南無韋陀尊天菩薩、南無平實菩薩、師娘菩薩；在瞻仰佛菩薩，瞻仰 文殊菩薩時，心漸酸、感動，走回座位心想怎會這樣？回家後請示 觀世音菩薩，原來是相應到 大智文殊菩薩大慈大悲加持智慧，垂憫弟子慧力很差。

如今三週已過，佛性仍湧顯，眼睛看到那裡便可看見自己的佛性。

公園裡有人遛狗，眞的可從狗身上看到牠的佛性，也可看到牠的如來藏很分明，也可從狗的身上看到我的佛性。在有情身上可看到我的佛性，我的佛性不在彼身上，當然是在自己身上；也可從彼身上看見彼佛性跟如來藏和合，再從世間法看彼的五色根很分明，不是分離，彼五色根、如來藏、眞如佛性三種和合運行。彼是有情，有心行就有如來藏，就一定會有佛性；也就是看到他人的佛性、如來藏、五色根三種和合運作，而他的佛性跟他的如來藏、五色根都在他自己的身上，不在我身上；我的佛性在我身上，也不在他身上。其實他形成識陰中的五色根得要依歸於他自己的第八識如來藏眞如佛性和合才能運作，才能生存。

抬頭看空中雲，可看見我的佛性，我的佛性在我身上，不在空中雲上，而空中雲是無情沒有心性，也就無第八識沒有如來藏，當然沒有佛性。望遠處高樹或大廈，亦分明可看見自己的佛性，而自己的佛性只在自己身上，不會在任何有情或無情上。末學的兒子在此之前提示我：「**既然佛已添壽，就**

以見性爲活著的目標衝刺，其他事物都不太重要啦！」這又震懾了我這個病老人。兒子、女兒、同修常常爲我打氣，是我最大的支柱。

「微妙甚深無上法」，末法時期的現代唯正覺是。「百千萬劫難值遇」，跟緊自己的親教師，受學於 平實導師，廣傳 釋迦佛陀第八識——如來藏妙法，世出世間一切諸法。《華嚴經》云「三界唯心，萬法唯識」。

再拉回看見佛性妙用，看書時，欲見佛性，隨於書上看到自己的佛性，而自己的佛性不在書上，當然在自個兒身上；佛性祂，我將祂譬喻好像水中見石。我童年時，經常去家附近一條大溪戲水，溪水乾淨清澈，常喜歡在水面中看石頭，有時小小魚兒在石頭上，游來游去，像水中見石。譬喻好像水中見石，亦好像水中見魚兒。佛性的見聞覺知性非六識心的見聞覺知性，很分明很清楚。佛性的見聞覺知與六識見聞覺知非一非異。

肉眼看見佛性，佛法眞可證、可見，法時時用、日日用，如實存在，自然、法喜、自在。皆由如來藏流注出妙眞如性——佛性所顯現。

二〇二五年五月十三日週二晚上，導師講經前說：「我們的開經偈（註），可能再三百年後就沒人敢唸了，因爲……。」我心念希望這三百年裡，我們能順利安然度過。祈求佛菩薩、韋陀菩薩、護法龍天加持護佑，正法在，正覺開經偈亦在。（註：正覺的開經偈是：微妙甚深無上法，百千萬劫難值遇，我今見聞得證悟，願解如來究竟義。）

來正覺學正法，學正法來正覺，即享受到 導師勝妙法乳，導師會親手一小口、一小口的餵汝；但前提是：得要是菩薩種性的汝，才夠格受大善知識的甘露法乳；非欲界天的甘露，更不是密宗喇嘛的噁心甘露，正是 釋迦如來勝妙的佛甘露法乳，幫汝餵養成為眞正的菩薩，讓個個弟子都成為「卜派」，於汝有菩薩種性的種子，任何邪風都吹不倒、傷不了。為眾生故，行大悲願故。

修得正法、正思惟、正知見，正斷我見等等，促使菩提苗有了正確般若智慧逐漸成長，成為菩薩開始樂求尋覓本來自性清淨涅槃心（又名眞如、第八識、如來藏、異熟識），開悟明心，佛法眞正入門。

導師可以在色究竟天 釋迦佛、菩薩旁時時法樂無窮，卻捨之來這五濁惡世人間，將 佛勝妙甘露法乳辛苦的餵我們。南無 平實菩薩摩訶薩是不是我們的大慈悲父！（是的。）我們是不是都吸吮到 恩師法乳的大功德與大福德如須彌山！（是的。）

佛、菩薩、護法龍天、導師有在看，正覺菩薩們強又勇，逐漸成就自所願，早日復興中國佛教有望。

導師為弟子們辛勞開闢很多很多福田讓我們耕耘，培植我們自己的福德存糧廣利有情。在正覺正法道場值遇任何一項義工機會，或大或小義工執事，只要我們肯學習、甘願作菩薩，儘量接手來完成，而心中不起念「**我是在修福德**」，自己的如來藏自然已存藏福德，將來緣熟，祂種子等流流注出，都是自個兒領受之，功不唐捐。

進正覺後，漸漸不為這具色身起煩惱，不再衣櫃永遠少一件衣、少一雙鞋、化妝品等求之不厭。所以說，我們在 平實導師座下不斷的吸收勝妙甘露法乳——釋迦世尊的法脈，令種種條件具足，早日有能力效法 恩師，荷擔如來正法大業，以報佛恩、師恩、父母恩、眾生恩。

在正法道場上植福，一點一滴或一文一錢，功德、福德是倍增無量。聰明者，若未證悟、若已證悟明心、若已證得眼見佛性；不巧遇上惡知識而信了，也因為都是聰明者，疑蓋種子現行，正法謂邪法，邪法謂正法。聰明者自己的擇法眼也被自己的疑蓋障住了，決定離開正法道場，反願跟著邪法跑。這個時候，聰明者就自個悄悄離開就好；也別逢菩薩就宣說後悔自己在正覺已花了多少錢了，甚至花了上百萬元，欲勸阻菩薩在正覺行布施。我說，這麼聰明，怎會將維護正法殊勝福德與功德，無量無邊的存糧都已儲存於自己如來藏種子裡了，會裡上上下下沒一個人用了他捐的錢，全都用在正法上，如今因被誤導，卻將全部勝福由自己口中吐出。

有機會行布施護持正法廣利有情，一分一錢同樣功不唐捐。聰明者，醒來吧！千萬勿一步錯步步錯，誹謗佛法，接著誹謗勝義僧，乃至對親手餵勝妙甘露法乳的大慈悲父，恩將仇報，更加以人身攻擊，無根誹謗，拿著棍棒亂揮，棍棍想要掃倒彼聰明者法身慧命之父！然傷不及，慈父證量高故。該嘆息自己不知所爲之事，自己腳底冷了，自己都不知道。未來世到底該怎麼辦呢？建議聰明者「**拿盆冰涼水洗把臉**」！

全家、姊妹，進正覺，起緣於家中二哥，當年臺中尚未設立講堂，只送一本會發光的《無相念佛》，細說如何作念佛功夫。《無相念佛》一書眞的會發光，已照攝全家，沒人排斥，反而愛樂。經一段時間，二哥告知，臺中新社有共修處（在一對同修夫婦家中），全家四人前往共修。因臺中往新社中途有一小段路，每遇下雨路旁就會土石流，路燈很少，路暗。家同修說這一段路太危險，一家四口！加上下班、下課時間不一，每次到達目的地時，上課已講三分之二了，就等臺中市有設立講堂再上吧！兒子就說等他滿十八歲去考機車駕照要自行前往新社修學。當年兒子高二，女兒國二。

後來二哥告知，臺中市忠勤街地下室已設立共修處，同修、兒子便開始上課，眞不巧，二哥訊息來得慢半拍，本班下午課不是 平實導師親自來臺中開立的禪淨班，是楊榮燦親教師（二〇〇三年退轉）。

末學二〇〇〇年四月九日開始上課，有一天一位師姊過來問：「**有沒有留下來？晚上親教師是平實導師。**」一語震耳，求法心切，當晚開始就偷偷地留下來上 導師的課。這班上了三年才結業，末學偷偷連上七個多月的課。弟子在此向 導師懺悔，弟子不守堂規，犯跨班過失。雖然早期不很嚴格，也是有犯。之後女兒開始上課。後來臺中講堂正式設立於五權西路，媳婦、乾女兒陸續進講堂。

從小懂事以來沒有好奇心，聽到人家在說啥，沒想要去聽聽看，看到人家在作啥也從不想靠近看。當進正覺熏修菩薩行，聽黃師姊、陳師兄、王師姊夫婦、阿密師姊有去臺北聽　導師講《楞嚴經》，就去瞭解後，每週二臺中火車站集合一同前往臺北講堂聽　導師開演《楞嚴經》。

只要有同修、上位菩薩指派或吩咐任何義工、執事，只要利眾，一律歡喜接受盡力完成。發開課文宣、貼公告。高雄反達賴來臺（去舉牌抗議）。全家加入祕密組發破密文宣，分平日小組、假日小組、團隊小組，全家人這三個組都參與。

多年前家妹提議，我們該將　導師的法寶親自送到國外廣度有緣人，我認為是好主意，並面見　導師報告這個想法，導師：「先到泰國並以《阿含正義》書籍為主及其他等書，日本以《心經密意》書籍為主及其他等書。」家眷幾人便安排前往送書，此兩國人民接受度良好！另還有三個國家，希望將來家眷或有同修們能共同圓滿此因緣，以及後續的補書。

自從破初參後，每年精進禪三之前就增上功課，如誦《地藏經》、〈正覺發願文〉等等，功德迴向禪三大法會一切順利圓滿，主三和尚、師娘、監香二師、糾察老師、護三菩薩、每一位禪子。直到我自己色身不佳。

從臺中講堂開始播放每週二、六　導師講經與增上班的 DVD，就與黃師姊搭配一組，共四組，輪流上臺北講堂換取 DVD。講堂是我的大家庭，家中同修、兒子、媳婦、女兒、乾女兒，各作各的義工執事，反而住家當作飯店了，直到幾年前健康崩盤後，我只能所有義工全請辭。

現在的我，在家養病，只能每週二、六到講堂上課，增長慧力，願未來世早日有能力效法　導師荷擔如來正法大業，盡未來際。

婆婆上禪淨班、進階班、週二聽經，隨　導師受三歸五戒、菩薩戒，她非常感動高興，活到這個歲數還可隨　導師受戒，說她將來還要追隨　導師學佛法。享年九十六歲往生。

回想進正覺前，朋友間有慈濟等四教，全家人完全不相應。有一天我得罪了一位道教乩童，害得我很慘、家不安寧，放五鬼附身在我身上造惡業等，折騰有一年。當時我哀求玉皇上帝救救我，祈求　阿彌陀佛、觀世音菩薩，幫我請五邪鬼速離我身，也不要再去害任何人了。去到臺中蓮社，負責人說可請五鬼住在那裡的「地藏王殿」，聽經聞法，我告訴五鬼們，不要再依附任何人身上，不可再害人，要棄邪歸正，在寺院修行。

後來二哥來電說要去靈巖山寺走走，全家便去。之後，我跟同修、兒、女說：「我想去靈巖山寺出家修行，每天跟師父們作早晚課，日夜有佛陀保護，很清靜、自在、善良，唸佛不忘工作，工作不忘唸佛求生極樂世界，管制嚴格、常辦法會服務大眾，我喜歡。」全家都同意，唯母親不捨，經說服，勉強接受。

在寺院長住（未剃度）一段時間後，常思慮要如何修行？遇到感覺較資深、德行高的比丘、比丘尼，便請教師父如何修行呢？但都得不到具體解答與方法，依舊是腦袋問號常起。有一天，下定決心下山，祈求觀世音菩薩度我到眞正可修行的地方。很快的，二哥告知正覺大乘佛法，一接觸便相應了。家人都勉勵我快開悟明心後可去度老和尚等出家眾。

很感念二十多年來二哥不斷護念、鼓勵家眷把握機會報禪三。很感謝姊、妹關心鼓勵；很感謝，我同修是我的大護持，兒子、女兒給的一切，媳婦、乾女兒關懷，全家眷都很貼心；很感謝講堂同修們及何老師都很護念關愛末學，她將眼見佛性的殊勝功德迴向給我。如今體力不錯，精神很好。一個沒學歷又年邁的病人「能」。正在看這篇見性報告的您也一定「能」。

拼啊！！！一同努力。

頂禮禮謝 導師二度授記，並不違誓願，賜給弟子證得您的第二個大法——眼見佛性。以及付囑要「強、勇」二字，令完成目標、成就任務，且成就得很漂亮。

弟子根本不會寫文章

承蒙 南無觀世音菩薩加被

願眼見佛性殊勝功德孝養迴向 導師 師娘 身心輕利 遊步康強 好度眾生 久住在世 常轉大法輪

弟子 **謝淑貞** 頂禮

2025 年 5 月 22 日

佛菩提二主要道次第概要表——二道並修，以外無別佛法

佛菩提道——大菩提道

十信位修集信心 —— 一劫乃至一萬劫

資糧位

初住位修集布施功德（以財施為主）。
二住位修集持戒功德。
三住位修集忍辱功德。
四住位修集精進功德。
五住位修集禪定功德。
六住位修集般若功德（熏習般若中觀及斷我見，加行位也）。

外門廣修六度萬行

見道位

七住位明心般若正觀現前，親證本來自性清淨涅槃。
八住位起於一切法現觀般若中道。漸除性障。
十住位眼見佛性，世界如幻觀成就。
一至十行位，於廣行六度萬行中，依般若中道慧，現觀陰處界猶如陽焰，至第十行滿心位，陽焰觀成就。
一至十迴向位熏習一切種智；修除性障，唯留最後一分思惑不斷。第十迴向滿心位成就菩薩道如夢觀。

內門廣修六度萬行

遠波羅蜜多

初地：第十迴向位滿心時，成就道種智一分（八識心王一一親證後，領受五法、三自性、七種第一義、七種性自性、二種無我法）復由勇發十無盡願，成通達位菩薩。復又永伏性障而不具斷，能證慧解脫而不取證，由大願故留惑潤生。此地主修法施波羅蜜多及百法明門。證「猶如鏡像」現觀，故滿初地心。
二地：初地功德滿足以後，再成就道種智一分而入二地；主修戒波羅蜜多及一切種智。滿心位成就「猶如光影」現觀，戒行自然清淨。

解脫道：二乘菩提

→ 斷三縛結，成初果解脫
→ 薄貪瞋癡，成二果解脫
→ 斷五下分結，成三果解脫
入地前的四加行令煩惱障現行悉斷，成四果解脫，留惑潤生。分段生死已斷，煩惱障習氣種子開始斷除，兼斷無始無明上煩惱。

近波羅蜜多

大波羅蜜多

圓滿波羅蜜多

修道位

三地：二地滿心再證道種智一分，故入三地。此地主修忍波羅蜜多及四禪八定、四無量心、五神通。能成就俱解脫果而不取證，留惑潤生。滿心位成就「猶如谷響」現觀及無漏妙定意生身。

四地：由三地再證道種智一分故入四地。主修精進波羅蜜多，於此土及他方世界廣度有緣，無有疲倦。進修一切種智，滿心位成就「如水中月」現觀。

五地：由四地再證道種智一分故入五地。主修禪定波羅蜜多及一切種智，斷除下乘涅槃貪。滿心位成就「變化所成」現觀。

六地：由五地再證道種智一分故入六地。此地主修般若波羅蜜多——依道種智現觀十二因緣一一有支及意生身化身，皆自心眞如變化所現，「非有似有」，成就細相觀，不由加行而自然證得滅盡定，成俱解脫大乘無學。

七地：由六地「非有似有」現觀，再證道種智一分故入七地。此地主修一切種智及方便波羅蜜多，由重觀十二有支一一支中之流轉門及還滅門一切細相，成就方便善巧，念念隨入滅盡定。滿心位證得「如犍闥婆城」現觀。

七地滿心斷除故意保留之最後一分思惑時，煩惱障所攝色、受、想三陰有漏習氣種子全部斷盡。

八地：由七地極細相觀成就故再證道種智一分而入八地。此地主修一切種智及願波羅蜜多。至滿心位純無相觀任運恆起，故於相土自在，滿心位復證「如實覺知諸法相意生身」故。

九地：由八地再證道種智一分故入九地。主修力波羅蜜多及一切種智，成就四無礙，滿心位證得「種類俱生無行作意生身」。

十地：由九地再證道種智一分故入此地。此地主修一切種智——智波羅蜜多。滿心位起大法智雲，及現起大法智雲所含藏種種功德，成受職菩薩。

煩惱障所攝行、識二陰無漏習氣種子任運漸斷，所知障所攝上煩惱任運漸斷。

究竟位

等覺：由十地道種智成就故入此地。此地應修一切種智，圓滿等覺地無生法忍；於百劫中修集極廣大福德，以之圓滿三十二大人相及無量隨形好。

妙覺：示現受生人間已斷盡煩惱障一切習氣種子，並斷盡所知障一切隨眠，永斷變易生死無明，成就大般涅槃，四智圓明。人間捨壽後，報身常住色究竟天利樂十方地上菩薩；以諸化身利樂有情，永無盡期，成就究竟佛道。

斷盡變易生死
成就大般涅槃

圓滿成就究竟佛果

佛子蕭平實　謹製
（二〇〇九、〇二　修訂）
（二〇一二、〇二　增補）

佛教正覺同修會〈修學佛道次第表〉

第一階段

＊以憶佛及拜佛方式修習動中定力。
＊學第一義佛法及禪法知見。
＊無相拜佛功夫成就。
＊具備一念相續功夫—動靜中皆能看話頭。
＊努力培植福德資糧，勤修三福淨業。

第二階段

＊參話頭，參公案。
＊開悟明心，一片悟境。
＊鍛鍊功夫求見佛性。
＊眼見佛性〈餘五根亦如是〉親見世界如幻，成就如幻觀。
＊學習禪門差別智。
＊深入第一義經典。
＊修除性障及隨分修學禪定。
＊修證十行位陽焰觀。

第三階段

＊學一切種智真實正理—楞伽經、解深密經、成唯識論…。
＊參究末後句。
＊解悟末後句。
＊透牢關—親自體驗所悟末後句境界，親見實相，無得無失。
＊救護一切眾生迴向正道。護持了義正法，修證十迴向位如夢觀。
＊發十無盡願，修習百法明門，親證猶如鏡像現觀。
＊修除五蓋，發起禪定。持一切善法戒。親證猶如光影現觀。
＊進修四禪八定、四無量心、五神通。進修大乘種智，求證猶如谷響現觀。

佛教正覺同修會 共修現況 及 招生公告　2025/6/18

一、共修現況：（請在共修時間來電，以免無人接聽。）

台北正覺講堂 103 台北市承德路三段 277 號九樓 捷運淡水線圓山站旁 Tel..總機 02-25957295（晚上）（**分機：九樓**辦公室 10、11；知客櫃檯 12、13。 **十樓**知客櫃檯 15、16；書局櫃檯 14。 **五樓**辦公室 19；知客櫃檯 17、18。**二樓**辦公室 20；知客櫃檯 21。）Fax..25954493

第一講堂　台北市承德路三段 277 號九樓

禪淨班：週一晚班、週三晚班、週四晚班、週五晚班、週六下午班（共修期間二年半，全程免費。皆須報名建立學籍後始可參加共修，欲報名者詳見本公告末頁。）

進階班：週六早班。

增上班：**成唯識論釋**：單週六晚班。雙週六晚班（重播班）。17.50～20.50。平實導師講解，2022 年 2 月末開講，預定六年內講完，僅限已明心之會員參加。

禪門差別智：每月第一週日全天　平實導師主講（事冗暫停）。

金剛三昧經　此經說明無相的金剛心即是佛法所說的空性，亦名如來藏、阿賴耶識、異熟識、無垢識，亦名金剛心、非心心、無心相心、不念心、實相心、無住心、眞如。證眞如者方能眞入佛門實修，然一切求證眞如者，要依六度波羅蜜多的實修方能證得；證得第八識眞如之後，即得現觀金剛心空性的本來無生而能出生一切有情與諸行，並現觀金剛心空性本來就有六塵外的本覺性，由證得本覺性而生起無分別智，便能現觀實相法界及判別現象法界諸法的生滅性，獲得實相智慧與解脫功德；由證第八識空性心故便能如實受持三聚淨戒，持續利樂有情同證空性心無生法，自他皆能依於二入六行進修，最後便得成就佛地功德。本經已於 2025 年六月中旬起開講，由平實導師詳解。每逢週二晚上開講，第一至第七講堂都可同時聽聞，歡迎菩薩種性學人，攜眷共同參與此殊勝法會現場聞法，不限制聽講資格。本會學員憑上課證進入第一至第四、第七講堂聽講，會外學人請以身分證件換證進入聽講（此為大樓管理處安全管理規定之要求，敬請諒解）；第五及第六講堂（B1、B2）對外開放，不需出示任何證件，請由大樓側門直接進入。

第二講堂　台北市承德路三段 267 號十樓。

禪淨班：週一晚班。

進階班：週三晚班、週四晚班、週五晚班、週六下午班。禪淨班結業後轉入共修。

增上班：**成唯識論釋**：單週六晚班，影音同步傳播。雙週六晚班（重播班）

金剛三昧經：平實導師講解。每週二 18：50~20：50 影像音聲即時傳輸。

第三講堂　台北市承德路三段 277 號五樓。

增上班：成唯識論釋：單週六晚班，影音同步傳播。雙週六晚班（重播班）

進階班：週一晚班、週三晚班、週四晚班、週五晚班、週六下午班。

金剛三昧經：平實導師講解。每週二 18：50~20：50 影像音聲即時傳輸。

第四講堂　台北市承德路三段 267 號二樓。

進階班：週一晚班、週三晚班、週四晚班（禪淨班結業後轉入共修）。

金剛三昧經：平實導師講解。每週二 18：50~20：50 影像音聲即時傳輸。

第五、第六講堂　台北市承德路三段 267 號地下一樓、地下二樓

進階班：週一晚班、週三晚班、週四晚班。

金剛三昧經：平實導師講解。每週二 18：50~20：50 影像音聲即時傳輸。第五、第六講堂爲**開放式講堂**，不需以身分證件換證即可進入聽講，台北市承德路三段 267 號地下一樓、地下二樓。每逢週二晚上講經時段開放給會外人士自由聽經，請由大樓側面梯階逕行進入聽講。**聽講者請尊重講者的著作權及肖像權，請勿錄音錄影，以免違法；若有錄音錄影被查獲者，將依法處理。**

第七講堂　台北市承德路三段 267 號六樓。

金剛三昧經：平實導師講解。每週二 18：50~20：50 影像音聲即時傳輸。

正覺祖師堂　大溪區美華里信義路 650 巷坑底 5 之 6 號（台 3 號省道 34 公里處 妙法寺對面斜坡道進入）電話 03-3886110　傳眞 03-3881692 本堂供奉 克勤圓悟大師，專供會員每年四月、十月各兩次精進禪三共修，兼作本會出家菩薩掛單常住之用。開放參訪日期請參見本會公告。教內共修團體或道場，得另申請其餘時間作團體參訪，務請事先與常住確定日期，以便安排常住菩薩接引導覽，亦免妨礙常住菩薩之日常作息及修行。

桃園正覺講堂（第一、第二講堂）：桃園市介壽路 286、288 號 10 樓（陽明運動公園對面）電話：03-3749363(請於共修時聯繫，或與台北聯繫)

禪淨班：週一晚班（1）、週一晚班（2）、週三晚班、週四晚班、週五晚班。

進階班：週三晚班、週四晚班、週五晚班、週六上午班。

增上班：成唯識論釋。雙週六晚班（增上重播班）。

金剛三昧經：平實導師講解。每週二晚上全台同步直播。歡迎會外學人共同聽講，不需出示身分證件。

新竹正覺講堂　新竹市東光路 55 號二樓之一　電話 03-5724297（晚上）

第一講堂：

禪淨班：週五晚班。

進階班：週三晚班、週四晚班、週六上午班。由禪淨班結業後轉入共修

增上班：成唯識論釋。單週六晚班。雙週六晚班（重播班）。

金剛三昧經：平實導師講解。每週二晚上全台同步直播。歡迎會外學人共同聽講，不需出示身分證件。

第二講堂：

禪淨班：週一晚班、週三晚班、週四晚班、週六上午班。

金剛三昧經：每週二晚上全台同步直播。

第三、第四講堂：裝修完畢，已經啓用。

台中正覺講堂 04-23816090（晚上）

第一講堂 台中市南屯區五權西路二段 666 號 13 樓之四（國泰世華銀行樓上。鄰近縣市經第一高速公路前來者，由五權西路交流道可以快速到達，大樓旁有停車場，對面有素食館）。

禪淨班：週四晚班、週五晚班。

進階班：週一晚班、週三晚班、週六上午班（由禪淨班結業後轉入共修）。

增上班：成唯識論釋。單週六晚班。雙週六晚班（重播班）。

金剛三昧經：平實導師講解。每週二晚上全台同步直播。歡迎會外學人共同聽講，不需出示身分證件。

第二講堂 台中市南屯區五權西路二段 666 號 4 樓

禪淨班：週一晚班、週三晚班。

第三講堂台中市南屯區五權西路二段 666 號 4 樓

禪淨班：週一晚班。

第四講堂台中市南屯區五權西路二段 666 號 4 樓。

進階班：週一晚班、週三晚班、週四晚班、週五晚班、週六上午班，由禪淨班結業後轉入共修

金剛三昧經：每週二晚上全台同步直播。

嘉義正覺講堂 嘉義市友愛路 288 號八樓之一　電話：05-2318228

第一講堂：

禪淨班：週四晚班、週五晚班、週六上午班。

進階班：週一晚班、週三晚班（由禪淨班結業後轉入共修）。

增上班：成唯識論釋。單週六晚班。雙週六晚班（重播班）。

金剛三昧經：平實導師講解。每週二晚上全台同步直播。歡迎會外學人共同聽講，不需出示身分證件。

第二講堂 嘉義市友愛路 288 號八樓之二。

第三講堂 嘉義市友愛路 288 號四樓之七。

禪淨班：週一晚班、週三晚班。

台南正覺講堂

第一講堂 台南市西門路四段 15 號 4 樓。06-2820541（晚上）

禪淨班：週一晚班、週四晚班、週五晚班、週六下午班。

增上班：成唯識論釋。單週六晚班。雙週六晚班（重播班）。

金剛三昧經：平實導師講解。每週二晚上全台同步直播。歡迎會外學人共同聽講，不需出示身分證件。

第二講堂 台南市西門路四段 15 號 3 樓。

進階班：週六下午班。

金剛三昧經：每週二晚上全台同步直播。

第三講堂　台南市西門路四段 15 號 3 樓。

進階班：週一晚班、週三晚班、週四晚班、週五晚班（由禪淨班結業後轉入共修）。

金剛三昧經：每週二晚上全台同步直播。

高雄正覺講堂　高雄市新興區中正三路 45 號五樓 07-2234248（晚上）

第一講堂（五樓）：

禪淨班：週一晚班、週三晚班、週四晚班、週五晚班、週六上午班。

進階班：週六下午班（由禪淨班結業後轉入共修）。

增上班：**成唯識論釋**。單週六晚班。雙週六晚班（重播班）。

金剛三昧經：平實導師講解。每週二晚上全台同步直播。歡迎會外學人共同聽講，不需出示身分證件。

第二講堂（四樓）：

進階班：週三晚班、週四晚班（由禪淨班結業後轉入共修）。

金剛三昧經：每週二晚上全台同步直播。

第三講堂（三樓）：

進階班：週四晚班（由禪淨班結業後轉入共修）。

二、招生公告　**本會台北講堂及全省各講堂，每逢四月、十月下旬開新班，每週共修一次**（每次二小時。開課日起三個月內仍可插班）；**各班共修期間皆爲二年半，全程免費，欲參加者請向本會函索報名表**（各共修處皆於共修時間方有人執事，非共修時間請勿電詢或前來洽詢、請書），**或直接從本會官方網站**(http://www.enlighten.org.tw/newsflash/class)**或成佛之道網站下載報名表**。共修期滿時，若經報名禪三審核通過者，可參加四天三夜之禪三精進共修，有機會明心、取證如來藏，發起般若實相智慧，成爲實義菩薩，脫離凡夫菩薩位。

三、新春禮佛祈福 農曆**年假**期間停止共修：自農曆新年前七天起停止共修與弘法，正月 8 日起回復共修、弘法事務。新春期間正月初一～初三 9：00～17：00 開放台北講堂、正月初一～初三開放新竹、台中、嘉義、台南、高雄講堂，以及大溪禪三道場（正覺祖師堂），方便會員供佛、祈福及會外人士請書。

密宗四大派修雙身法，是外道性力派的邪法；又以生滅的識陰作為常住法，是常見外道，是假的藏傳佛教。

西藏覺囊巴以他空見弘揚第八識如來藏勝法，才是真藏傳佛教

佛教正覺同修會　弘法行事表　2025/6/18

1、**禪淨班**　以無相念佛及拜佛方式修習動中定力，實證一心不亂功夫。傳授解脫道正理及第一義諦佛法，以及參禪知見。共修期間：二年六個月。每逢四月、十月開新班，詳見招生公告表。

2、**進階班**　禪淨班畢業後得轉入此班，進修更深入的佛法，期能證悟明心。各地講堂各有多班，繼續深入佛法、增長定力，悟後得轉入增上班修學道種智，期能證得無生法忍。

3、**增上班 成唯識論釋**　詳解八識心王的唯識性、唯識相、唯識位，分說八識心王及其心所各別的自性、所依、所緣、相應心所、行相、功用等，並闡述緣生諸法的四緣：因緣、等無間緣、所緣緣、增上緣等四緣，並論及十因五果等。論中闡釋**佛法實證及成就的根本法即是第八識，由第八識成就三界世間及出世間的一切染淨諸法，方有成佛之道可修、可證、可成就，名爲圓成實性**。然後詳解末法時代學人極易混淆的見道位所函蓋的眞見道、相見道、通達位等內容，指正末法時代高慢心一類學人，於見道位前後不斷所墮的同一邪謬處。末後開示修道位的十地之中，各地所應斷的二愚及所應證的一智，乃至佛位的四智圓明及具足四種涅槃等一切種智之眞實正理。由平實導師講述，每逢一、三、五週之週末晚上開示，每逢二、四週之週末爲重播班，供作後悟之菩薩補聞所未聽聞之法。增上班課程僅限已明心之會員參加。未來每逢講完十分之一內容時，便予出書流通；總共十輯，敬請期待。（註：《瑜伽師地論》從 2003 年二月開講，至 2022 年 2 月 19 日已經圓滿，爲期 18 年整。）

4、**金剛三昧經**　此經說明無相的金剛心即是佛法所說的空性，亦名如來藏、阿賴耶識、異熟識、無垢識，亦名金剛心、非心心、無心相心、不念心、實相心、無住心、眞如。證眞如者方能眞入佛門實修，然一切求證眞如者，要依六度波羅蜜多的實修方能證得；證得第八識眞如之後，即得現觀金剛心空性的本來無生而能出生一切有情與諸行，並現觀金剛心空性本來就有六塵外的本覺性，由證得本覺性而生起無分別智，便能現觀實相法界及判別現象法界諸法的生滅性，獲得實相智慧與解脫功德；由證第八識空性心故便能如實受持三聚淨戒，持續利樂有情同證空性心無生法，自他皆能依於二入六行進修，最後便得成就佛地功德。本經已於 2025 年六月中旬起開講，由平實導師詳解。不限制聽講資格。

5、**精進禪三**　主三和尚：平實導師。於四天三夜中，以克勤圓悟大師及大慧宗杲之禪風，施設機鋒與小參、公案密意之開示，幫助會員剋期取證，親證不生不滅之眞實心——人人本有之如來藏。每年四月、十月各舉辦二個梯次；平實導師主持。僅限本會會員參加禪淨班共修期滿，報名審核通過者，方可參加。並另選擇會中定力、慧力、福德三條件皆已具足之已明心會員，給與指引，令得眼見自己無形無相之佛性遍佈山河大地，眞實而無障礙，得以肉眼現觀世界身心悉皆如幻，具足成就如幻觀，圓滿十住菩薩之證境。

6、**阿含經**詳解　選擇重要之阿含部經典，依無餘涅槃之實際而加以詳解，令大眾得以現觀諸法緣起性空，亦復不墮斷滅見中，顯示經中所隱說之涅槃實際—如來藏—確實已於四阿含中隱說；令大眾得以聞後觀行，確實斷除我見乃至我執，證得**見到**眞現觀，乃至**身證**……等眞現觀；已得大乘或二乘見道者，亦可由此聞熏及聞後之觀行，除斷我所之貪著，成就慧解脫果。由平實導師詳解。不限制聽講資格。

7、**精選如來藏系經典**詳解　精選如來藏系經典一部，詳細解說，以此完全印證會員所悟如來藏之眞實，得入不退轉住。另行擇期詳細解說之，由平實導師講解。僅限已明心之會員參加。

8、**禪門差別智**　藉禪宗公案之微細淆訛難知難解之處，加以宣說及剖析，以增進明心、見性之功德，啓發差別智，建立擇法眼。每月第一週日全天，由平實導師開示，僅限破參明心後，復又眼見佛性者參加(事冗暫停)。

9、**枯木禪**　先講智者大師的《小止觀》，後說《釋禪波羅蜜》，詳解四禪八定之修證理論與實修方法，細述一般學人修定之邪見與岔路，及對禪定證境之誤會，消除枉用功夫、浪費生命之現象。已悟般若者，可以藉此而實修初禪，進入大乘通教及聲聞教的三果心解脫境界，配合應有的大福德及後得無分別智、十無盡願，即可進入初地心中。親教師：平實導師。未來緣熟時將於正覺寺開講。不限制聽講資格。

註：本會例行年假，自 2004 年起，改爲每年農曆新年前七天開始停息弘法事務及共修課程，農曆正月 8 日回復所有共修及弘法事務。新春期間正月初一～初三（每日 9：00～17：00）開放台北講堂，方便會員禮佛祈福及會外人士請書。大溪區的正覺祖師堂，開放參訪時間，詳見〈正覺電子報〉或成佛之道網站。本表得因時節因緣需要而隨時修改之，不另作通知。

佛教正覺同修會　贈閱書籍 目錄　　2025/2/10

1.**無相念佛**　平實導師著　回郵 36 元
2.**念佛三昧修學次第**　平實導師述著　回郵 52 元
3.**正法眼藏—護法集**　平實導師述著　回郵 76 元
4.**真假開悟簡易辨正法&佛子之省思**　平實導師著　回郵 26 元
5.**生命實相之辨正**　平實導師著　回郵 31 元
6.**如何契入念佛法門**（**附**：印順法師否定極樂世界）平實導師著　回郵 26 元
7.**平實書箋**—答元覽居士書　平實導師著　回郵 52 元
8.**三乘唯識**—如來藏系經律彙編　平實導師編　回郵 80 元
（精裝本　長 27 ㎝　寬 21 ㎝　高 7.5 ㎝　重 2.8 公斤）
9.**三時繫念全集**—修正本　回郵掛號 52 元（長 26.5 ㎝×寬 19 ㎝）
10.**明心與初地**　平實導師述　回郵 31 元
11.**邪見與佛法**　平實導師述著　回郵 36 元
12.**甘露法雨**　平實導師述　回郵 36 元
13.**我與無我**　平實導師述　回郵 36 元
14.**學佛之心態**—修正錯誤之學佛心態始能與正法相應　孫正德老師著　回郵52元
附錄：平實導師著**《略說八、九識並存…等之過失》**
15.**大乘無我觀**—《悟前與悟後》別說　平實導師述著　回郵 36 元
16.**佛教之危機**—中國台灣地區現代佛教之真相（附錄：公案拈提六則）
平實導師著　回郵 52 元
17.**燈　影**—燈下黑（覆「求教後學」來函等）　平實導師著　回郵 76 元
18.**護法與毀法**—覆上平居士與徐恒志居士網站毀法二文
張正圜老師著　回郵 76 元
19.**淨土聖道**—兼評選擇本願念佛　正德老師著　**由正覺同修會購贈**　回郵52元
20.**辨唯識性相**—對「紫蓮心海《辯唯識性相》書中否定阿賴耶識」之回應
正覺同修會 台南共修處法義組 著　回郵52元
21.**假如來藏**—對法蓮法師《如來藏與阿賴耶識》書中否定阿賴耶識之回應
正覺同修會 台南共修處法義組 著　回郵 76 元
22.**入不二門**—公案拈提集錦 第一輯（於平實導師公案拈提諸書中選錄約二十則，
合輯爲一冊流通之）平實導師著　回郵52元
23.**真假邪說**—西藏密宗索達吉喇嘛《破除邪說論》真是邪說
釋正安法師著　上、下冊回郵各 52 元
24.**真假開悟**—真如、如來藏、阿賴耶識間之關係　平實導師述著　回郵76元
25.**真假禪和**—辨正釋傳聖之謗法謬說　孫正德老師著　回郵76元
26.**眼見佛性**—駁慧廣法師**眼見佛性的含義**文中謬說 游正光老師著 回郵52元

27.**普門自在**—公案拈提集錦 第二輯（於平實導師公案拈提諸書中選錄約二十則，合輯爲一冊流通之）平實導師著　回郵 52 元

28.**印順法師的悲哀**—以現代禪的質疑為線索　恒毓博士著　回郵 52 元

29.**識蘊真義**—現觀識蘊內涵、取證初果、親斷三縛結之具體行門。
—依《成唯識論》及《唯識述記》正義，略顯安慧《大乘廣五蘊論》之邪謬
平實導師著 回郵 76 元

30.**正覺電子報** 各期紙版本　免附回郵　每次最多函索三期或三本。
(已無存書之較早各期，不另增印贈閱)

31.**遠惑趣道**—正覺電子報般若信箱問答錄　第一輯　回郵52 元

32.**遠惑趣道**—正覺電子報般若信箱問答錄　第二輯　回郵52 元

33.**正覺教團電視弘法三乘菩提 DVD 光碟（一）**
由正覺教團多位親教師共同講述錄製 DVD 8 片，MP3 一片，共 9 片。有二大講題：一爲「三乘菩提之意涵」，二爲「學佛的正知見」。內容精闢，深入淺出，精彩絕倫，幫助大眾快速建立三乘法道的正知見，免被外道邪見所誤導。有志修學三乘佛法之學人不可不看。(製作工本費 100 元，回郵 52 元)

34.**正覺教團電視弘法 DVD 專輯（二）**
總有二大講題：一爲「三乘菩提之念佛法門」，一爲「學佛正知見(第二篇)」，由正覺教團多位親教師輪番講述，內容詳細闡述如何修學念佛法門、實證念佛三昧，以及學佛應具有的正確知見，可以幫助發願往生西方極樂淨土之學人，得以把握往生，更可令學人快速建立三乘法道的正知見，免於被外道邪見所誤導。有志修學三乘佛法之學人不可不看。(一套 17 片，工本費 160 元。回郵 76 元)

35.**喇嘛性世界**—揭開假藏傳佛教譚崔瑜伽的面紗　張善思 等人合著
由正覺同修會購贈 回郵 52 元

36.**假藏傳佛教的神話**—性、謊言、喇嘛教　張正玄教授編著
由正覺同修會購贈 回郵 52 元

37.**隨 緣**—理隨緣與事隨緣　平實導師述　回郵 52 元。

38.**學佛的覺醒**　正枝居士 著　回郵 52 元

39.**意識虛妄經教彙編**—實證解脫道的關鍵經文　正覺同修會編印　回郵36 元

40.**邪箭囈語**—破斥藏密外道多識仁波切《破魔金剛箭雨論》之邪說
陸正元老師著　上、下冊回郵各 52 元

41.**真假沙門**—依 佛聖教闡釋佛教僧寶之定義
蔡正禮老師著　俟正覺電子報連載後結集出版

42.**真假禪宗**—藉評論釋性廣《印順導師對變質禪法之批判及對禪宗之肯定》以顯示真假禪宗
附論一：凡夫知見 無助於佛法之信解行證
附論二：世間與出世間一切法皆從如來藏實際而生而顯
余正偉老師著　俟正覺電子報連載後結集出版　回郵未定

★ 上列贈書之郵資，係台灣本島地區郵資，大陸、港、澳地區及外國地區，請另計酌增（大陸、港、澳、國外地區之郵票不許通用）。尚未出版之書，請勿先寄來郵資，以免增加作業煩擾。

★ 本目錄若有變動，唯於後印之書籍及「成佛之道」網站上修正公佈之，不另行個別通知。

函索書籍請寄：佛教正覺同修會　103 台北市承德路 3 段 277 號 9 樓
台灣地區函索書籍者請附寄郵票，無時間購買郵票者可以等值現金抵用，但不接受郵政劃撥、支票、匯票。大陸地區得以人民幣計算，國外地區請以美元計算（請勿寄來當地郵票，在台灣地區不能使用）。欲以掛號寄遞者，請另附掛號郵資。

親自索閱：正覺同修會各共修處。　★請於共修時間前往取書，餘時無人在道場，請勿前往索取；共修時間與地點，詳見書末正覺同修會共修現況表（以近期之共修現況表爲準）。

註：正智出版社發售之局版書，請向各大書局購閱。若書局之書架上已經售出而無陳列者，請向書局櫃台指定洽購；若書局不便代購者，請於正覺同修會共修時間前往各共修處請購，正智出版社已派人於共修時間送書前往各共修處流通。 郵政劃撥購書及 大陸地區 購書，請詳別頁正智出版社發售書籍目錄最後頁之說明。

成佛之道 網站：http://www.a202.idv.tw　正覺同修會已出版之結緣書籍，多已登載於 成佛之道 網站，若住外國、或住處遙遠，不便取得正覺同修會贈閱書籍者，可以從本網站閱讀及下載。

＊＊ 假藏傳佛教修雙身法，非佛教 ＊＊

正覺口袋書 目錄

2024/12/11

32.**邁向正覺(六)**　作者倪式谷等合著　回郵 36 元

33.**廣論之平議(一)~(七)**—宗喀巴《菩提道次第廣論》之平議

作者正雄居士　每冊回郵 36 元

34.**俺曚你把你哄**—六字大明咒揭密　作者正玄教授　回郵 36 元

35.**如何契入念佛法門(中英日文版)**　平實導師著　回郵 36 元

36.**明心與初地(中英文版)**　平實導師述著　回郵 36 元

37.**您不可不知的事實**—揭開藏傳佛教真實面之報導(一)

正覺教育基金會著　回郵 36 元

38.**外道羅丹的悲哀(一)~(三)**—略評外道羅丹等編《佛法與非佛法判別》

之邪見 正覺教育基金會著　每冊回郵 36 元

39.**與《廣論》研討班學員談心**　正覺教育基金會著　回郵 36 元

40.**證道歌略釋**　平實導師著　回郵 36 元

41.**甘願做菩薩**　郭正益老師　回郵 36 元

42.**恭祝達賴喇嘛八十大壽**—做賊心虛喊抓賊~喇嘛不是佛教徒

張正玄教授著　回郵 36 元

43.**從一佛所在世界談宇宙大覺者**　高正齡老師著　回郵 36 元

44.**老去人間萬事休，應須洗心從佛祖**—達賴權謀，可以休矣

正覺教育基金會編印　回郵 36 元

45.**表相歸依與實義歸依**—真如為究竟歸依處

正覺同修會編印　回郵 36 元

46.**我為何離開廣論？**　正覺同修會編印　回郵 36 元

47.**三乘菩提之佛典故事(一)**　葉正緯老師講述　回郵 36 元

48.**佛教與成佛—總說**　師子苑居士著　回郵 36 元

49.**三乘菩提概說(一)**　余正文老師講述　回郵 36 元

50.**一位哲學博士的懺悔**　泰洛著　回郵 36 元

51.**三乘菩提概說（二）**　余正文老師講述　回郵 36 元

52.**三乘菩提之佛典故事(二)**　郭正益老師講述　回郵 36 元

53.**尊師重道**　沐中原著　回郵 50 元

54.**心經在說什麼？**　平實導師講述　回郵 36 元

55.**佛典故事集**　正覺教育基金會編 回郵 36 元

56.**正覺總持咒的威德力**　游宗明老師等 回郵 36 元

正智出版社 籌募弘法基金發售書籍目錄　2025/7/25

1.**宗門正眼**—公案拈提 第一輯 重拈　平實導師著　500 元
因重寫內容大幅度增加故，字體必須改小，並增為 576 頁 主文 546 頁。比初版更精彩、更有內容。初版《禪門摩尼寶聚》之讀者，可寄回本公司免費調換新版書。免附回郵，亦無截止期限。（2007 年起，每冊附贈本公司精製公案拈提〈超意境〉CD 一片。市售價格 280 元，多購多贈。）

2.**禪淨圓融**　平實導師著　200 元（第一版舊書可換新版書。）

3.**真實如來藏**　平實導師著　400 元

4.**禪—悟前與悟後**　平實導師著　上、下冊，每冊 250 元

5.**宗門法眼**—公案拈提 第二輯　平實導師著　500 元
（2007 年起，每冊附贈本公司精製公案拈提〈超意境〉CD 一片）

6.**楞伽經詳解**　平實導師述著　全套共 10 輯　每輯 250 元

7.**宗門道眼**—公案拈提 第三輯　平實導師著　500 元
（2007 年起，每冊附贈本公司精製公案拈提〈超意境〉CD 一片）

8.**宗門血脈**—公案拈提 第四輯　平實導師著　500 元
（2007 年起，每冊附贈本公司精製公案拈提〈超意境〉CD 一片）

9.**宗通與說通**—成佛之道 平實導師著 主文 381 頁 全書 400 頁售價 300 元

10.**宗門正道**—公案拈提 第五輯　平實導師著　500 元
（2007 年起，每冊附贈本公司精製公案拈提〈超意境〉CD 一片）

11.**狂密與真密 一～四輯**　平實導師著　西藏密宗是人間最邪淫的宗教，本質不是佛教，只是披著佛教外衣的印度教性力派流毒的喇嘛教。此書中將西藏密宗密傳之男女雙身合修樂空雙運所有祕密與修法，毫無保留完全公開，並將全部喇嘛們所不知道的部分也一併公開。內容比大辣出版社喧騰一時的《西藏慾經》更詳細。並且函蓋藏密的所有祕密及其錯誤的中觀見、如來藏見……等，藏密的所有法義都在書中詳述、分析、辨正。每輯主文三百餘頁　每輯全書約 400 頁　售價每輯 300 元

12.**宗門正義**—公案拈提 第六輯　平實導師著　500 元
（2007 年起，每冊附贈本公司精製公案拈提〈超意境〉CD 一片）

13.**心經密意**—心經與解脫道、佛菩提道、祖師公案之關係與密意　平實導師述　300 元

14.**宗門密意**—公案拈提 第七輯　平實導師著　500 元
（2007 年起，每冊附贈本公司精製公案拈提〈超意境〉CD 一片）

15.**淨土聖道**—兼評「選擇本願念佛」　正德老師著　200 元

16.**起信論講記**　平實導師述著　共六輯　每輯三百餘頁　售價各 250 元

17.**優婆塞戒經講記**　平實導師述著 共八輯 每輯三百餘頁 售價各 250 元

18.**阿含正義**—唯識學探源　平實導師著　共七輯　每輯 300 元

19.**超意境 CD** 以平實導師公案拈提書中超越意境之頌詞，加上曲風優美的旋律，錄成令人嚮往的超意境歌曲，其中包括正覺發願文及平

實導師親自譜成的黃梅調歌曲一首。詞曲雋永，殊堪翫味，可供學禪者吟詠，有助於見道。內附設計精美的彩色小冊，解說每一首詞的背景本事。每片 280 元。【每購買公案拈提書籍一冊，即贈送一片。】

20.**菩薩底憂鬱** CD 將菩薩情懷及禪宗公案寫成新詞，並製作成超越意境的優美歌曲。 1.主題曲〈菩薩底憂鬱〉，描述地後菩薩能離三界生死而迴向繼續生在人間，但因尚未斷盡習氣種子而有極深沈之憂鬱，非三賢位菩薩及二乘聖者所知，此憂鬱在七地滿心位方才斷盡；本曲之詞中所說義理極深，昔來所未曾見；此曲係以優美的情歌風格寫詞及作曲，聞者得以激發嚮往諸地菩薩境界之大心，詞、曲都非常優美，難得一見；其中勝妙義理之解說，已印在附贈之彩色小冊中。 2.以各輯公案拈提中直示禪門入處之頌文，作成各種不同曲風之超意境歌曲，值得玩味、參究；聆聽公案拈提之優美歌曲時，請同時閱讀內附之印刷精美說明小冊，可以領會超越三界的證悟境界；未悟者可以因此引發求悟之意向及疑情，眞發菩提心而邁向求悟之途，乃至因此眞實悟入般若，成眞菩薩。 3.正覺總持咒新曲，總持佛法大意；總持咒之義理，已加以解說並印在隨附之小冊中。本 CD 共有十首歌曲，長達 63 分鐘。每片 320 元。

21.**禪意無限** CD 平實導師以公案拈提書中偈頌寫成不同風格曲子，與他人所寫不同風格曲子共同錄製出版，幫助參禪人進入禪門超越意識之境界。盒中附贈彩色印製的精美解說小冊，以供聆聽時閱讀，令參禪人得以發起參禪之疑情，即有機會證悟本來面目而發起實相智慧，實證大乘菩提般若，能如實證知般若經中的眞實意。本 CD 共有十首歌曲，長達 69 分鐘。每片 320 元。

22.**我的菩提路**第一輯　釋悟圓、釋善藏等人合著　售價 300 元

23.**我的菩提路**第二輯　郭正益等人合著　售價 300 元

（初版首刷至第四刷，都可以寄來免費更換爲第二版，免附郵費）

24.**我的菩提路**第三輯　王美伶等人合著　售價 300 元

25.**我的菩提路**第四輯　陳晏平等人合著　售價 300 元

26.**我的菩提路**第五輯　林慈慧等人合著　售價 300 元

27.**我的菩提路**第六輯　劉惠莉等人合著　售價 300 元

28.**我的菩提路**第七輯　余正偉等人合著　售價 300 元

29.**我的菩提路**第八輯　謝淑貞等人合著　售價 300 元　將於 2025/8/31 出版。

30.**鈍鳥與靈龜**—考證後代凡夫對大慧宗杲禪師的無根誹謗

平實導師著　共 458 頁　售價 350 元

31.**維摩詰經講記**　平實導師述著　共六輯　每輯三百餘頁　售價各 250 元

32.**真假外道**—破劉東亮、杜大威、釋證嚴常見外道見　正光老師著　200 元

33.**勝鬘經講記**　兼論印順《勝鬘經講記》對於《勝鬘經》之誤解

平實導師述著　共六輯　每輯三百餘頁　售價250 元

34.**楞嚴經講記**　平實導師述著 共15輯，每輯三百餘頁 售價300元
35.**明心與眼見佛性**—駁慧廣〈蕭氏「眼見佛性」與「明心」之非〉文中謬說
正光老師著　共448頁　售價300元
36.**見性與看話頭** 黃正倖老師 著，本書是禪宗參禪的方法論。
內文375頁，全書416頁，售價300元。
37.**達賴真面目**—玩盡天下女人 白正偉老師 等著 中英對照彩色精裝大本 800元
38.**喇嘛性世界**—揭開假藏傳佛教譚崔瑜伽的面紗　張善思 等人著　200元
39.**假藏傳佛教的神話**—性、謊言、喇嘛教　正玄教授編著　200元
40.**金剛經宗通**　平實導師述著　共九輯　每輯售價250元。
41.**末代達賴**—性交教主的悲歌　張善思、呂艾倫、辛燕編著 售價250元
42.**霧峰無霧**—給哥哥的信　辨正釋印順對佛法的無量誤解
游宗明 老師著　售價250元
43.**霧峰無霧**—第二輯—救護佛子向正道　細說釋印順對佛法的各類誤解
游宗明 老師著　售價250元
44.**第七意識與第八意識？**—穿越時空「超意識」
平實導師述著　每冊300元
45.**黯淡的達賴**—失去光彩的諾貝爾和平獎
正覺教育基金會編著　每冊250元
46.**童女迦葉考**—論呂凱文〈佛教輪迴思想的論述分析〉之謬
平實導師 著 定價180元
47.**人間佛教**—實證者必定不悖三乘菩提
平實導師 述著 定價400元
48.**實相經宗通**　平實導師述著　共八輯　每輯250元
49.**真心告訴您(一)**—達賴喇嘛在幹什麼？
正覺教育基金會編著　售價250元
50.**中觀金鑑**—詳述應成派中觀的起源與其破法本質
孫正德老師著　分為上、中、下三冊，每冊250元
51.**藏傳佛教要義**—《狂密與真密》之簡體字版　平實導師 著 上、下冊
僅在大陸流通　每冊300元
52.**法華經講義**　平實導師述著　共二十五輯　每輯三百餘頁 售價300元
53.**西藏「活佛轉世」制度**—附佛、造神、世俗法
許正豐、張正玄老師合著　定價150元
54.**廣論三部曲**　郭正益老師著　定價150元
55.**真心告訴您(二)**—達賴喇嘛是佛教僧侶嗎？
—補祝達賴喇嘛八十大壽
正覺教育基金會編著　售價300元
56.**次法**—實證佛法前應有的條件
張善思居士著　分為上、下二冊，每冊250元
57.**涅槃**—解說四種涅槃之實證及內涵　平實導師著 上、下冊 各350元
58.**佛藏經講義**　平實導師述著　共21輯 每輯三百餘頁 售價300元。

59.**成唯識論**　大唐 玄奘菩薩所著鉅論。重新正確斷句，並以不同字體及標點符號顯示質疑文，令得易讀。全書 288 頁，精裝大本 400 元。
60.**大法鼓經講義**　平實導師述著　共六輯 每輯三百餘頁 售價 300 元
61.**成唯識論釋**　詳解大唐玄奘菩薩所著《成唯識論》，平實導師著述。共十輯，每輯內文四百餘頁，12 級字編排，於每講完一輯的分量以後即予出版，2023 年五月底出版第一輯，以後每講完一輯（大約一年）後即出版下一輯，每輯 400 元。
62.**不退轉法輪經講義**　平實導師述著　共十輯　每輯三百餘頁 售價 300 元
63.**中論正義**　釋龍樹菩薩《中論》頌正理。孫正德老師著　共上下二冊　每冊三百餘頁 售價 300 元
64 **誰是 師子身中蟲**　平實導師述著　2024 年 5 月 30 出版，每冊 110 元
65.**解深密經講義** 平實導師述著 12 輯 將於 2025/9/30 出版，每輯 300 元
66.**菩薩瓔珞本業經講義**　平實導師述著 約〇輯　將於《解深密經講義》出版後整理出版。
67.**金剛三昧經講義**　平實導師述著 約〇輯　將於《菩薩瓔珞本業經講義》出版後整理出版。
68.**廣論之平議**—《菩提道次第廣論》與佛法之比較
徐正雄著，共五輯，每輯 300 元。
69.**八個奇妙的心**　彩色圖畫書。作者：郭正益，繪者：李憶婷。本書共 144 頁，售價 450 元。
70.**假鋒虛焰金剛乘**—揭示顯密正理，兼破索達吉師徒《般若鋒兮金剛焰》
釋正安法師著 簡體字版 即將出版 售價未定
71.**八識規矩頌**詳解　〇〇居士 註解　出版日期另訂　書價未定。
72.**中觀正義**—註解平實導師《中論正義頌》
〇〇法師（居士）著　出版日期未定　書價未定
73.**中國佛教史**—依中國佛教正法史實而論　〇〇老師 著　書價未定。
74.**印度佛教史**—法義與考證。依法義史實評論印順《印度佛教思想史、佛教史地考論》之謬說　正偉老師著　出版日期未定　書價未定
75.**阿含經講記**—將選錄四阿含中數部重要經典全經講解之，講後整理出版。
平實導師述　約二輯　每輯 300 元　出版日期未定
76.**寶積經講記** 平實導師述　每輯三百餘頁 優惠價 300 元 出版日期未定
77.**修習止觀坐禪法要講記**　平實導師述　每輯三百餘頁
將於正覺寺建成後重講、以講記逐輯出版　出版日期未定
78.**無門關**—《無門關》公案拈提　平實導師著　出版日期未定
79.**中觀再論**—兼述印順《中觀今論》謬誤之平議 正光老師著 出版日期未定
80.**輪迴與超度**—佛教超度法會之真義
〇〇法師（居士）著　出版日期未定　書價未定
81.**《釋摩訶衍論》平議**—對偽稱龍樹所造《釋摩訶衍論》之平議
〇〇法師（居士）著　出版日期未定　書價未定

82.**正覺發願文**註解—以真實大願為因，得證菩提
正德老師著　出版日期未定　書價未定
83.**正覺總持咒**—佛法之總持　正圜老師著　出版日期未定　書價未定
84.**三自性**—依四食、五蘊、十二因緣、十八界法，說三性三無性
作者未定　出版日期未定
85.**道品**—從三自性說大小乘三十七道品　作者未定　出版日期未定
86.**大乘緣起觀**—依四聖諦七真如現觀十二緣起　作者未定　出版日期未定
87.**三德**—論解脫德、法身德、般若德　作者未定　出版日期未定
88.**真假如來藏**—對印順《如來藏之研究》謬說之平議　作者未定　出版日期未定
89.**大乘道次第**　作者未定　出版日期未定　書價未定
90.**四緣**—依如來藏故有四緣　作者未定　出版日期未定
91.**空之探究**—印順《空之探究》謬誤之平議　作者未定　出版日期未定
92.**十法義**—論阿含經中十法之正義　作者未定　出版日期未定
93.**外道見**—論述外道六十二見　作者未定　出版日期未定

正智出版社有限公司　書籍介紹

禪淨圓融：言淨土諸祖所未曾言，示諸宗祖師所未曾示；禪淨圓融，另闢成佛捷徑，兼顧自力他力，闡釋淨土門之速行易行道，亦同時揭櫫聖教門之速行易行道；令廣大淨土行者得免緩行難證之苦，亦令聖道門行者得以藉著淨土速行道而加快成佛之時劫。乃前無古人之超勝見地，非一般弘揚禪淨法門典籍也，先讀為快。平實導師著　200元。

宗門正眼—公案拈提第一輯：繼承克勤圜悟大師碧巖錄宗旨之禪門鉅作。先則舉示當代大法師之邪說，消弭當代禪門大師鄉愿之心態，摧破當今禪門「世俗禪」之妄談；次則旁通教法，表顯宗門正理；繼以道之次第，消弭古今狂禪；後藉言語及文字機鋒，直示宗門入處。悲智雙運，禪味十足，數百年來難得一睹之禪門鉅著也。平實導師著　500元（原初版書《禪門摩尼寶聚》，改版後補充為五百餘頁新書，總計多達二十四萬字，內容更精彩，並改名為《宗門正眼》，讀者原購初版《禪門摩尼寶聚》皆可寄回本公司免費換新，免附回郵，亦無截止期限）（2007年起，凡購買公案拈提第一輯至第七輯，每購一輯皆贈送本公司精製公案拈提〈超意境〉CD一片，市售價格280元，多購多贈）。

禪—悟前與悟後：本書能建立學人悟道之信心與正確知見，圓滿具足而有次第地詳述禪悟之功夫與禪悟之內容，指陳參禪中細微淆訛之處，能使學人明自眞心、見自本性。若未能悟入，亦能以正確知見辨別古今中外一切大師究係眞悟？或屬錯悟？便有能力揀擇，捨名師而選明師，後時必有悟道之緣。一旦悟道，遲者七次人天往返，便出三界，速者一生取辦。學人欲求開悟者，不可不讀。　平實導師著。上、下冊共500元，單冊250元。

真實如來藏：如來藏眞實存在，乃宇宙萬有之本體，並非印順法師、達賴喇嘛等人所說之「唯有名相、無此心體」。如來藏是涅槃之本際，是一切有智之人竭盡心智、不斷探索而不能得之生命實相；是古今中外許多大師自以爲悟而當面錯過之生命實相。如來藏即是阿賴耶識，乃是一切有情本自具足、不生不滅之眞實心。當代中外大師於此書出版之前所未能言者，作者於本書中盡情流露、詳細闡釋。眞悟者讀之，必能增益悟境、智慧增上；錯悟者讀之，必能檢討自己之錯誤，免犯大妄語業；未悟者讀之，能知參禪之理路，亦能以之檢查一切名師是否眞悟。此書是一切哲學家、宗教家、學佛者及欲昇華心智之人必讀之鉅著。　平實導師著　售價400元。

宗門法眼—公案拈提第二輯：列舉實例，闡釋土城廣欽老和尚之悟處；並直示這位不識字的老和尚妙智橫生之根由，繼而剖析禪宗歷代大德之開悟公案，解析當代密宗高僧卡盧仁波切之錯悟證據，並例舉當代顯宗高僧、大居士之錯悟證據（凡健在者，爲免影響其名聞利養，皆隱其名）。藉辨正當代名師之邪見，向廣大佛子指陳禪悟之正道，彰顯宗門法眼。悲勇兼出，強捋虎鬚；慈智雙運，巧探驪龍；摩尼寶珠在手，直示宗門入處，禪味十足；若非大悟徹底，不能爲之。禪門精奇人物，允宜人手一冊，供作參究及悟後印證之圭臬。本書於2008年4月改版，增寫爲大約500頁篇幅，以利學人研讀參究時更易悟入宗門正法，以前所購初版首刷及初版二刷舊書，皆可免費換取新書。平實導師著　500元（2007年起，凡購買公案拈提第一輯至第七輯，每購一輯皆贈送本公司精製公案拈提〈超意境〉CD一片，市售價格280元，多購多贈）。

宗門道眼—公案拈提第三輯：繼宗門法眼之後，再以金剛之作略、慈悲之胸懷、犀利之筆觸，舉示寒山、拾得、布袋三大士之悟處，消弭當代錯悟者對於寒山大士……等之誤會及誹謗。　亦舉出民初以來與虛雲和尚齊名之蜀郡鹽亭袁煥仙夫子——南懷瑾老師之師，其「悟處」何在？並蒐羅許多眞悟祖師之證悟公案，顯宗禪宗歷代祖師之睿智，指陳部分祖師、奧修及當代顯密大師之謬悟，作爲殷鑑，幫助禪子建立及修正參禪之方向及知見。假使讀者閱此書已，一時尚未能悟，亦可一面加功用行，一面以此宗門道眼辨別眞假善知識，避開錯誤之印證及歧路，可免大妄語業之長劫慘痛果報。欲修禪宗之禪者，務請細讀。平實導師著　售價500元（2007年起，凡購買公案拈提第一輯至第七輯，每購一輯皆贈送本公司精製公案拈提〈超意境〉CD一片，市售價格280元，多購多贈）。

楞伽經詳解：本經是禪宗見道者印證所悟眞僞之根本經典，亦是禪宗見道者悟後起修之依據經典；故達摩祖師於印證二祖慧可大師之後，將此經典連同佛缽祖衣一併交付二祖，令其依此經典佛示金言、進入修道位，修學一切種智。由此可知此經對於眞悟之人修學佛道，是非常重要之一部經典。此經能破外道邪說，亦破佛門中錯悟名師之謬說，亦破禪宗部分祖師之狂禪：不讀經典、一向主張「一悟即成究竟佛」之謬執。並開示愚夫所行禪、觀察義禪、攀緣如禪、如來禪等差別，令行者對於三乘禪法差異有所分辨；亦糾正禪宗祖師古來對於如來禪之誤解，嗣後可免以訛傳訛之弊。此經亦是法相唯識宗之根本經典，禪者悟後欲修一切種智而入初地者，必須詳讀。 平實導師述著，全套共十輯，已全部出版完畢，每輯主文約320頁，每冊約352頁，定價250元。

宗門血脈—公案拈提第四輯：末法怪象—許多修行人自以爲悟，每將無念靈知認作眞實；崇尙二乘法諸師及其徒衆，則將外於如來藏之緣起性空—無因論之無常空、斷滅空、一切法空—錯認爲 佛所說之般若空性。這兩種現象已於當今海峽兩岸及美加地區顯密大師之中普遍存在；人人自以爲悟，心高氣壯，便敢寫書解釋祖師證悟之公案，大多出於意識思惟所得，言不及義，錯誤百出，因此誤導廣大佛子同陷大妄語之地獄業中而不能自知。彼等書中所說之悟處，其實處處違背第一義經典之聖言量。彼等諸人不論是否身披袈裟，都非佛法宗門血脈，或雖有禪宗法脈之傳承，亦只徒具形式；猶如螟蛉，非眞血脈，未悟得根本眞實故。禪子欲知 佛、祖之眞血脈者，請讀此書，便知分曉。平實導師著，主文452頁，全書464頁，定價500元（2007年起，凡購買公案拈提第一輯至第七輯，每購一輯皆贈送本公司精製公案拈提〈超意境〉CD一片，市售價格280元，多購多贈）。

宗通與說通：古今中外，錯誤之人如麻似粟，每以常見外道所說之靈知心，認作眞心；或妄想虛空之勝性能量爲眞如，或錯認物質四大元素藉冥性（靈知心本體）能成就吾人色身及知覺，或認初禪至四禪中之了知心爲不生不滅之涅槃心。此等皆非通宗者之見地。復有錯悟之人一向主張「宗門與教門不相干」，此即尙未通達宗門之人也。其實宗門與教門互通不二，宗門所證者乃是眞如與佛性，教門所說者乃說宗門證悟之眞如佛性，故教門與宗門不二。本書作者以宗教二門互通之見地，細說「宗通與說通」，從初見道至悟後起修之道、細說分明；並將諸宗諸派在整體佛教中之地位與次第，加以明確之教判，學人讀之即可了知佛法之梗概也。欲擇明師學法之前，允宜先讀。平實導師著，主文共381頁，全書392頁，只售成本價300元。

宗門正道—公案拈提第五輯：修學大乘佛法有二果須證—解脫果及大菩提果。二乘人不證大菩提果，唯證解脫果；此果之智慧，名為聲聞菩提、緣覺菩提。大乘佛子所證二果之菩提果為佛菩提，故名大菩提果，其慧名為一切種智—函蓋二乘解脫果。然此大乘二果修證，須經由禪宗之宗門證悟方能相應。而宗門證悟極難，自古已然；其所以難者，咎在古今佛教界普遍存在三種邪見：1.以修定認作佛法，　2.以無因論之緣起性空—否定涅槃本際如來藏以後之一切法空作為佛法，3.以常見外道邪見（離語言妄念之靈知性）作為佛法。　如是邪見，或因自身正見未立所致，或因邪師之邪教導所致，或因無始劫來虛妄熏習所致。若不破除此三種邪見，永劫不悟宗門真義、不入大乘正道，唯能外門廣修菩薩行。　平實導師於此書中，有極為詳細之說明，有志佛子欲摧邪見、入於內門修菩薩行者，當閱此書。主文共496頁，全書512頁。售價500元（2007年起，凡購買公案拈提第一輯至第七輯，每購一輯皆贈送本公司精製公案拈提〈超意境〉CD一片，市售價格280元，多購多贈）。

狂密與真密：密教之修學，皆由有相之觀行法門而入，其最終目標仍不離顯教經典所說第一義諦之修證；若離顯教第一義經典、或違背顯教第一義經典，即非佛教。西藏密教之觀行法，如灌頂、觀想、遷識法、寶瓶氣、大聖歡喜雙身修法、喜金剛、無上瑜伽、大樂光明、樂空雙運等，皆是印度教兩性生生不息思想之轉化，自始至終皆以如何能運用交合淫樂之法達到全身受樂為其中心思想，純屬欲界五欲的貪愛，不能令人超出欲界輪迴，更不能令人斷除我見；何況大乘之明心與見性，更無論矣！故密宗之法絕非佛法也。而其明光大手印、大圓滿法教，又皆同以常見外道所說離語言妄念之無念靈知心錯認為佛地之真如，不能直指不生不滅之真如。西藏密宗所有法王與徒眾，都尚未開頂門眼，不能辨別真偽，以依人不依法、依密續不依經典故，不肯將其上師喇嘛所說對照第一義經典，純依密續之藏密祖師所說為準，因此而誇大其證德與證量，動輒謂彼祖師上師為究竟佛、為地上菩薩；如今台海兩岸亦有自謂其師證量高於　釋迦文佛者，然觀其師所述，猶未見道，仍在觀行即佛階段，尚未到禪宗相似即佛、分證即佛階位，竟敢標榜為究竟佛及地上法王，誑惑初機學人。凡此怪象皆是狂密，不同於真密之修行者。近年狂密盛行，密宗行者被誤導者極眾，動輒自謂已證佛地真如，自視為究竟佛，陷於大妄語業中而不知自省，反謗顯宗真修實證者之證量粗淺；或如義雲高與釋性圓…等人，於報紙上公然誹謗真實證道者為「騙子、無道人、人妖、癩蛤蟆…」等，造下誹謗大乘勝義僧之大惡業；或以外道法中有為有作之甘露、魔術……等法，誑騙初機學人，狂言彼外道法為真佛法。如是怪象，在西藏密宗及附藏密之外道中，不一而足，舉之不盡，學人宜應慎思明辨，以免上當後又犯毀破菩薩戒之重罪。密宗學人若欲遠離邪知邪見者，請閱此書，即能了知密宗之邪謬，從此遠離邪見與邪修，轉入真正之佛道。　平實導師著　共四輯　每輯約400頁（主文約340頁）每輯售價300元。

宗門正義—公案拈提第六輯：佛教有六大危機，乃是藏密化、世俗化、膚淺化、學術化、宗門密意失傳、悟後進修諸地之次第混淆；其中尤以宗門密意之失傳，爲當代佛教最大之危機。由宗門密意失傳故，易令 世尊本懷普被錯解，易令 世尊正法被轉易爲外道法，以及加以淺化、世俗化，是故宗門密意之廣泛弘傳與具緣佛弟子，極爲重要。然而欲令宗門密意之廣泛弘傳予具緣之佛弟子者，必須同時配合錯誤知見之解析、普令佛弟子知之，然後輔以公案解析之直示入處，方能令具緣之佛弟子悟入。而此二者，皆須以公案拈提之方式爲之，方易成其功、竟其業，是故平實導師續作宗門正義一書，以利學人。 全書500餘頁，售價500元（2007年起，凡購買公案拈提第一輯至第七輯，每購一輯皆贈送本公司精製公案拈提〈超意境〉CD一片，市售價格280元，多購多贈）。

心經密意—心經與解脫道、佛菩提道、祖師公案之關係與密意。二乘菩提所證之解脫道，實依第八識心之斷除煩惱障現行而立解脫之名；大乘菩提所證之佛菩提道，實依親證第八識如來藏之涅槃性、清淨自性、及其中道性而立般若之名；禪宗祖師公案所證之眞心，即是此第八識如來藏；是故三乘佛法所修所證之三乘菩提，皆依此如來藏心而立名也。此第八識心，即是《心經》所說之心也。證得此如來藏已，即能漸入大乘佛菩提道，亦可因證知此心而了知二乘無學所不能知之無餘涅槃本際，是故《心經》之密意，與三乘佛菩提之關係極爲密切、不可分割，三乘佛法皆依此心而立名故。今者平實導師以其所證解脫道之無生智及佛菩提之般若種智，將《心經》與解脫道、佛菩提道、祖師公案之關係與密意，以演講之方式，用淺顯之語句和盤托出，發前人所未言，呈三乘菩提之眞義，令人藉此《心經密意》一舉而窺三乘菩提之堂奧，迥異諸方言不及義之說；欲求眞實佛智者、不可不讀！平實導師述著主文317頁，連同跋文及序文…等共384頁，售價300元。

宗門密意—公案拈提第七輯：佛教之世俗化，將導致學人以信仰作爲學佛，則將以感應及世間法之庇祐，作爲學佛之主要目標，不能了知學佛之主要目標爲親證三乘菩提。大乘菩提則以般若實相智慧爲主要修習目標，以二乘菩提解脫道爲附帶修習之標的；是故學習大乘法者，應以禪宗之證悟爲要務，能親入大乘菩提之實相般若智慧中故，般若實相智慧非二乘聖人所能知故。此書則以台灣世俗化佛教之三大法師，說法似是而非之實例，配合眞悟祖師之公案解析，提示證悟般若之關節，令學人易得悟入。平實導師著，全書五百餘頁，售價500元（2007年起，凡購買公案拈提第一輯至第七輯，每購一輯皆贈送本公司精製公案拈提〈超意境〉CD一片，市售價格280元，多購多贈）。

淨土聖道—兼評選擇本願念佛：佛法甚深極廣，般若玄微，非諸二乘聖僧所能知之，一切凡夫更無論矣！所謂一切證量皆歸淨土是也！是故大乘法中「聖道之淨土、淨土之聖道」，其義甚深，難可了知；乃至眞悟之人，初心亦難知也。今有正德老師眞實證悟後，復能深探淨土與聖道之緊密關係，憐憫衆生之誤會淨土實義，亦欲利益廣大淨土行人同入聖道，同獲淨土中之聖道門要義，乃振奮心神、書以成文，今得刊行天下。主文279頁，連同序文等共301頁，總有十一萬六千餘字，正德老師著，成本價200元。

起信論講記：詳解大乘起信論心生滅門與心眞如門之眞實意旨，消除以往大師與學人對起信論所說心生滅門之誤解，由是而得了知眞心如來藏之非常非斷中道正理；亦因此一講解，令此論以往隱晦而被誤解之眞實義，得以如實顯示，令大乘佛菩提道之正理得以顯揚光大；初機學者亦可藉此正論所顯示之法義，對大乘法理生起正信，從此得以眞發菩提心，眞入大乘法中修學，世世常修菩薩正行。平實導師述著，共六輯，都已出版，每輯三百餘頁，售價各250元。

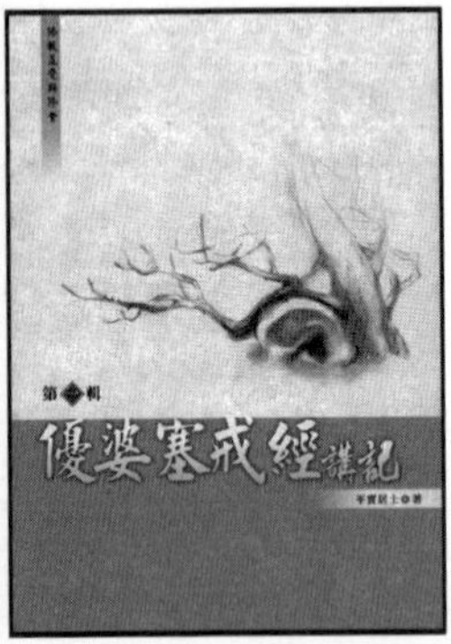

優婆塞戒經講記：本經詳述在家菩薩修學大乘佛法，應如何受持菩薩戒？對人間善行應如何看待？對三寶應如何護持？應如何正確地修集此世後世證法之福德？應如何修集後世「行菩薩道之資糧」？並詳述第一義諦之正義：五蘊非我非異我、自作自受、異作異受、不作不受……等深妙法義，乃是修學大乘佛法、行菩薩行之在家菩薩所應當了知者。出家菩薩今世或未來世登地已，捨報之後多數將如華嚴經中諸大菩薩，以在家菩薩身而修行菩薩行，故亦應以此經所述正理而修之，配合《楞伽經、解深密經、楞嚴經、華嚴經》等道次第正理，方得漸次成就佛道；故此經是一切大乘行者皆應證知之正法。平實導師述著，每輯三百餘頁，售價各250元；共八輯，已全部出版。

阿含正義—唯識學探源：廣說四大部《阿含經》諸經中隱說之眞正義理，一一舉示佛陀本懷，令阿含時期初轉法輪根本經典之眞義，如實顯現於佛子眼前。並提示末法大師對於阿含眞義誤解之實例，一一比對之，證實唯識增上慧學確於原始佛法之阿含諸經中已隱覆密意而略說之，證實 世尊確於原始佛法中已曾密意而說第八識如來藏之總相；亦證實 世尊在四阿含中已說此藏識是名色十八界之因、之本—證明如來藏是能生萬法之根本心。佛子可據此修正以往受諸大師（譬如西藏密宗應成派中觀師：印順、昭慧、性廣、大願、達賴、宗喀巴、寂天、月稱、……等人）誤導之邪見，建立正見，轉入正道乃至親證初果而無困難；書中並詳說三果所證的心解脫，以及四果慧解脫的親證，都是如實可行的具體知見與行門。全書共七輯，已出版完畢。平實導師著，每輯三百餘頁，售價300元。

超意境CD：以平實導師公案拈提書中超越意境之頌詞，加上曲風優美的旋律，錄成令人嚮往的超意境歌曲，其中包括正覺發願文及平實導師親自譜成的黃梅調歌曲一首。詞曲雋永，殊堪翫味，可供學禪者吟詠，有助於見道。內附設計精美的彩色小冊，解說每一首詞的背景本事。每片280元。【每購買公案拈提書籍一冊，即贈送一片。】

我的菩提路第一輯：凡夫及二乘聖人不能實證的佛菩提證悟，末法時代的今天仍然有人能得實證，由正覺同修會釋悟圓、釋善藏法師等二十餘位實證如來藏者所寫的見道報告，已爲當代學人見證宗門正法之絲縷不絕，證明大乘義學的法脈仍然存在，爲末法時代求悟般若之學人照耀出光明的坦途。由二十餘位大乘見道者所繕，敘述各種不同的學法、見道因緣與過程，參禪求悟者必讀。全書三百餘頁，售價300元。

我的菩提路第二輯：由郭正益老師等人合著，書中詳述彼等諸人歷經各處道場學法，一一修學而加以檢擇之不同過程以後，因閱讀正覺同修會、正智出版社書籍而發起抉擇分，轉入正覺同修會中修學；乃至學法及見道之過程，都一一詳述之。**本書已改版印製重新流通**，讀者原購的初版書，不論是第一刷或第二、三、四刷，都可以寄回換新，免附郵費。

我的菩提路第三輯：由王美伶老師等人合著。自從正覺同修會成立以來，每年夏初、冬初都舉辦精進禪三共修，藉以助益會中同修們得以證悟明心發起般若實相智慧；凡已實證而被平實導師印證者，皆書具見道報告用以證明佛法之眞實可證而非玄學，證明佛法並非純屬思想、理論而無實質，是故每年都能有人證明正覺同修會的「實證佛教」主張並非虛語。特別是眼見佛性一法，自古以來中國禪宗祖師實證者極寡，較之明心開悟的證境更難令人信受；至2017年初，正覺同修會中的證悟明心者已近五百人，然而其中眼見佛性者至今唯十餘人爾，可謂難能可貴，是故明心後欲冀眼見佛性者實屬不易。黃正倖老師是懸絕七年無人見性後的第一人，她於2009年的見性報告刊於本書的第二輯中，爲大衆證明佛性確實可以眼見；其後七年之中求見性者都屬解悟佛性而無人眼見，幸而又經七年後的2016冬初，以及2017夏初的禪三，復有三人眼見佛性，希冀鼓舞四衆佛子求見佛性之大心，今則具載一則於書末，顯示求見佛性之事實經歷，供養現代佛教界欲得見性之四衆弟子。全書四百頁，售價300元，已於2017年6月30日發行。

我的菩提路第四輯：由陳晏平等人合著。中國禪宗祖師往往有所謂「見性」之言，所言多屬看見如來藏具有能令人發起成佛之自性，並非《大般涅槃經》中如來所說之眼見佛性。眼見佛性者，於親見佛性之時，即能於山河大地眼見自己佛性，亦能於他人身上眼見自己佛性及對方之佛性，如是境界無法爲尚未實證者解釋；勉強說之，縱使眞實明心證悟之人聞之，亦只能以自身明心之境界想像之，但不論如何想像多屬非量，能有正確之比量者亦是稀有，故說眼見佛性極爲困難。眼見佛性之人若所見極分明時，在所見佛性之境界下所眼見之山河大地、自己五蘊身心皆是虛幻，自有異於明心者之解脫功德受用，此後永不思證二乘涅槃，必定邁向成佛之道而進入第十住位中，已超第一阿僧祇劫三分有一，可謂之爲超劫精進也。今又有明心之後眼見佛性之人出於人間，將其明心及後來見性之報告，連同其餘證悟明心者之精彩報告一同收錄於此書中，供養眞求佛法實證之四衆佛子。全書380頁，售價300元，已於2018年6月30日發行。

我的菩提路第五輯：林慈慧老師等人合著，本輯中所舉學人從相似正法中來到正覺同修會的過程，各人都有不同，發生的因緣亦是各有差別，然而都會指向同一個目標——證實生命實相的源底，確證自己生從何來、死往何去的事實，所以最後都證明佛法眞實而可親證，絕非玄學；本書將彼等諸人的始修及末後證悟之實例，羅列出來以供學人參考。本期亦有一位會裡的老師，是從1995年即開始追隨平實導師修學，1997年明心後持續進修不斷，直到2017年眼見佛性之實例，足可證明《大般涅槃經》中世尊開示眼見佛性之法正眞無訛，第十住位的實證在末法時代的今天仍有可能，如今一併具載於書中以供學人參考，並供養現代佛教界欲得見性之四衆弟子。全書四百頁，售價300元，已於2019年12月31日發行。

我的菩提路第六輯：劉惠莉老師等人合著，本輯中舉示劉老師明心多年以後的眼見佛性實錄，供末法時代學人了知明心之異於見性本質，足可證明《大般涅槃經》中世尊開示眼見佛性之法正眞無訛。亦列舉多篇學人從各道場來到正覺學法之不同過程，以及如何發覺邪見之異於正法的所在，最後終能在正覺禪三中悟入的實況，以證明佛教正法仍在末法時代的人間繼續弘揚的事實，鼓舞一切眞實學法的菩薩大衆思之：我等諸人亦可有因緣證悟，絕非空想白思。約四百頁，售價300元，已於2020年6月30日發行。

我的菩提路第七輯：余正偉老師等人合著，本輯中舉示余老師明心二十餘年以後的眼見佛性實錄，供末法時代學人了知明心異於見性之本質，並且舉示其見性後與平實導師互相討論眼見佛性之諸多疑訛處；除了證明《大般涅槃經》中世尊開示眼見佛性之法正眞無訛以外，亦得一解明心後尚未見性者之所未知處，甚爲精彩。此外亦列舉多篇學人從各不同宗教進入正覺學法之不同過程，以及發覺諸方道場邪見之內容與過程，最終得於正覺精進禪三中悟入的實況，足供末法精進學人借鑑，以彼鑑己而生信心，得以投入了義正法中修學及實證。凡此，皆足以證明不唯明心所證之第七住位般若智慧及解脫功德仍可實證，乃至第十住位的實證與當場發起如幻觀之實證，於末法時代的今天皆仍有可能。本書約四百頁，售價300元。

我的菩提路第八輯：謝淑貞等人合著，本輯中舉示學員謝淑貞於三十年前明心證眞如以後的共修中，快速增上佛菩提道的智慧而令慧力具足，又於二十餘年中不斷修集福德而呈現了上品菩薩性，並於近三年中持續不斷依照上師的指示每天看話頭，於今看話頭功夫純熟而定力具足。如是具足眼見佛性所必須的三個條件以後，並獲得 觀音大士的加持與承諾，許其眼見佛性成就如幻觀。於禪三的四天三夜過程中，並依平實上師的指導繼續看話頭同時參究，於幾度參錯的境界中逐漸步向正確的佛性定義；雖於參出正確的佛性定義時並未看見佛性，然經平實上師指示該正確定義後加以引導，終得眼見分明，並指示其見後應如何使眼見的境界全面爆發出來，當場成就第十住位滿心時的現觀——如幻觀，現見山河大地及五陰身心之如幻，成就大乘一分解脫功德。今將眼見佛性之實錄書寫下來刊行於世，以供末法時代所有學人參考，證知實證第十住滿心位的佛法仍然存在於現代，並繼續弘揚之中。今於此書同時載入以前明心者十餘人之明心見道報告，以供學人建立信心，而能勇猛投入了義正法中精進實修，終能如實進入佛菩提道中，成爲勝義僧中之一分子。售價300元。

鈍鳥與靈龜：鈍鳥及靈龜二物，被宗門證悟者說爲二種人：前者是精修禪定而無智慧者，也是以定爲禪的愚癡禪人；後者是或有禪定、或無禪定的宗門證悟者，凡已證悟者皆是靈龜。但後者被人虛造事實，用以嘲笑大慧宗杲禪師，說他雖是靈龜，卻不免被天童禪師預記「患背」痛苦而亡：「鈍鳥離巢易，靈龜脫殼難。」藉以貶低大慧宗杲的證量，其實天童宏智禪師從來未曾作如是虛言毀謗，只是信奉離念靈知的後人編造的假說；同時又將天童禪師實證如來藏的證量，曲解爲意識境界的離念靈知。自從大慧禪師入滅以後，錯悟凡夫對他的不實毀謗就一直存在著，不曾止息，並且捏造的假事實也隨著年月的增加而越來越多，終至編成「鈍鳥與靈龜」的假公案、假故事。本書是考證大慧與天童之間的不朽情誼，顯現這件假公案的虛妄不實；更見大慧宗杲面對惡勢力時的正直不阿，亦顯示大慧對天童禪師的至情深義，將使後人對大慧宗杲的誣謗至此而止，不再有人誤犯毀謗賢聖的惡業。書中亦舉出大慧與天童二師的證悟內容，證明宗門的所悟確以第八識如來藏爲標的，詳讀之後必可改正以前被錯悟大師誤導的參禪知見，日後必定有助於實證禪宗的開悟境界，得階大乘眞見道位中，即是實證般若之賢聖。 平實導師著 全書459頁 售價350元。

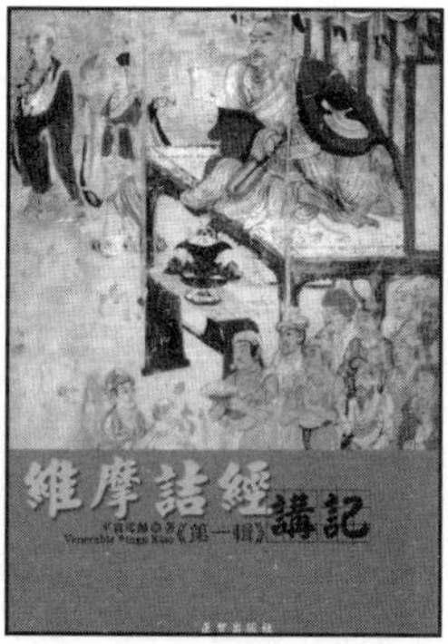

維摩詰經講記：本經係 世尊在世時，由等覺菩薩維摩詰居士藉疾病而演說之大乘菩提無上妙義，所說函蓋甚廣，然極簡略，是故今時諸方大師與學人讀之悉皆錯解，何況能知其中隱含之深妙正義，是故普遍無法爲人解說；若強爲人說，則成依文解義而有諸多過失。今由平實導師公開宣講之後，詳實解釋其中密意，令維摩詰菩薩所說大乘不可思議解脫之深妙正法得以正確宣流於人間，利益當代學人及與諸方大師。書中詳實演述大乘佛法深妙不共二乘之智慧境界，顯示諸法之中絕待之實相境界，建立大乘菩薩妙道於永遠不敗不壞之地，以此成就護法偉功，欲冀永利娑婆人天。已經宣講圓滿整理成書流通，以利諸方大師及諸學人。全書共六輯，每輯三百餘頁，售價各250元。

真假外道：本書具體舉證佛門中的常見外道知見實例，並加以教證及理證上的辨正，幫助讀者輕鬆而快速的了知常見外道的錯誤知見，進而遠離佛門內外的常見外道知見，因此即能改正修學方向而快速實證佛法。游正光老師著 。成本價200元。

勝鬘經講記：如來藏爲三乘菩提之所依，若離如來藏心體及其含藏之一切種子，即無三界有情及一切世間法，亦無二乘菩提緣起性空之出世間法；本經詳說無始無明、一念無明皆依如來藏而有之正理，藉著詳解煩惱障與所知障間之關係，令學人深入了知二乘菩提與佛菩提相異之妙理；聞後即可了知佛菩提之特勝處及三乘修道之方向與原理，邁向攝受正法而速成佛道的境界中。平實導師述著，共六輯，每輯三百餘頁，售價各250元。

楞嚴經講記：楞嚴經係大乘祕密教之重要經典，亦是佛教中普受重視之經典；經中宣說明心與見性之內涵極爲詳細，將一切法都會歸如來藏及佛性—妙眞如性；亦闡釋五陰區宇及五陰盡的境界，作諸地菩薩自我檢驗證量之依據，旁及佛菩提道修學過程中之種種魔境，以及外道誤會涅槃之狀況，亦兼述明三界世間之起源，具足宣示大乘菩提之奧祕。然因言句深澀難解，法義亦復深妙寬廣，學人讀之普難通達，是故讀者大多誤會，不能如實理解佛所說之明心與見性內涵，亦因是故多有悟錯之人引爲開悟之證言，成就大妄語罪。今由平實導師詳細講解之後，整理成文，以易讀易懂之語體文刊行天下，以利學人。全書十五輯，全部出版完畢。每輯三百餘頁，售價每輯300元。

明心與眼見佛性：本書細述明心與眼見佛性之異同，同時顯示了中國禪宗破初參明心與重關眼見佛性二關之間的關聯；書中又藉法義辨正而旁述其他許多勝妙法義，讀後必能遠離佛門長久以來積非成是的錯誤知見，令讀者在佛法的實證上有極大助益。也藉慧廣法師的謬論來教導佛門學人回歸正知正見，遠離古今禪門錯悟者所墮的意識境界，非唯有助於斷我見，也對未來的開悟明心實證第八識如來藏有所助益，是故學禪者都應細讀之。游正光老師著　共448頁　售價300元。

菩薩底憂鬱CD：將菩薩情懷及禪宗公案寫成新詞，並製作成超越意境的優美歌曲。1.主題曲〈菩薩底憂鬱〉，描述地後菩薩能離三界生死而迴向繼續生在人間，但因尚未斷盡習氣種子而有極深沈之憂鬱，非三賢位菩薩及二乘聖者所知，此憂鬱在七地滿心位方才斷盡；本曲之詞中所說義理極深，昔來所未曾見；此曲係以優美的情歌風格寫詞及作曲，聞者得以激發嚮往諸地菩薩境界之大心，詞、曲都非常優美，難得一見；其中勝妙義理之解說，已印在附贈之彩色小冊中。2.以各輯公案拈提中直示禪門入處之頌文，作成各種不同曲風之超意境歌曲，值得玩味、參究；聆聽公案拈提之優美歌曲時，請同時閱讀內附之印刷精美說明小冊，可以領會超越三界的證悟境界；未悟者可以因此引發求悟之意向及疑情，眞發菩提心而邁向求悟之途，乃至因此眞實悟入般若，成眞菩薩。3.正覺總持咒新曲，總持佛法大意；總持咒之義理，已加以解說並印在隨附之小冊中。本CD共有十首歌曲，長達63分鐘。每片320元。

金剛經宗通：三界唯心，萬法唯識，是成佛之修證內容，是諸地菩薩之所修；般若則是成佛之道（實證三界唯心、萬法唯識）的入門，若未證悟實相般若，即無成佛之可能，必將永在外門廣行菩薩六度，永在凡夫位中。然而實相般若的發起，全賴實證萬法的實相；若欲證知萬法的眞相，則必須探究萬法之所從來，則須實證自心如來—金剛心如來藏，然後現觀這個金剛心的金剛性、眞實性、如如性、清淨性、涅槃性、能生萬法的自性性、本住性，名爲證眞如；進而現觀三界六道唯是此金剛心所成，人間萬法須藉八識心王和合運作方能現起。如是實證《華嚴經》的「三界唯心、萬法唯識」以後，由此等現觀而發起實相般若智慧，繼續進修第十住位的如幻觀、第十行位的陽焰觀、第十迴向位的如夢觀，再生起增上意樂而勇發十無盡願，方能滿足三賢位的實證，轉入初地；自知成佛之道而無偏倚，從此按部就班、次第進修乃至成佛。第八識自心如來是般若智慧之所依，般若智慧的修證則要從實證金剛心自心如來開始；《金剛經》則是解說自心如來之經典，是一切三賢位菩薩所應進修之實相般若經典。這一套書，是將平實導師宣講的《金剛經宗通》內容，整理成文字而流通之；書中所說義理，迥異古今諸家依文解義之說，指出大乘見道方向與理路，有益於禪宗學人求開悟見道，及轉入內門廣修六度萬行。已於2013年9月出版完畢，總共9輯，每輯約三百餘頁，售價各250元。

禪意無限CD：平實導師以公案拈提書中偈頌寫成不同風格曲子，與他人所寫不同風格曲子共同錄製出版，幫助參禪人進入禪門超越意識之境界。盒中附贈彩色印製的精美解說小冊，以供聆聽時閱讀，令參禪人得以發起參禪之疑情，即有機會證悟本來面目，實證大乘菩提般若。本CD共有十首歌曲，長達69分鐘，每片320元。

霧峰無霧—給哥哥的信　本書作者藉兄弟之間信件往來論義，略述佛法大義；並以多篇短文辨義，舉出釋印順對佛法的無量誤解證據，並一一給予簡單而清晰的辨正，令人一讀即知。久讀、多讀之後即能認清楚釋印順的六識論見解，與眞實佛法之牴觸是多麼嚴重；於是在久讀、多讀之後，於不知不覺之間提升了對佛法的極深入理解，正知正見就在不知不覺間建立起來了。當三乘佛法的正知見建立起來之後，對於三乘菩提的見道條件便將隨之具足，於是聲聞解脫道的見道也就水到渠成；接著大乘見道的因緣也將次第成熟，未來自然也會有親見大乘菩提之道的因緣，悟入大乘實相般若也將自然成功，自能通達般若系列諸經而成實義菩薩。作者居住於南投縣霧峰鄉，自喻見道之後不復再見霧峰之霧，故鄉原野美景一一明見，於是立此書名爲《霧峰無霧》；讀者若欲撥霧見月，可以此書爲緣。游宗明　老師著　已於2015年出版　售價250元。

霧峰無霧第二輯—救護佛子向正道　本書作者藉釋印順著作中之各種錯謬法義提出辨正，以詳實的文義一一提出理論上及實證上之解析，列舉釋印順對佛法的無量誤解證據，藉此教導佛門大師與學人釐清佛法義理，遠離岐途轉入正道，然後知所進修，久之便能見道明心而入大乘勝義僧數。被釋印順誤導的大師與學人極多，很難救轉，是故作者大發悲心深入解說其錯謬之所在，佐以各種義理辨正而令讀者在不知不覺之間轉歸正道。如是久讀之後欲得斷身見、證初果，即不爲難事；乃至久之亦得大乘見道而得證眞如，脫離空有二邊而住中道，實相般若智慧生起，於佛法不再茫然，漸漸亦知悟後進修之道。屆此之時，對於大乘般若等深妙法之迷雲暗霧亦將一掃而空，生命及宇宙萬物之故鄉原野美景一一明見，是故本書仍名《霧峰無霧》，爲第二輯；讀者若欲撥雲見日、離霧見月，可以此書爲緣。游宗明　老師著　已於2019年出版　售價250元。

假藏傳佛教的神話—性、謊言、喇嘛教：本書編著者是由一首名爲「阿姊鼓」的歌曲爲緣起，展開了序幕，揭開假藏傳佛教—喇嘛教—的神秘面紗。其重點是蒐集、摘錄網路上質疑「喇嘛教」的帖子，以揭穿「假藏傳佛教的神話」爲主題，串聯成書，並附加彩色插圖以及說明，讓讀者們瞭解西藏密宗及相關人事如何被操作爲「神話」的過程，以及神話背後的眞相。作者：張正玄教授。售價200元。

達賴真面目—玩盡天下女人：假使您不想戴綠帽子，請記得詳細閱讀此書；假使您不想讓好朋友戴綠帽子，請您將此書介紹給您的好朋友。假使您想保護家中的女性，也想要保護好朋友的女眷，請記得將此書送給家中的女性和好友的女眷都來閱讀。本書爲印刷精美的大本彩色中英對照精裝本，爲您揭開達賴喇嘛的眞面目，內容精彩不容錯過，爲利益社會大眾，特別以優惠價格嘉惠所有讀者。編著者：白志偉等。大開版雪銅紙彩色精裝本。售價800元。

童女迦葉考—論呂凱文〈佛教輪迴思想的論述分析〉之謬：童女迦葉是佛世率領五百大比丘遊行於人間的歷史事實，是以童貞行而依止菩薩戒弘化於人間的大菩薩，不依別解脫戒（聲聞戒）來弘化於人間。這是大乘佛教與聲聞佛教同時存在於佛世的歷史明證，證明大乘佛教不是從聲聞法中分裂出來的部派佛教的產物，卻是聲聞佛教分裂出來的部派佛教聲聞凡夫僧所不樂見的史實；於是古今聲聞法中的凡夫都欲加以扭曲而作詭說，更是末法時代高聲大呼「大乘非佛說」的六識論聲聞凡夫極力想要扭曲的佛教史實之一，於是想方設法扭曲迦葉菩薩爲聲聞僧，以及扭曲迦葉童女爲比丘僧等荒謬不實之論著便陸續出現，古時聲聞僧寫作的《分別功德論》是最具體之事例，現代之代表作則是呂凱文先生的〈佛教輪迴思想的論述分析〉論文。鑑於如是假藉學術考證以籠罩大眾之不實謬論，未來仍將繼續造作及流竄於佛教界，繼續扼殺大乘佛教學人法身慧命，必須舉證辨正之，遂成此書。平實導師 著，每冊180元。

末代達賴—性交教主的悲歌：簡介從藏傳僞佛教（喇嘛教）的修行核心—性力派男女雙修，探討達賴喇嘛及藏傳僞佛教的修行內涵。書中引用外國知名學者著作、世界各地新聞報導，包含：歷代達賴喇嘛的祕史、達賴六世修雙身法的事蹟，以及《時輪續》中的性交灌頂儀式……等；達賴喇嘛書中開示的雙修法、達賴喇嘛的黑暗政治手段；達賴喇嘛所領導的寺院爆發喇嘛性侵兒童；新聞報導《西藏生死書》作者索甲仁波切性侵女信徒、澳洲喇嘛秋達公開道歉、美國最大假藏傳佛教組織領導人邱陽創巴仁波切的性氾濫，等等事件背後眞相的揭露。作者：張善思、呂艾倫、辛燕。售價250元。

黯淡的達賴—失去光彩的諾貝爾和平獎：本書舉出很多證據與論述，詳述達賴喇嘛不爲世人所知的一面，顯示達賴喇嘛並不是眞正的和平使者，而是假借諾貝爾和平獎的光環來欺騙世人；透過本書的說明與舉證，讀者可以更清楚的瞭解，達賴喇嘛是結合暴力、黑暗、淫欲於喇嘛教裡的集團首領，其政治行爲與宗教主張，早已讓諾貝爾和平獎的光環染污了。　本書由財團法人正覺教育基金會寫作、編輯，由正覺出版社印行，每冊250元。

第七意識與第八意識？—穿越時空「超意識」：「三界唯心，萬法唯識」是佛教中應該實證的聖教，也是《華嚴經》中明載而可以實證的法界實相。唯心者，三界一切境界、一切諸法唯是一心所成就，即是每一個有情的第八識如來藏，不是意識心。唯識者，即是人類各各都具足的八識心王——眼識、耳鼻舌身意識、意根、阿賴耶識，第八阿賴耶識又名如來藏，人類五陰相應的萬法，莫不由八識心王共同運作而成就，故說萬法唯識。依聖教量及現量、比量，都可以證明意識是二法因緣生，是由第八識藉意根與法塵二法爲因緣而出生，又是夜夜斷滅不存之生滅心，即無可能反過來出生第七識意根，第八識如來藏，當知不可能從生滅性的意識心中，細分出恆審思量的第七識意根，更無可能細分出恆而不審的第八識如來藏。本書是將演講內容整理成文字，細說如是內容，並已在《正覺電子報》連載完畢，今彙集成書以廣流通，欲幫助佛門有緣人斷除意識我見，跳脫於識陰之外而取證聲聞初果；嗣後修學禪宗時即得不墮外道神我之中，得以求證第八識金剛心而發起般若實智。平實導師　述著，每冊300元。

中觀金鑑—詳述應成派中觀的起源與其破法本質：學佛人往往迷於中觀學派之不同學說，被應成派與自續派所迷惑；修學般若中觀二十年後自以爲實證般若中觀了，卻仍不曾入門，甫聞實證般若中觀者之所說，則茫無所知，迷惑不解；隨後信心盡失，不知如何實證佛法；凡此，皆因惑於這二派中觀學說所致。自續派中觀所說同於常見，以意識境界立爲第八識如來藏之境界；應成派所說則同於斷見，但又同立意識爲常住法，故亦具足斷常二見。今者孫正德老師有鑑於此，乃將起源於密宗的應成派中觀學說，追本溯源，詳考其來源之外，亦一一舉證其立論內容，詳加辨正，令密宗雙身法祖師以識陰境界而造之應成派中觀學說本質，詳細呈現於學人眼前，令其維護雙身法之目的無所遁形。若欲遠離密宗此二大派中觀謬說，欲於三乘菩提有所進道者，允宜具足閱讀並細加思惟，反覆讀之以後將可捨棄邪道返歸正道，則於般若之實證即有可能，證後自能現觀如來藏之中道境界而成就中觀。本書分上、中、下三冊，每冊250元，全部出版完畢。

人間佛教—實證者必定不悖三乘菩提：「大乘非佛說」的講法似乎流傳已久，卻只是日本人企圖擺脫中國正統佛教的影響，而在明治維新時期才開始提出來的說法；台灣佛教、大陸佛教的淺學無智之人，由於未曾實證佛法而迷信日本人錯誤的學術考證，錯認爲這些別有用心的日本佛學考證的講法爲天竺佛教的眞實歷史；甚至還有更激進的反對佛教者提出「釋迦牟尼佛並非眞實存在，只是後人捏造的假歷史人物」，竟然也有少數佛教徒願意跟著「學術」的假光環而信受不疑，亦導致部分台灣佛教界人士，造作了反對中國大乘佛教而推崇南洋小乘佛教的行爲，使台灣佛教的信仰者難以檢擇，亦導致一般大陸人士開始轉入基督教的盲目迷信中。在這些佛教及外教人士之中，也就有一分人根據此邪說而大聲主張「大乘非佛說」的謬論，這些人以「人間佛教」的名義來抵制中國正統佛教，公然宣稱中國的大乘佛教是由聲聞部派佛教的凡夫僧所創造出來的。這樣的說法流傳於台灣及大陸佛教界凡夫僧之中已久，卻非眞正的佛教歷史中曾經發生過的事，只是繼承部派佛教六識論的聲聞法中凡夫僧，以及別有居心的日本佛教界，依自己的意識境界立場，純憑臆想而編造出來的妄想說法，卻已經影響許多無智之凡夫僧俗信受不移。本書則是從佛教的經藏法義實質及實證的現量內涵本質立論，證明大乘佛法本是佛說，是從《阿含正義》尚未說過的不同面向來討論「人間佛教」的議題，證明「大乘眞佛說」。閱讀本書可以斷除六識論邪見，迴入三乘菩提正道發起實證的因緣；也能斷除禪宗學人學禪時普遍存在之錯誤知見，對於建立參禪時的正知見有很深的著墨。平實導師 述著，內文488頁，全書528頁，定價400元。

喇嘛性世界—揭開假藏傳佛教譚崔瑜伽的面紗：這個世界中的喇嘛，號稱來自世外桃源的香格里拉，穿著或紅或黃的喇嘛長袍，散布於我們的身邊傳教灌頂，吸引了無數的人嚮往學習；這些喇嘛虔誠地爲大衆祈福，手中拿著寶杵（金剛）與寶鈴（蓮花），口中唸著咒語：「唵．嘛呢．叭咪．吽……」，咒語的意思是說：「我至誠歸命金剛杵上的寶珠伸向蓮花寶穴之中」！「喇嘛性世界」是什麼樣的「世界」呢？本書將爲您呈現喇嘛世界的面貌。當您發現眞相以後，您將會唸：「噢！喇嘛．性．世界，譚崔性交嘛！」作者：張善思、呂艾倫。售價200元。

見性與看話頭：黃正倖老師的《見性與看話頭》於《正覺電子報》連載完畢，今結集出版。書中詳說禪宗看話頭的詳細方法，並細說看話頭與眼見佛性的關係，以及眼見佛性者求見佛性前必須具備的條件。本書是禪宗實修者追求明心開悟時參禪的方法書，也是求見佛性者作功夫時必讀的方法書，內容兼顧眼見佛性的理論與實修之方法，是依實修之體驗配合理論而詳述，條理分明而且極爲詳實、周全、深入。本書內文375頁，全書416頁，售價300元。

實相經宗通：學佛之目的在於實證一切法界背後之實相，禪宗稱之爲本來面目或本地風光，佛菩提道中稱之爲實相法界；此實相法界即是金剛藏，又名佛法之祕密藏，即是能生有情五陰、十八界及宇宙萬有（山河大地、諸天、三惡道世間）的第八識如來藏，又名阿賴耶識心，即是禪宗祖師所說的眞如心，此心即是三界萬有背後的實相。證得此第八識心時，自能瞭解般若諸經中隱說的種種密意，即得發起實相般若——實相智慧。每見學佛人修學佛法二十年後仍對實相般若茫然無知，亦不知如何入門，茫無所趣；更因不知三乘菩提的互異互同，是故越是久學者對佛法越覺茫然，都肇因於尚未瞭解佛法的全貌，亦未瞭解佛法的修證內容即是第八識心所致。本書對於修學佛法者所應實證的實相境界提出明確解析，並提示趣入佛菩提道的入手處，有心親證實相般若的佛法實修者，宜詳讀之，於佛菩提道之實證即有下手處。平實導師述著，共八輯，已於2016年出版完畢，每輯成本價250元。

真心告訴您(一)**——達賴喇嘛在幹什麼？**這是一本報導篇章的選集，更是「破邪顯正」的暮鼓晨鐘。「破邪」是戳破假象，說明達賴喇嘛及其所率領的密宗四大派法王、喇嘛們，弘傳的佛法是仿冒的佛法；他們是假藏傳佛教，是坦特羅（譚崔性交）外道法和藏地崇奉鬼神的苯教混合成的「喇嘛教」，推廣的是以所謂「無上瑜伽」的男女雙身法冒充佛法的假佛教，詐財騙色誤導眾生，常常造成信徒家庭破碎、家中兒少失怙的嚴重後果。「顯正」是揭櫫眞相，指出眞正的藏傳佛教只有一個，就是覺囊巴，傳的是 釋迦牟尼佛演繹的第八識如來藏妙法，稱爲他空見大中觀。正覺教育基金會即以此古今輝映的如來藏正知見，在眞心新聞網中逐次報導出來，將箇中原委「眞心告訴您」，如今結集成書，與想要知道密宗眞相的您分享。售價250元。

法華經講義：此書爲平實導師始從2009/7/21演述至2014/1/14之講經錄音整理所成。世尊一代時教，總分五時三教，即是華嚴時、聲聞緣覺教、般若教、種智唯識教、法華時；依此五時三教區分爲藏、通、別、圓四教。本經是最後一時的圓教經典，圓滿收攝一切法教於本經中，是故最後的圓教聖訓中，特地指出無有三乘菩提，其實唯有一佛乘；皆因眾生愚迷故，方便區分爲三乘菩提以助眾生證道。世尊於此經中特地說明如來示現於人間的唯一大事因緣，便是爲有緣眾生「開、示、悟、入」諸佛的所知所見——第八識如來藏妙眞如心，並於諸品中隱說「妙法蓮花」如來藏心的密意。然因此經所說甚深難解，眞義隱晦，古來難得有人能窺堂奧；平實導師以知如是密意故，特爲末法佛門四眾演述《妙法蓮華經》中各品蘊含之密意，使古來未曾被古德註解出來的「此經」密意，如實顯示於當代學人眼前。乃至〈藥王菩薩本事品〉、〈妙音菩薩品〉、〈觀世音菩薩普門品〉、〈普賢菩薩勸發品〉中的微細密意，亦皆一併詳述之，可謂開前人所未曾言之密意，示前人所未見之妙法。最後乃至以〈法華大義〉而總其成，全經妙旨貫通始終，而依佛旨圓攝於一心如來藏妙心，厥爲曠古未有之大說也。平實導師述著，共有25輯，已於2019/05/31出版完畢。每輯300元。

西藏「活佛轉世」制度—附佛、造神、世俗法：歷來關於喇嘛教活佛轉世的研究，多針對歷史及文化兩部分，於其所以成立的理論基礎，較少系統化的探討。尤其是此制度是否依據「佛法」而施設？是否合乎佛法眞實義？現有的文獻大多含糊其詞，或人云亦云，不曾有明確的闡釋與如實的見解。因此本文先從活佛轉世的由來，探索此制度的起源、背景與功能，並進而從活佛的尋訪與認證之過程，發掘活佛轉世的特徵，以確認「活佛轉世」在佛法中應具足何種果德。定價150元。

真心告訴您（二）—達賴喇嘛是佛教僧侶嗎？補祝達賴喇嘛八十大壽：這是一本針對當今達賴喇嘛所領導的喇嘛教，冒用佛教名相、於師徒間或師兄姊間，實修男女邪淫，而從佛法三乘菩提的現量與聖教量，揭發其謊言與邪術，證明達賴及其喇嘛教是仿冒佛教的外道，是「假藏傳佛教」。藏密四大派教義雖有「八識論」與「六識論」的表面差異，然其實修之內容，皆共許「無上瑜伽」四部灌頂爲究竟「成佛」之法門，也就是共以男女雙修之邪淫法爲「即身成佛」之密要，雖美其名曰「欲貪爲道」之「金剛乘」，並誇稱其成就超越於（應身佛）釋迦牟尼佛所傳之顯教般若乘之上；然詳考其理論，則或以意識離念時之粗細心爲第八識如來藏，或以中脈裡的明點爲第八識如來藏，或如宗喀巴與達賴堅決主張第六意識爲常恆不變之眞心者，分別墮於外道之常見與斷見中；全然違背 佛說能生五蘊之如來藏的實質。售價300元。

涅槃—解說四種涅槃之實證及內涵：眞正學佛之人，首要即是見道，由見道故方有涅槃之實證，證涅槃者方能出生死，但涅槃有四種：二乘聖者的有餘涅槃、無餘涅槃，以及大乘聖者的本來自性清淨涅槃、佛地的無住處涅槃。大乘聖者實證本來自性清淨涅槃，入地前再取證二乘涅槃，然後起惑潤生捨離二乘涅槃，繼續進修而在七地心前斷盡三界愛之習氣種子，依七地無生法忍之具足而證得念念入滅盡定；八地後進斷異熟生死，直至妙覺地下生人間成佛，具足四種涅槃，方是眞正成佛。此理古來少人言，以致誤會涅槃正理者比比皆是，今於此書中廣說四種涅槃、如何實證之理、實證前應有之條件，實屬本世紀佛教界極重要之著作，令人對涅槃有正確無訛之認識，然後可以依之實行而得實證。平實導師著，共有上下二冊，每冊各四百餘頁，對涅槃詳加解說，每冊各350元。

佛藏經講義：本經說明爲何佛菩提難以實證之原因，都因往昔無數阿僧祇劫前的邪見，引生此世求證時之業障而難以實證。即以諸法實相詳細解說，繼之以念佛品、念法品、念僧品，說明諸佛與法之實質；然後以淨戒品之說明，期待佛弟子四衆堅持清淨戒而轉化心性，並以往古品的實例說明歷代學佛人在實證上的業障由來，教導四衆務必滅除邪見轉入正見中，不再造作謗法及謗賢聖之大惡業，以免未來世尋求實證之時被業障所障；然後以了戒品的說明和囑累品的付囑，期望末法時代的佛門四衆弟子皆能清淨知見而得以實證。平實導師於此經中有極深入的解說，總共21輯，已於2022/11/30出版完畢，每輯三百餘頁，售價300元。

大法鼓經講義：本經解說佛法的總成：法、非法。由開解法、非法二義，說明了義佛法與世間戲論法的差異，指出佛法實證之標的即是法——第八識如來藏；並顯示實證後的智慧，如實擊大法鼓、演深妙法，演說如來祕密教法，非二乘定性及諸凡夫所能得聞，唯有具足菩薩性者方能得聞。正聞之後即得依於　世尊大願而拔除邪見，入於正法而得實證；深解不了義經之方便說，亦能實解了義經所說之眞實義，得以證法——如來藏，而得發起根本無分別智，乃至進修而發起後得無分別智；並堅持布施及受持清淨戒而轉化心性，得以現觀眞我眞法如來藏之各種層面。此爲第一義諦聖教，並授記末法最後餘八十年時，一切世間樂見離車童子以七地證量而示現爲凡夫身，將繼續護持此經所說正法。平實導師於此經中有極深入的解說，總共六輯，已於2023/11/30出版完畢，每輯三百餘頁，售價每輯300元。

成唯識論釋：本論係大唐玄奘菩薩揉合當時天竺十大論師的說法加以辨正而著成，攝盡佛門證悟菩薩及部派佛教聲聞凡夫論師對佛法的論述，並函蓋當時天竺諸大外道對生命實相的錯誤論述加以辨正，是由玄奘大師依據無生法忍證量加以評論確定而成爲此論。平實導師弘法初期即已依於證量略講過一次，歷時大約四年，當時正覺同修會規模尚小，聞法成員亦多尚未證悟，是故並未整理成書；如今正覺同修會中的證悟同修已超過六百人，鑑於此論在護持正法、實證佛法及悟後進修上的重要性，已於2022年初重講，並已經預先註釋完畢編輯成書，名爲《成唯識論釋》，總共十輯，每輯目次41頁、序文23頁、每輯內文多達四百餘頁，並將原本13級字縮小爲12級字編排，以增加其內容；於增上班宣講時的內容將會更詳細於書中所說，涉及佛法密意的詳細內容只於增上班中宣講，於書中皆依佛誡隱覆密意而說，然已足夠所有學人藉此一窺佛法堂奧而進入正道、免入岐途。重新判教後編成的〈目次〉已經詳盡判定論中諸段句義，用供學人參考；是故讀者閱完此論之釋，即可深解成佛之道的正確內涵。本書總共十輯，預定每一輯內容講述完畢時即予出版，第一輯於2023年五月底出版，然後每講完一輯（大約一年）後即出版下一輯，每輯定價400元。

不退轉法輪經講義：世尊弘法有五時三教之別，分爲藏、通、別、圓四教之理，本經是大乘般若期前的通教經典，所說之大乘般若正理與所證解脫果，通於二乘解脫道，佛法智慧則通大乘般若，皆屬大乘般若與解脫甚深之理，故其所證解脫果位通於二乘法教；而其中所說第八識無分別法之正理，即是世尊降生人間的唯一大事因緣。如是第八識能仁而且寂靜，恆順眾生於生死之中從無乖違，識體中所藏之本來無漏性的有爲法以及眞如涅槃境界，皆能助益學人最後成就佛道；此謂釋迦意爲能仁，牟尼意爲寂靜，此第八識即名釋迦牟尼，釋迦牟尼即是能仁寂靜的第八識眞如；若有人聽聞如是第八識常住、如來不滅之正理，信受奉行之人皆有大乘實證之因緣，永得不退於成佛之道，是故聽聞釋迦牟尼名號而解其義者，皆得不退轉於無上正等正覺，未來世中必有實證之因緣。如是深妙經典，已由平實導師詳述圓滿並整理成書，總共十輯，每輯300元。

中論正義：本書是依龍樹菩薩之《中論》詳解而成，《中論》是依第八識眞如心常處中道的自性而作論議，亦是依此眞如心與所生諸法之間的非一非異、非俱非不俱等中道自性而作論議；然而自從　佛入滅後四百餘年的部派佛教開始廣弘之時起，本論已被部派佛教諸聲聞凡夫僧以意識的臆想思惟而作思想層面之解釋，此後的中論宗都以如是錯誤的解釋廣傳天下，**積非成是**以後便成爲現在佛教界的應成派中觀與自續派中觀的六識論思想，成爲邪見而荼毒廣大學人，幾至全面荼毒之局面。今作者孫正德老師以其所證第八識眞如的中道性現觀，欲救末法大師與學人所墮之意識境界中道邪觀，造作此部《中論正義》，詳解《中論》之正理，欲令廣大學人皆得轉入正見中修學，而後可有實證之機緣成爲實義菩薩，眞可謂悲心深重也。本書分爲上下兩冊，皆已出版，每冊售價300元。

誰是師子身中蟲：本書是平實導師歷年來於會員大會中，闡述佛教界的**師子身中蟲**以及見道正義和見道後進入初地之實修內容的開示，今已全部整理成文字並結集成書，昭告佛教界所有大師與學人，欲普令佛教界所有人都能遠離師子身中蟲，使正法得以廣傳而助益更多佛弟子四眾得以遠離師子身中蟲等人所說之邪見，迴心於如來所說的八識論大乘法教，則大眾依八識論實修後得以實證第八識眞如，實相般若智慧的生起即有可望，亦令天界大得利益。今已出版，每冊110元。

廣論之平議—廣論與佛法之比較：本書對於宗喀巴《菩提道次第廣論》中種種背離佛法正理的邪說與謬誤，依其「傳承、道前基礎、下士道、中士道、上士道、別學後二波羅蜜多」所說之次第與內涵，一一詳加平議辨正，期使修學《廣論》之學人能確實了知宗喀巴所說乃外道邪論，證實其中所有法義自始至終落入五陰(特別是識陰)境界中，不曾外於五陰境界；依之修學，永遠不能脫離五陰我見範圍，而且同於譚崔雙身法外道，加重沈淪於欲界法中。期待佛法學人認清此事實後，速遠離密宗歧途，回歸眞藏傳佛教覺囊巴的第八識佛法正道。本書作者徐正雄曾在弘傳《菩提道次第廣論》的新竹廣論團體中修學、護持、任教長達八年，深感藏密邪說毒害眾生之甚，是發悲願悟後造此《廣論之平議》以救護眾生、續佛慧命。共五輯，每輯300元。上下兩冊，皆已出版，每冊售價300元。

八個奇妙的心：以簡單易懂的文字及圖畫，讓人們從孩提時代就建立正知見，爲將來證得解脫、出離生死苦，並爲孩子預先打好未來實證佛菩提的基礎；圖文並茂，簡單易懂，讀完便能瞭解生命的實相，爲自己也爲孩子預先種下將來究竟解脫及成爲賢聖菩薩、成佛的種子，是一本老少皆宜的讀物。文字作者：郭正益。繪圖：李憶婷。售價450元。

解深密經講義：本經是所有尋求大乘見道及悟後欲入地及完成十地修證者所應詳讀串習的三經之一，即是《楞伽經》、《解深密經》、《楞嚴經》三經中的一經，亦可作爲見道眞假的自我印證依據。此經是　世尊晚年第三轉法輪時，宣說地上菩薩所應熏修之無生法忍唯識正義經典；經中總說眞見道位所見的智慧總相，兼及相見道位所應熏修的七眞如等法；亦開示入地應修之十地眞如等義理，乃是大乘一切種智增上慧學，以阿陀那識—如來藏—阿賴耶識爲成佛之道的主體。禪宗之證悟者，若欲修證初地無生法忍、八地無生法忍乃至十地心者，必須修學《楞伽經、解深密經、楞嚴經》所說之八識心王一切種智。此三經所說正法，方是眞正成佛之道；印順法師否定第八識如來藏之後所說萬法緣起性空之法，墮於六識論中而著作的《成佛之道》，乃宗本於密宗外道宗喀巴六識論邪思而寫成的邪見，是以誤會後之二乘解脫道取代大乘眞正成佛之道，承襲自古天竺部派佛教聲聞凡夫論師的邪見，尚且不符二乘解脫道正理，亦已墮於斷滅見及常見中，所說全屬臆想所得的外道見，不符本經、諸經中佛所說的正義。平實導師曾於本會郭故理事長往生時，於喪宅中從**首七**開始宣講此經，於每一七起各宣講三小時，至第**十七**而快速略講圓滿，作爲郭老之往生後的佛事功德，迴向郭老早證八地、速返娑婆住持正法。然爲今時後世學人故，重講《解深密經》，以淺顯之語句講畢後整理成文並梓行流通，用供證悟者進道；亦令諸方未悟者，據此經中佛語正義修除邪見，依之速能入道。平實導師述著，總共十二輯，每輯三百餘頁，每輯300元。預定於2025/09/30起，每兩個月出版一輯。

菩薩瓔珞本業經講義：本經是律部經典，依之修行可免誤犯大妄語業。成佛之道總共有五十二階位，前十階位為十信位，是對佛法僧三寶修學正確的定義與信心，如實理解三寶的實質都是依第八識如來藏而成就的；然後轉入四十二個位階修學，才是正式修學佛道，即是十住、十行、十迴向、十地、等覺、妙覺，分別名為習種性、性種性、道種性、聖種性、等覺性、妙覺性，所應修習完成的是銅寶瓔珞、銀寶瓔珞、金寶瓔珞、琉璃寶瓔珞、摩尼寶瓔珞、水精瓔珞，依於如是所應修學的內容及階位而實修，方是真正的成佛之道。此經中亦對大乘菩提的見道提出了判位，名為「第六般若波羅蜜正觀現在前」，說明正觀現前時應該如何方能成為真見道菩薩，否則皆必退轉。平實導師述著，全書輯數未定，每輯三百餘頁，預定於《解深密經講義》出版發行圓滿之後逐輯陸續出版。

金剛三昧經講義：此經說明無相的金剛心即是佛法所說的空性，亦名如來藏、阿賴耶識、異熟識、無垢識，亦名金剛心、非心心、無心相心、不念心、實相心、無住心、真如。證真如者方能真入佛門實修，然一切求證真如者，要依六度波羅蜜多的實修方能證得；證得第八識真如之後，即得現觀金剛心空性的本來無生而能出生一切有情與諸行，並現觀金剛心空性本來就有六塵外的本覺性，由證得本覺性而生起無分別智，便能現觀實相法界及判別現象法界諸法的生滅性，獲得實相智慧與解脫功德；由證第八識空性心故便能如實受持三聚淨戒，持續利樂有情同證空性心無生法，自他皆能依於二入六行進修，最後便得成就佛地功德。平實導師述著，全書輯數未定，每輯三百餘頁，預定於《菩薩瓔珞本業經講義》出版發行圓滿之後逐輯陸續出版。

修習止觀坐禪法要講記：修學四禪八定之人，往往錯會禪定之修學知見，欲以無止盡之坐禪而證禪定境界，卻不知修除性障之行門才是修證四禪八定不可或缺之要素，故智者大師云「性障初禪」；性障不除，初禪永不現前，云何修證二禪等？ 又：行者學定，若唯知數息，而不解六妙門之方便善巧者，欲求一心入定，未到地定極難可得，智者大師名之為「事障未來」：障礙未到地定之修證。又禪定之修證，不可違背二乘菩提及第一義法，否則縱使具足四禪八定，亦不能實證涅槃而出三界。此諸知見，智者大師於《修習止觀坐禪法要》中皆有闡釋。作者平實導師以其第一義之見地及禪定之實證證量，曾加以詳細解析。將俟正覺寺竣工啟用後重講，不限制聽講者資格；講後將以語體文整理出版。欲修習世間定及增上定之學者，宜細讀之。平實導師述著。

阿含經講記—小乘解脫道之修證：數百年來，南傳佛法所說證果之不實，所說解脫道之虛妄，所弘解脫道法義之世俗化，皆已少人知之；阿含解脫道從南洋傳入台灣與大陸之後，所說法義虛謬之事，亦復少人知之；今時台灣全島印順系統之法師居士，多不知南傳佛法數百年來所說解脫道之義理已然偏斜、已然世俗化、已非眞正之二乘解脫正道，猶極力推崇與弘揚。彼等南傳佛法近代所謂之證果者皆非眞實證果者，譬如阿迦曼、葛印卡、帕奧禪師、一行禪師……等人，悉皆未斷我見故。近年更有台灣南部大願法師，高抬南傳佛法之二乘修證行門爲「捷徑究竟解脫之道」者，然而南傳佛法縱使眞修實證，得成阿羅漢，至高唯是二乘菩提解脫之道，絕非究竟解脫，無餘涅槃中之實際尚未得證故，法界之實相尚未了知故，習氣種子待除故，一切種智未實證故，焉得謂爲「究竟解脫」？即使南傳佛法近代眞有實證之阿羅漢，尚且不及三賢位中之七住明心菩薩本來自性清淨涅槃智慧境界，則不能知此賢位菩薩所證之無餘涅槃實際，仍非大乘佛法中之見道者，何況彼等普未實證聲聞果乃至未斷我見之人？謬充證果已屬逾越，更何況是誤會二乘菩提之後，以未斷我見之凡夫知見所說之二乘菩提解脫偏斜法道，焉可高抬爲「究竟解脫」？而且自稱「捷徑之道」？又妄言解脫之道即是成佛之道，完全否定般若實智、否定三乘菩提所依之如來藏心體，此理大大不通也！平實導師爲令修學二乘菩提欲證解脫果者，普得迴入二乘菩提正見、正道中，是故選錄四阿含諸經中，對於二乘解脫道法義有具足圓滿說明之經典，預定未來十年內將會加以詳細講解，令學佛人得以了知二乘解脫道之修證理路與行門，庶免被人誤導之後，未證言證，梵行未立，干犯道禁自稱阿羅漢或成佛，成大妄語，欲升反墮。本書首重斷除我見，以助行者斷除我見而實證初果爲著眼之目標，若能根據此書內容，配合平實導師所著《識蘊眞義》《阿含正義》內涵而作實地觀行，實證初果非爲難事，行者可以藉此三書自行確認聲聞初果爲實際可得現觀成就之事。此書中除依二乘經典所說加以宣示外，亦依斷除我見等之證量，及大乘法中道種智之證量，對於意識心之體性加以細述，令諸二乘學人必定得斷我見、常見，免除三縛結之繫縛。次則宣示斷除我執之理，欲令升進而得薄貪瞋痴，乃至斷五下分結…等。平實導師將擇期講述，然後整理成書。共二冊，每冊三百餘頁。每輯300元。

＊喇嘛教修外道雙身法，墮識陰境界，非佛教＊

＊弘揚如來藏他空見的覺囊派才是真正藏傳佛教＊

總經銷： 聯合發行股份有限公司

231 新北市新店區寶橋路 235 巷 6 弄 6 號 4F

Tel.02－2917-8022（代表號） Fax.02－2915-6275（代表號）

零售：1.**全台連鎖經銷書局：**

三民書局、誠品書局、何嘉仁書店

敦煌書店、紀伊國屋、金石堂書局、建宏書局

諾貝爾圖書城、墊腳石圖書文化廣場

2.**台北市：**佛化人生 **大安區**羅斯福路 3 段 325 號 6 樓之 4 台電大樓對面

3.**新北市：**春大地書店 **蘆洲區**中正路 117 號

4.**桃園市：**御書堂 **龍潭區**中正路 123 號

5.**新竹市：**大學書局 **東區**建功路 10 號

6.**台中市：**瑞成書局 **東區**雙十路 1 段 4 之 33 號

佛教詠春書局 **南屯區**永春東路 884 號

文春書店 **霧峰區**中正路 1087 號

7.**彰化市：**心泉佛教文化中心 南瑤路 286 號

8.**高雄市：**政大書城 **前鎮區**中華五路 789 號 2 樓（高雄夢時代店）

明儀書局 **三民區**明福街 2 號

青年書局 **苓雅區**青年一路 141 號

9.**台東市：**東普佛教文物流通處 博愛路 282 號

10.**其餘鄉鎮市經銷書局：**請電詢總經銷**聯合**公司。

11.**大陸地區請洽：**

香港：樂文書店

銅鑼灣店 :香港銅鑼灣駱克道 506 號 2 樓

電話 : (852) 2881 1150 email: luckwinbs@gmail.com

廈門：廈門外圖臺灣書店有限公司

地址：廈門市思明區湖濱南路809 號 廈門外圖書城3 樓 郵編：361004

電話：0592-5061658（臺灣地區請撥打 86-592-5061658）

E-mail：JKB118@188.COM

12.**美國：世界日報圖書部：**紐約圖書部 電話 7187468889#6262

洛杉磯圖書部 電話 3232616972#202

13.**國內外地區網路購書：**

正智出版社 書香園地 http://books.enlighten.org.tw/

（書籍簡介、經銷書局可直接聯結下列網路書局購書）

三民 網路書局 http://www.sanmin.com.tw

誠品 網路書局 http://www.eslitebooks.com

博客來 網路書局 http://www.books.com.tw

金石堂 網路書局 http://www.kingstone.com.tw

聯合 網路書局 http:// www.nh.com.tw

附註：1.請儘量向各經銷書局購買：郵政劃撥需要八天才能寄到（本公司在您劃撥後第四天才能接到劃撥單，次日寄出後第二天您才能收到書籍，此六天中可能會遇到週休二日，是故共需八天才能收到書籍）若想要早日收到書籍者，請劃撥完畢後，將劃撥收據貼在紙上，旁邊寫上您的姓名、住址、郵區、電話、買書詳細內容，直接傳眞到本公司 02-28344822，並來電 02-28316727、28327495 確認是否已收到您的傳眞，即可提前收到書籍。 2.因台灣每月皆有五十餘種宗教類書籍上架，書局書架空間有限，故唯有新書方有機會上架，通常每次只能有一本新書上架；本公司出版新書，大多上架不久便已售出，若書局未再叫貨補充者，書架上即無新書陳列，則請直接向書局櫃台訂購。 3.若書局不便代購時，可於晚上共修時間向正覺同修會各共修處請購（共修時間及地點，詳閱**共修現況表**。每年例行年假期間請勿前往請書，年假期間請見共修現況表）。 4.郵購：郵政劃撥帳號 19068241。 5.正覺同修會會員購書都以八折計價（戶籍台北市者爲一般會員，外縣市爲護持會員）都可獲得優待，欲一次購買全部書籍者，可以考慮入會，節省書費。入會費一千元（第一年初加入時才需要繳），年費二千元。**6.尚未出版之書籍，請勿預先郵寄書款與本公司，謝謝您！** 7.若欲一次購齊本公司書籍，或同時取得正覺同修會贈閱之全部書籍者，請於正覺同修會共修時間，親到各共修處請購及索取；**台北市讀者**請洽：103 台北市承德路三段 267 號 10 樓（捷運淡水線 圓山站旁）請書時間：週一至週五爲 18：00~21：00，第一、三、五週週六爲 10：00~21：00，雙週之週六爲 10：00~18：00 請購處專線電話：25957295-分機 14（於請書時間方有人接聽）。

敬告大陸讀者：

大陸讀者購書、索書捷徑（尚未在大陸出版的書籍，以下二個途徑都可以購得，電子書另包括結緣書籍）：

1.廈門外國圖書公司：廈門市思明區湖濱南路 809 號 廈門外圖書城 3F
郵編：361004　電話：0592-5061658　網址：http://www.xibc.com.cn/

2.電子書：正智出版社有限公司及正覺同修會在台灣印行的各種局版書、結緣書，已有『**正覺電子書**』陸續上線中，提供讀者於手機、平板電腦上購書、下載、閱讀正智出版社、正覺同修會及正覺教育基金會所出版之電子書，詳細訊息敬請參閱『正覺電子書』專頁：http://books.enlighten.org.tw/ebook

關於平實導師的書訊，請上網查閱：

成佛之道　http://www.a202.idv.tw
正智出版社 書香園地　http://books.enlighten.org.tw/

中國網採訪佛教正覺同修會、正覺教育基金會訊息：

http://foundation.enlighten.org.tw/newsflash/20150817_1

http://video.enlighten.org.tw/zh-CN/visit_category/visit10

★ 正智出版社有限公司售書之稅後盈餘，全部捐助財團法人正覺寺籌備處、佛教正覺同修會、正覺教育基金會，供作弘法及購建道場之用；懇請諸方大德支持，功德無量。

★ 聲　明 ★

本社於 2015/01/01 開始調整本目錄中部分書籍之售價，以因應各項成本的持續增加。

＊ 喇嘛教修外道雙身法、墮識陰境界，非佛教 ＊

＊ 弘揚如來藏他空見的覺囊派才是真正藏傳佛教 ＊

售後服務—換書啓事（免附回郵） 2017/12/05

《楞伽經詳解》第三輯初版免費調換新書啓事：茲因 平實導師弘法早期尚未回復往世全部證量，有些法義接受他人的說法，寫書當時並未察覺而有二處（同一種法義）跟著誤說，如今發現已將之修正。茲爲顧及讀者權益，已開始免費調換新書；敬請所有讀者將以前所購第三輯（不論第幾刷），攜回或寄回本公司免費換新；郵寄者之回郵由本公司負擔，不需寄來郵票。因此而造成讀者閱讀、以及換書的不便，在此向所有讀者致上萬分的歉意，祈請讀者大眾見諒！

《楞嚴經講記》第 14 輯初版首刷本免費調換新書啓事：本講記第 14 輯出版前因 平實導師諸事繁忙，未將之重新閱讀而只改正校對時發現的錯別字，故未能發覺十年前所說法義有部分錯誤，於第 15 輯付印前重閱時才發覺第 14 輯中有部分錯誤尚未改正。今已重新審閱修改並已重印完成，煩請所有讀者將以前所購第 14 輯初版首刷本，寄回本公司免費換新（初版二刷本無錯誤），本公司將於寄回新書時同時附上您寄書來換新時的郵資，並在此向所有讀者致上最誠懇的歉意。

《心經密意》初版書免費調換二版新書啓事：本書係演講錄音整理成書，講時因時間所限，省略部分段落未講。後於再版時補寫增加 13 頁，維持原價流通之。茲爲顧及初版讀者權益，自 2003/9/30 開始免費調換新書，原有初版一刷、二刷書籍，皆可寄來本公司換書。

《宗門法眼》已經增寫改版爲 464 頁新書，2008 年 6 月中旬出版。讀者原有初版之第一刷、第二刷書本，都可以寄回本公司免費調換改版新書。改版後之公案及錯悟事例維持不變，但將內容加以增說，較改版前更具有廣度與深度，將更能助益讀者參究實相。

換書者**免附回郵**，亦無截止期限；舊書請寄：111 台北郵政 73-151 號信箱 或 103 台北市承德路三段 267 號 10 樓 正智出版社有限公司。舊書若有塗鴨、殘缺、破損者，仍可換取新書；但缺頁之舊書至少應仍有五分之三頁數，方可換書。所有讀者不必顧念本公司是否有盈餘之問題，都請踴躍寄來換書；本公司成立之目的不是營利，只要能眞實利益學人，即已達到成立及運作之目的。若以郵寄方式換書者，免附回郵；並於寄回新書時，由本公司附上您寄來書籍時耗用的郵資。造成您不便之處，再次致上萬分的歉意。

正智出版社有限公司 啓

免費換書公告 2023/7/15

《法華經講義》第十三輯初版免費調換新書啓事：本書因謄稿、印製等相關人員作業疏失，導致該書中的經文及內文用字將「**親近**」誤植成「清淨」。茲爲顧及讀者權益，自 2017/8/30 開始免費調換新書；敬請所有讀者將以前所購第十三輯初版首刷及二刷本，攜回或寄回本公司免費換新。錯誤更正說明如下：

一、第 256 頁第 10 行~第 14 行：【就是先要具備「**法親近處**」、「**眾生親近處**」；法**親近**處就是在實相之法有所實證，如果在實相法上有所實證，他在二乘菩提中自然也能有所實證，以這個作爲第一個**親近**處——第一個基礎。然後還要有第二個基礎，就是瞭解應該如何善待眾生；對於眾生不要有排斥或者是貪取之心，平等觀待而攝受、親近一切有情。以這兩個**親近**處作爲基礎，來實行其他三個安樂行法。】。

二、第 268 頁第 13 行：【具足了那兩個「**親近處**」，使你能夠在末法時代，如實而圓滿的演述《法華經》時，那麼你作這個夢，它就是如理作意的，完全符合邏輯去完成這個過程，就表示你那個晚上，在那短短的一場夢中，已經度了不少眾生了。

《大法鼓經講義》第一輯初版免費調換二版新書啓事：本書因校對相關人員作業疏失錯失別字，導致該書中的內文 255 頁倒數 5 行有二字錯植而無發現，乃「『**智慧**』的滅除不容易」應更正爲「『**煩惱**』的滅除不容易」。茲爲顧及讀者權益，自 2023/4/1 開始免費調換新書，或請自行更正其中的錯誤之處；敬請所有讀者將以前所購第一輯初版首刷及二刷本，攜回或寄回本公司免費換新。

《涅槃》下冊初版一刷至六刷**免費調換新書啓事**：本書因法義上有少處疏失而重新印製，乃第 20 頁倒數 6 行的「法智忍、法智」更正爲「**法智、類智**」，同頁倒數 4 行的「類智忍、類智」更正爲「**法智忍、類智忍**」；並將書中引文重新標點後重印。敬請讀者攜回或寄回本公司免費換新。

換書者**免附回郵**，郵寄者之回郵由本公司負擔，不需寄來郵票，亦無截止期限；同時對因此而造成讀者閱讀、以及換書的困擾及不便，在此向所有讀者致上最誠懇的歉意，祈請讀者大眾見諒！

正智出版社有限公司 敬啓

國家圖書館出版品預行編目(CIP)資料

我的菩提路. 第八輯／謝淑貞等人合著. -- 初版.--
臺北市 : 正智出版社有限公司, 2025.08
面 ; 公分

ISBN 978-626-7517-21-5(平裝)

1.CST:佛教修持

225.87 114011620

我的菩提路——第八輯

著　者：謝淑貞 等人
校　對：王美伶 張善思
出版者：正智出版社有限公司
電話：〇二 28327495 28316727（白天）
傳眞：〇二 28344822
111 台北郵政 73-151 號信箱
郵政劃撥帳號：一九〇六八二四一
正覺講堂：總機〇二 25957295（夜間）

總經銷：聯合發行股份有限公司
231 新北市新店區寶橋路 235 巷 6 弄 6 號 4 樓
電話：〇二 29178022（代表號）
傳眞：〇二 29156275

初版首刷：公元二〇二五年八月二十九日 二千冊
初版二刷：公元二〇二五年八月三十日 二千冊
定　價：三〇〇元